Mystery.
40

食物魔法顯化祕典

Cunningham's Encyclopedia of Wicca in the Kitchen

揭開全世界吃的神祕學，
魔法師都大感驚奇的食物魔力！

史考特‧康寧罕 Scott Cunningham ——著

謝汝萱——譯

Mystery.
40

食物魔法顯化祕典
揭開全世界吃的神祕學，魔法師都大感驚奇的食物魔力！

作　　　者	史考特‧康寧罕（Scott Cunningham）
譯　　　者	謝汝萱
書封設計	林淑慧
特約美編	李緹瀅
文字編輯	曾鈺婷
主　　　編	高煜婷
總 編 輯	林許文二

出　　　版	柿子文化事業有限公司
地　　　址	11677臺北市羅斯福路五段158號2樓
業務專線	（02）89314903#15
讀者專線	（02）89314903#9
傳　　　真	（02）29319207
郵撥帳號	19822651柿子文化事業有限公司
投稿信箱	editor@persimmonbooks.com.tw
服務信箱	service@persimmonbooks.com.tw

業務行政	鄭淑娟、陳顯中

立即購書

專　　　線	（02）89314903#15
LINE ID	80306073
MAIL	service@persimmonbooks.com.tw

初版一刷	2022年09月
定　　　價	新臺幣580元
ISBN	978-986-5496-88-3

Cunningham's Encyclopedia of Wicca in the Kitchen
Copyright © 1990 Scott Chunningham
Copyright © 1996 and 2003 the Scott Cunningham estate
Published by Llewellyn Publications
Woodbury, MN 55125 USA
www.llewellyn.com
Second edition 1996 (titled The Magic of Food)
First edition 1990 (titled The Magic in Food)
Complex Chinese translation copyright © 2022 by Persimmon Cultural Enterprise CO., Ltd
All Rights Reserved

國家圖書館出版品預行編目(CIP)資料

食物魔法顯化祕典：揭開全世界吃的神祕學，魔法師都大感驚奇的食物魔力！／史考特‧康寧罕(Scott Cunningham)著；謝汝萱譯. -- 初版. -- 臺北市：柿子文化事業有限公司，2022.09
　面；　公分. --（Mystery；40）
譯自：Cunningham's encyclopedia of Wicca in the kitchen.

ISBN 978-986-5496-88-3（平裝）

1.CST: 改運法 2.CST: 食物 3.CST: 能量

295　　　　　　　　　　　　　　　　　　111009110

跨 界 推 薦

不只是魔法書，更是哲學書！

我認為這其實是一本哲學書，看上去寫的是魔法儀式／食物魔法料理，實際上寫的是飲食態度。所有自然的產物都具有魔法，水晶、大樹、一瓢水、一把火……當然，也包含天然的食物。

自古以來，人們就有習慣吃下受到祝福的食物來獲得幸運；生日蛋糕、壽麵、年菜、平安米、元宵、彌月油飯及飯前祈禱等等。你不能天天吃年菜，但你其實可以天天像在過年，為你的食物添加魔法，為你的生活增加儀式感，讓你的每一天都充滿著魔法。

這本書從魔法的介紹，食材的烹飪寫到飲食的深層內涵，讀了它，將會改變你對於魔法的刻板印象。讀懂食材裡的魔法，你將會受用一生。

東方的古老智慧，特別著重於食物的五行。食物可以開運更可以改運，藉由此書你可以掌握食物的屬性，來轉化身體的能量，為你創造好運。

在這邊不藏私的跟大家分享我的招財食物魔法！

在風水當中，五色豆可以將較有煞氣的角落轉化，放在財位，也有招財的功能。同樣的，多多吃五色豆也能夠讓你養成招財體質，烹

調五色豆時，唸一〇八次正向肯定語，連續吃二十一天，會為你帶來好運與機會。

我本身屬猴，多吃魚可以金水相生，每週三吃魚，可以帶來友善的人際關係，提升財運以及健康運。

這就是魔法的神奇之處！

會推薦這本書，是因為我也是食物魔法的受益者。了解食物能量及五行，你會讓你的生活充滿魔力。

——Sowil，占卜師、影片創作者

食物是大地之母送給世間的禮物

每一位女巫，都有專屬於她的獨家配方，各式各樣的配方或許是為了讓愛情更加甜美、也許是為了讓逝去的青春常駐，更或者是想讓金錢財富更加地豐盛。而這些魔法食物有些是闔家歡聚時與家人一同分享的、有些是分送給周遭的鄰居朋友的，更有的是奉獻給神祇誠心感謝祭神的。無論是哪一種魔法食物的配方，都有女巫們虔誠的心意置放於其中，可能是祕密的心願，也許是神聖的祝福，或者只是單純表達關心的媒介之物。

書中有提到一句，讓我非常讚同：「食物是愛的替代品，食物是藉口，食物是神明。」對我而言，食物就是大地之母送給世間萬物的禮物，食物本身就是愛，我們只是藉由不同的烹調方式來聖化它們本身的能量。

在烹調食物時全神貫注，於享用食物時感受心滿意足，每一刻都是眾神的恩賜以及生命的豐盛，食物本身的能量在分享時化做最大，就如同愛的能量那般也是在無私的奉獻時顯得最為神聖無際……

——YOYO，「YOYO心靈角落」創辦人

食物魔法是融合神聖祝福的心意

無論是熬藥還是煮食，烹飪在古代智者的眼中，既是神聖的儀式、偉大的創造，也是愛與神性的展現。懂得廚房魔法的知識，在食藥、料理中增添大自然的魔法和風味，是一份融合神聖祝福的難得心意，用來款待滋養自己與他人的身心靈，同時也實現心願，其實十分的美好。

——Willow Mystic，「身星香繫」創辦人

為生活一點一點注入魔法能量與祝福

藥草（herbs），在魔法當中屬於基礎的必修學分；廚房女巫（Kitchen Witch），是眾多不同類型的女巫類別中，屬於相對大的一個族群，由此可知——由食材、料理延伸出的魔法是相當容易入門且好入手的。

植物是大自然賜予生命的禮物，因為有了這些植物，所以生命可

以獲得源源不絕的能量。然而不同種類的植物賦予不同的觀想意念，在食用後不僅擁有植物本身的天然能量，更多了宇宙中的能量，這不僅幫助我們可以簡單地利用進食的方式施行魔法，更讓我們吸收來自地球、自己（自我觀想）以及宇宙的能量。

食物魔法不僅簡單好操作，更可以為生活一點一點的注入魔法能量甚至是祝福，魔法其實並不邪惡也不困難，魔法其實就是將改變的意念融入生活當中，幫助我們提升各方面的能量，在不知不覺中成就更順利美好的人生。

本書將介紹各種食材的元素屬性和能量特質等，也告訴你在施作食物魔法時，能替自己帶來什麼樣的幫助。透過日常的烹調加入觀想，便能變化出一道道的魔法料理，透過魔法餐點的顯化，達到自己的目的。

但是你必須要知道，這絕對不是一本美食食譜，想透過食物魔法的顯化來達成願望目的的你，仍須具備基本的烹飪基礎，否則你只會和我一樣，端出一盤盤燒焦或調味失敗的食物。

——女巫Yvette，「療癒天使的愛情聖殿」版主

每次進食都是創造改變的機會

吃下澱粉、蛋白質、油脂與蔬菜纖維，我們多少都可以從營養學的角度侃侃而談，然而，食物靈性層面的療效我們一般少有理解。在魔法、巫術的世界裡，有各種書寫討論儀式所需的藥草與礦石的能量

屬性，但是日常餐桌裡的食物能量卻少被討論。史考特・康寧罕的這一本《食物魔法顯化祕典》中譯本來的正是時候。食物魔法所運用的，是你、我，還有食物（以及鍋碗瓢盆！）本身擁有的力量。透過對食物的理解，灌注以自身的意念啟動能量，每次進食都可以是創造改變的機會。

——女巫阿娥，芳香療法與香藥草生活保健作家

食物具有不可思議的力量

食物魔法可說是最常被忽略的魔法。明明女巫與巫師都經常運用植物與各種藥草的能量來施行巫術，卻忘了食物本身也具有不可思議的力量。沒錯，花花草草都是植物，但是植物也是食物呢。

比起高階的儀式魔法，食物魔法不但容易操作，且與我們的日常生活息息相關。既然每天都必須要進食，為什麼不讓進食這個動作發揮更多的功效。

當閱讀這本書時，魔法不再是遙不可及的，事實上魔法可以輕鬆存在於我們的生活中，只要懂得如何運用，藉由最簡單、每日不可或缺的「進食」的動作，就能將我們自身的能量與食物的能量融合。

食物也能是一種魔法工具，在每一次用餐、享受食物的同時，別忘了這也是創造與改變的機會。就讓巫術界的傳奇大師史考特・康寧罕喚醒我們對於古老魔法的知識，將我們帶入魔法的世界吧。

——女巫凱特琳，「女巫的一千零一夜」版主

如果你相信性靈也相信能量……

你相信幸運餅乾嗎？你想要求財煎餅嗎？你祈求愛的蛋糕嗎？如果你相信性靈、相信能量，這本書不僅描寫各種文化與食物的魔法關聯、告訴你如何從食物中得到讓身體健康的正面能量，還有真實實用的食譜可以實際演練，千萬不要錯過！

——陳郁如，奇幻小說作家，著有《養心》、《修煉》

讓料理與點心發揮魔法功效

十多年前曾修習「光的課程」及擔任課程老師的我，一直深信人們可以透過更高度的覺察和自我了解，讓身心靈處在更健康且輕鬆的狀態。這高度的覺察不單只有情緒，還有對身體的感知力，透過與身體的對話，提供對身心更加滋養的能量與食物。

一翻開這本書，我就捨不得放下來！多年以來，只知道透過營養讓身體更健康，卻忽略了所有食材都是地球上的生物，皆帶著獨一無二的能量，透過認識它們自身的特殊屬性，在飲食的過程中增添了更多覺察與感謝。

特別推薦這本書給為家人準備餐食的朋友們，神祕學大師史考特在書中這樣說：「為所愛的人做菜是愛意的外在表現，你不僅想為他做菜，你也直接為他的生命存續做出了貢獻，提供他生存所必要的食物。」透過料理表達對家人的愛，是最好不過的一件事！若是可以依

照食物的屬性與特質，在料理時增加你的祝福，這對享用餐食的人來說，將會是多麼令人感動而滋養的過程！

在看了這本書之後，我嘗試著在準備便當的時候挑選求好運及增加體力的食材，並告訴孩子食材的屬性，我發現孩子在吃飯時不單單只是吃飯，也能夠感受食物所帶來的能量。透過這樣的方式，將祝福以及心意傳遞給對方，真的是很幸福的一件事！

因此我大力推薦本書給所有的朋友們，就算你不做菜也無妨，透過挑選具有魔力的食材，給予身體更多的營養與祝福，在享用餐食的過程加入對食物的感謝，你的生活就會發生意想不到的驚喜唷！趕緊翻開《食物魔法顯化祕典》，一同感受食材的神奇魔法吧！

　　──曾心怡（花花老師），健康料理生活家，著有《第一次減醣生酮就上手》

食物不僅只是存活的必需品

食物給予生命所需的能量，但對於人類來說，食物不僅只是存活的必需品，也是社交的潤滑劑與文明的傳播方式。不同的文化，也給了不同食物賦予了不同的意義，當中也包括哪些食物能讓人馳騁沙場、哪些又能讓人多子多孫、哪些能保我們身體健康、哪些有助於升官發財等帶給人類的變化。

本書作者以魔法的角度來對各種常見食材的歷史、神話、信仰、文化、禮俗等進行詮釋，比如在十七世紀英國，人們會放一條麵包在水面上漂浮，以尋找溺死者的屍體；大鍋之所以與女巫有關，是源自

於莎劇《馬克白》中的「三女巫」場景；由於英國伊莉莎白女王時期人們認為李子乾有刺激性慾的功效，因此當時的妓院會免費提供給客人吃。此外，作者更是將食物分為太陽、月亮、水星、金星、火星、土星等，各自有著促進療癒、提升靈知、加強心智、促進愛情、提升勇氣等利於各種轉變的魔法功效，並收錄了二十七道首次公開、一起食用具有類似能量之食物來將效果發揮到極致的私藏食譜。

　　——鞭神老師（李廼澔），「食之兵法：鞭神老師的料理研究」版主

Contents

✷ ✷ ✷ ✷ ✷

前 言

食物是愛的替代品，
食物是藉口，
食物是神明。

食物是生活必需品。烹飪與食用的藝術對我們多數人而言僅是例行公事，但對其他人來說，卻是一大樂趣。在某些人的眼裡，烹飪藝術及其產物在在令人著迷。

食物是愛的替代品，食物是藉口（指食物是你做某事的理由，例如約聚餐的背後是想與對方碰面），食物是神明。

你即將展開旅程，走入既熟悉但又令人興奮的領域。本書是你選用食材、準備儀式、享用美食的指引，讓你能透過食物帶來生活中的必要變化。要落實這項古老的魔法分支，你唯一需要的必要工具是食材、常見的廚房用具，還有*你自己*。食物魔法是一種自然的藝術，我們在其中將自己的能量與存在於食物中的能量融為一體。

✦ 你將學到⋯⋯

▶ **第一部為介紹性資料**：介紹魔法與烹飪過程；古代節慶的相關食物；素食；食物魔法實踐的步驟指引。

▶ **第二部是魔法食材百科**：以簡明的敘述探討數百種食物的靈性背景與魔法用途，包括麵包、水果、蔬菜、冰淇淋、豆腐、糖、巧克力、海鮮、香料與花草、堅果、咖啡、茶、酒精性飲料等，我們會討論到許多常見與異國的食物。有些亞洲人為何如此珍視燕窩湯？蘋果派、甘藍菜、燕麥、巧克力棒蘊含著哪些魔法能量？

▶ **第三部可以稱為「魔法飲食書」**：以十一個章節描述十五種飲食，每一種都是為了在進食者的生活中創造不同的變化：保護、愛、金錢、靈知、健康、魔法減重等，不一而足。

▶ **第四部為史考特的未公開食譜**：將介紹史考特為另一本魔法食譜書所準備的各項食譜，雖然史考特未完成該著作便過世了，但這裡特別收錄部分內容，請好好享用。

▶ **第五部為實用資訊表**：將第二部談到的一些資訊整理成列表，以便參考。本部也列出以星座分類的食物及速食的魔法特性、魔法象徵符號、詞彙。

　　有件事必須聲明：本書不是美食烹飪指南，也不是食譜，它是一本說明如何以我們所吃的食物來轉化自己人生的指引。這是一個古代主題的實用介紹。

導 言

我們已經失去了古老魔法的知識，
隨之也忘卻了食物的奧妙知識，
但永恆的能量仍在我們的三餐中迴響，
等待我們去感受與使用。

食物是魔法，它對我們施展的力量是不可否認的。從剛烤好的巧克力布朗尼甜美濃郁的滋味，到煮得精準到位的朝鮮薊，食物持續誘惑著我們。

食物是生命，我們無法不在食物的魔力下繼續生活。此外，食物也蘊藏著能量。我們進食時，身體也在吸收那些能量，就如身體也吸收維生素、礦物質、胺基酸、醣和其他營養素。雖然除了食慾的滿足，我們或許察覺不到任何其他效果，但食物的確為我們的身體帶來了微妙的改變。

不論是匱乏還是富庶的時代，世界各地都有人將食物當成宗教崇

敬的主題。在亞洲是稻米，在歐洲各地是水果，在非洲是穀類，在近東地區是石榴與啤酒，在美國西南方是橡實與松仁，在太平洋地區是香蕉與椰子，在熱帶美洲則是蔬菜——這些食物在其宗教與魔法儀式中扮演著重要角色。

聖餐是與神明或其祭司分享食物，今日，與他人一同進食也是一種分享能量、增進連結與信任的舉動。

至今仍然有少數幾支種族記得狩獵的魔法、田地及果林的收穫儀式，但今日的現代人大多是購買事先切好的麵包，從光可鑑人的櫃臺採收水果和蔬菜，或是從冷凍櫃狩獵。

我們已經失去了古老魔法的知識，隨之也忘卻了食物的奧妙知識，但永恆的能量仍在我們的三餐中迴響，等待我們去感受與使用。

我們不需要進行冗長的魔法，不過，簡單的儀式是提升食物效力的基本要件。如果你對魔法所知不多，請遵照本書指示去做，很快的，你會發現食物的力量。我得提出聲明，魔法是正面、充滿愛心的藝術，而非超自然、邪惡或危險的。更多資訊請見第二章。

我試著迎合不同品味來撰寫這本實用的食物魔法手冊，不盡然是嚴格的素食，也不是僅關注健康或有機食物。除了海帶、蘿蔔、豆腐，你也會在書中發現葡萄酒、糖、十字麵包等，本書希望能關照到每個人的需要。

進食就是*與大地融合*，這是一種肯定生命的舉動，透過儀式煮食特定食物，是加強、改善生活的有效方法。當然，其中也充滿樂趣。魔法椒鹽卷餅？神聖巧克力？熱情醃菜？它們都是食物魔法的一部分，而創造它們的魔法就從你家的廚房開始。

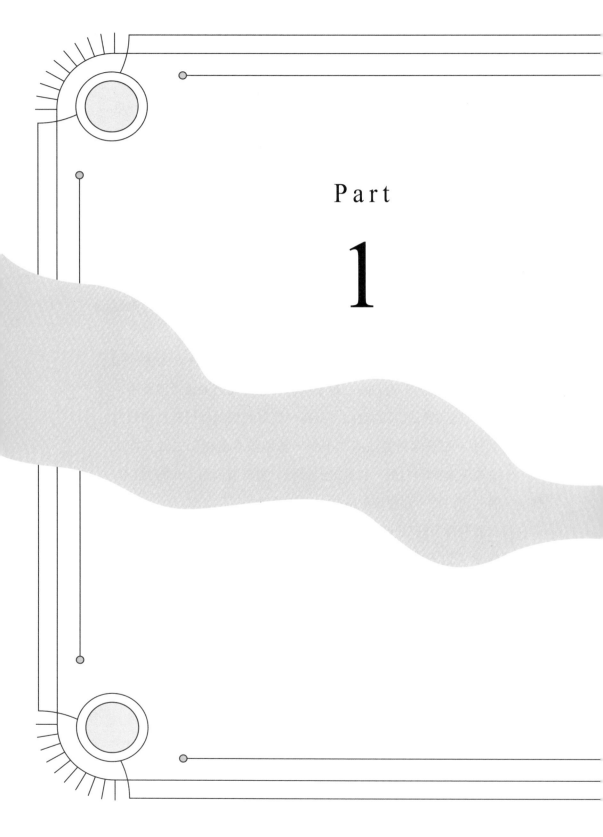

Part

1

廚房裡的魔法

Chapter

1

食物的
不思議力量

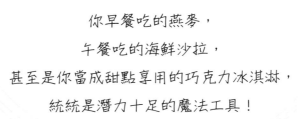

你早餐吃的燕麥，
午餐吃的海鮮沙拉，
甚至是你當成甜點享用的巧克力冰淇淋，
統統是潛力十足的魔法工具！

女人朝石壁爐彎下身子，添加彎枝到鐵架後閃爍著火光的餘燼中。待火星升起，她走到屋外，汲水至老鐵鍋裡。

她回到屋裡，將沉重的鐵鍋直接擺在火上，三隻長腳平穩地架在火焰周圍。

煮水時，她在一根蜂蠟蠟燭上刻一顆小小的心，插上白鑞燭臺，擺到廚房桌子上，然後點燃燭芯。

她打開裝滿草莓的籃子，那些草莓都是早上採來的，她取出一顆草莓擺在砧板上。

「給……我……愛。」她喃喃低語。

她小心翼翼，緩慢地將甜美多汁的水果一顆顆放上砧板，擺出圖案，沒多久，便以草莓創造出一個心形的小圖案。

她在第一個心形外又擺出一個接一個的心形，直到用完所有草莓為止。她帶著微笑切草莓，想像著一旦遇到意中人，她的生活會變成什麼樣子。

等水燒開的期間，她從天花板垂下的繩子取下一顆蘋果，小心地以白柄小刀在皮上刻出心形，口中念道：

「給我愛！」

她盯著蘋果微微一笑，然後咬下一口，甜甜的滋味令人感到精神一振。她緩緩地咬著蘋果，從第一口開始便沿著順時針方向，慢慢吃到果核部位。

接著，她從自己的想像中起身，檢查鐵鍋。水快燒開了，她將砧板拿到敞開的壁爐前，用白柄小刀將切好的草莓撥入噗噗作響的水中。當草莓一顆顆掉入鍋中時，她口中念道：

「給我愛！」

糖霜已經在瓷鍋裡靜靜躺了三個月，如今終於到了登場的時候。女人輕輕將糖放進呈滿草莓的沸水鍋中，糖一吸水便融化。

她坐在火旁，拿出一根櫻桃木做的湯匙，朝太陽的方向緩緩攪拌，熬煮草莓醬。

在煮沸的過程中，她在劈啪作響的木頭與滾熱的水聲中，以幾乎聽不見的聲音一遍遍反覆念道：

「給我愛！」

被忽略的食物魔法

　　民俗魔法 P416 的實踐，是以各種工具賦予簡單的儀式力量，這些工具包括觀想、蠟燭、色彩、字詞、肯定、花草、精油、石材、金屬等。此外，有時也會使用一些親手製作的工具，但這些工具僅是用來指引力量。除了魔法師本身的能量，工具本身包含的能量並不多。

　　我們還有另一項可以運用的魔法工具，其中含有特定的能量，能為生活創造巨大的轉變。這項工具隨處可見，我們每天都遇得到，只是沒有意會到它蘊含著改變的潛能，也不知道只要幾個簡單的動作和一、兩次觀想，就能使其發揮最稀有的寶石、最昂貴的寶劍所能施展的威力。

　　這個未經探勘的力量來源是什麼呢？

　　正是**食物**。

　　沒錯，就是食物。你早餐吃的燕麥、午餐吃的海鮮沙拉，甚至是你晚餐後拿來當成甜點享用的巧克力冰淇淋，統統是潛力十足的魔法工具。

　　這並不是什麼新概念。自古以來，人類就尊崇食物是維持一切生命所需的來源，它是不可見的神明慷慨賜予人類的禮物。食物在地球大多數文化的**宗教儀式**中扮演著重要角色，自文明最初階段以來便是如此。它的精華是獻給在天上俯瞰一切的神明享用，實體食物如果不是被焚燒掉，就是交由祭司們分享。後來，食物也逐漸與出生、青春期、神祕與社交團體的入會儀式、婚姻、生子、成年、死亡等**人生儀式**有關。

食物不僅與所有早期宗教有關，人們還認為它擁有**非實體的能量**。不同種類的食物已知蘊含著不同類型的能量，例如某些食物吃了以後能增強體力，使人在沙場上攻無不克、生孩子順順利利，促進健康、性、成就、生育力等方面的表現。

雖然食物魔法誕生於較早的年代，但至今仍未滅絕，東方與西方仍有人以食物來進行魔法，只是納入食物的原則可能改變了：生日蛋糕就是一例。

生日蛋糕上大多會以糖霜來寫字，以表達人們對好運的冀望，但我們為什麼要食用那些字呢？

最早的時候，人們認為那些字含有相關的能量，他們相信，慶祝者在享用蛋糕的同時，也享用到了那些字詞的能量。無論那些延續這項儀式的人有沒有意會到這點，**生日蛋糕無疑是一種現代形式的食物魔法。**

食物魔法在西方世界的大多數地區（指沒有宗教關聯的地區）備受忽視，但也有很多地方仍將食物看成促進個人轉變的工具。在日本與中國，人們會吃特定食物來獲得長生、健康、愛，甚至祈求考試過關。這類儀式因為有效，已經沿用了兩、三千年之久。

每次進食，都是創造改變的機會

我在進入魔法領域的第二十一年之際，領悟到我們的生活無不與食物的力量息息相關。我從十七年前左右開始研究食物的魔法用途，

因為我突然領悟到，食物也是一種魔法工具，可以用來創造人們需要的正面變化。

當我第一次解釋這本書的前提時，許多同行對此感到不可置信，他們對魔法有堅定不移的特定觀點，無法理解食物本身何以能成為帶來魔法變化的力量。

然而，人們大多同意花草含有能量……

「好吧，」我說，「如果善加選用花草，魔法師便能釋放其能量，帶來特定的變化，對吧？」

「沒錯。」他們說。

「那好，花草是植物，植物也是食物。假如善加選擇並運用食物，魔法師不就也能釋放出食物的能量，為魔法目的服務了嗎？」

當然可以，也確實如此。

既然魔法師能在求愛情的儀式中焚燒迷迭香，那麼照理說，不是應該也能將迷迭香運用於其他的魔法形式嗎？例如烹飪。

既然好幾個世紀以來，人們都在淨化儀式中使用檸檬，那麼我們烤檸檬派並將其淨化能量吃進體內，不也可行嗎？

這就是食物的魔法。

在以下篇幅中，你可以看見熟悉與不熟悉的食材和菜餚，我會清楚道出它們的魔法能量。如果有必要，也會指出該如何準備，雖然大多數食物和料理你可能準備過或起碼吃過，但在感覺切合主題的地方，我仍會納入這些料理的食譜。

每次用餐或吃點心，都能提供我們改變自我與個人世界的機會，**我們可以*用食物的能量賦予生活力量***。只要運用知識與幾個簡短的儀

式，就能點燃食物天生蘊含的力量，並將這些力量轉化成魔法師運用石材、木材、金屬等的可食用版本。

我們必須進食才能存活，同樣的，我們也必須掌握自己的人生才能獲得真正的快樂。能達到這點的工具，就在你的櫥櫃裡、冰箱裡，以及廚房的桌上。

請翻開下一頁，發掘等在前方的食物魔法吧！

魔法需要的
不只是相信

既然我們都必須進食才能存活，
何不讓三餐除了例行滋養外，
還有更多其他的功效？

我有必要在這裡說明一下本書所描述的種種做法，這份資訊對於如何正確進行食物魔法來說十分重要。

「魔法是超自然的。」

「魔法很邪惡。」

「魔法很危險。」

「魔法是幻覺。」

非魔法師的前人一代代傳下這類錯誤的觀念給我們，只有從未施展過魔法的人才會相信上述說法是正確的。早期這類觀念也會套用在諸多其他實踐上，例如：數學、化學、心理學、物理學、天文學、外科手術等。如今，上述和許多其他藝術與科學都已從這類觀念的陰影中走向光明，不再被認為是超自然、邪惡、太危險或虛幻不實的。

我們的生活至少有兩方面尚待人們嚴肅以對：魔法與宗教經驗。強硬派科學家及世界觀與其相近的人，總將這兩者混為一談，因為對他們而言，兩者都是沒有事實根據的幻想。魔法在他們看來是天方夜譚，因為現有的已知法則沒有一條能解釋魔法的運作機制，也沒有哪種已知的力量能驅動魔法，他們往往也以這種半是興味、半是輕蔑的態度看待宗教經驗。

不幸的是（對那些嘲笑的人來說），魔法確實有效，宗教經驗也確實存在。告訴一位與神明建立了個人關係的人說，神不存在，可想而知會引起哪種反應。對魔法師亦然：他們不用去相信魔法有效，因為魔法確實有效。

魔法的基礎是力量。雖然魔法師運用那股「力量」已經有數千年之久，但我們仍無法確切知道它究竟是什麼，不過，我們確實知道該如何運用。

魔法的三種能量

魔法是自然但微妙的能量運動，能帶來人所需要的變化。這些能

量存在於我們體內，存在於我們的世界，也存在於所有自然物體中。無論是存在於酪梨中還是我們的身體裡，它們都有一個共同的來源，儘管其個別體現十分不同。這個共同來源是什麼呢？每個宗教都給出了不同的名稱，但這並非這裡要談的重點。

魔法會使用三種能量：

①**個人力量**，即我們的身體所擁有的能量；②**大地的力量**，即我們的星球內部及植物、石、水、火、大氣、動物體內的能量；③**神聖力量**，即尚未以特定形式出現於地球的能量。

魔法始終會運用到個人力量。民俗魔法中，也會用到大地的力量：魔法師透過觀想或身體操作激發或喚醒自身的力量，接著透過觀想喚醒大地的力量——存在於自然物體中的能量。觀想這種在心中創造圖像的過程，其實會微調這類能量，予以轉化，使其可用於特定目標，而這並不困難。

一旦達到這點，魔法師就能將個人力量和大地的力量這兩種能量結合，而這通常是以觀想來達成，但也有其他技巧可用——食物魔法的獨特之處，在於它能以非常自然的方式結合這兩種能量。

✦ 魔法餐點的顯化

讓我舉個例子來說明吧！

瑪裘瑞想增加收入。她工作勤奮，每個月都會給家裡固定的家用，但似乎仍無法應付帳單。她的需求是：更多的錢。

熟悉食物魔法後，她決定為自己的每一餐增加一種具有金錢能量的食物。她檢視了本書第三部，為第一天找出了三種食物：早餐的燕麥、午餐的花生葡萄醬三明治、晚餐的新鮮番茄。當然，瑪裘瑞不需要僅以這三種食物為食，只要在三餐中加入這些食物就夠了。

　　隔天早上，瑪裘瑞在廚房點燃一根綠蠟燭，燭芯開始燃燒時，她看見自己脫離了財務困境。她觀想自己準時支付了帳單，並享用著更多的金錢，她並不是對這件事的發生心懷希望——而是**看成它已經發生**了。

　　她倒水進玻璃壺、衡量要放多少燕麥時，也繼續觀想著。量杯一滿，她就放到廚房長桌上，雙手擺在量杯兩側，瑪裘瑞盡量清晰地觀想，接著她把燕麥倒進水中，和平時一樣煮燕麥。

　　等待期間，瑪裘瑞剖開葡萄柚，倒了一杯低脂牛奶，這些食物和她的魔法需求無關，只是能提供營養。

　　燕麥煮好後，她將綠蠟燭移到廚房長桌上，將煮好的麥片舀進碗裡，淋上一點楓糖漿——她認為這是另一種與金錢有關的食物。然後，她俯視著燕麥，並在開動前念道：

「象徵興旺與收穫的燕麥啊，
請解除我的財務困難。
我興旺發達，財富橫流，
我的意志如此，所以金錢必留！」

　　瑪裘瑞也可能什麼都沒說，只是重新開始觀想，接著她終於吃起

燕麥。她每吃熱呼呼的燕麥一口，就能感覺到金錢的能量注入她體內，而她也感覺到自己的身體在回應，同時迎接著營養的食物與其興旺的能量。

瑪裘瑞掐熄燭火，將蠟燭放回廚房抽屜，直到下一頓魔法餐點來臨，她在每一餐中至少為一種食物重複同樣的儀式。雖然她是在辦公室吃花生與果醬三明治，但做三明治時，她也同樣小心翼翼，並進行觀想，午餐休息時也以同樣的方式進食。

擦嘴的時候，她決定在三餐中加入更多金錢食物，至少持續一週，給魔法一些發揮作用的時間。

從以上的例子，可以看出瑪裘瑞做了哪些事嗎？

▶ 她體認到自己有一個問題。
▶ 她發現了能幫她解決問題的工具──食物。
▶ 她調整自身的力量，透過觀想調整到興旺的頻率。
▶ 她也運用觀想來調整蘊含在燕麥中的土元素力量。
▶ 她使用簡短押韻的短詩來加強決心及觀想。
▶ 藉由進食，她將燕麥蘊含的興旺能量引進自己體內。

點燃的綠蠟燭以實體展現出她希望造成的改變：綠色在古代是成長、興旺、豐裕的象徵，如今，它也是金錢及其相關事物的色彩。

民俗魔法師認為，焚燒蠟燭能將能量釋放到周圍區域，釋放的能量類型則由蠟燭色彩決定。藉由點燃綠蠟燭，瑪裘瑞為儀式添加了額外的招財能量。蠟燭雖然不是必要的，但想要的話可以使用。

必要的技巧——觀想

觀想在任何類型的魔法中都很重要，我們大多數人都能清楚觀想已經看得見的事物。閉上眼睛一、兩分鐘，以心眼去看你最愛的食物、寵物或隔壁鄰居的圖像。不要只是想著這些事物，請試著以心眼看見他們，彷彿你正實際注視著他們。

在魔法中，我們用觀想來創造圖像，以顯現我們決定做出的改變。如果瑪裘瑞觀想的是一大堆沒有付清的帳單，看見自己在皮夾裡翻找最後幾個硬幣，或者想像自己被丟出公寓，那就沒有幫助了。這些是她問題的症狀，而我們**絕對不會去觀想問題**的。

觀想時我們所要做的，反而是想像問題的解答及魔法儀式的成果，這也正是瑪裘瑞要觀想自己付清了帳單、享用著額外金錢的原因。這不是正面思考，雖然正面思考也是其中一部分。魔法觀想其實是正面的**圖像想像**（imagining）。

在很微妙但真實的層次上，人在內心創造與維持的圖像影響著自己，也影響著周圍的物體。瑪裘瑞觀想時，是在驅動自己的能量與燕麥的能量，給予其行動目標，最後一步則是藉由早餐吃燕麥，把那些能量引進自己體內。

觀想是成功實踐食物魔法最先進的必要魔法技巧，這個主題已有許多佳作，如果你覺得自己需要這方面的協助，可以去找來讀——其中最好的著作是梅莉塔·丹寧（Melita Denning）、奧斯本·菲力普斯（Osborne Phillips）合著的《創意觀想實用指南》。如果附近有相關課程，你也可以就近去上課。

這就是食物魔法，即帶著特定目標選擇食材、烹調或做菜，最後進食。既然我們都必須進食才能存活，何不讓三餐除了例行滋養外，還有更多其他的功效？

✦ 別再誤解魔法了

請再次思考本章開頭那四條對魔法的陳述。

從上述的例子來看，顯然**魔法運用的能量並非超自然力量**。恰恰相反，那些正是食物和我們身體本身的力量——以及生命本身所擁有的力量。

魔法確實不邪惡，僅有少數人基於宗教理由會這樣判定，這些人往往也認為身心練習、心理分析、自我提升及其他許多個人成長方面是邪惡的。雖然他們顯然有偏見，但看在不贊同其宗教觀點的人眼裡，這些偏見毫無意義。

魔法危險嗎？不會比沖澡或爬梯子等生活中的其他活動更危險。以為這種古老實踐很危險的觀點源自於「魔法很邪惡」的概念，但魔法師並不會去接觸魔鬼的能量，不以活物獻祭，也不崇拜墮落天使（見第二十二章）。

第四條陳述「魔法是幻覺」也是錯誤的。這類觀念大多來自於未施展過魔法、也不屬於基本教義派宗教團體的人，你很難或根本不可能向這類憤世嫉俗者證明，魔法之所以有效，正是因為它運用了他們從未徹底鑽研過的能量。

儘管如此，效果還是清楚可見。**魔法並不創造奇蹟，它創造的是你所需要的改變**。不信者通常會將魔法的成果斥為巧合，意外或純心理效應，這三種解釋都很常見，但魔法如果一次次地帶來你想要的結果、如果施法者從其簡單的儀式中發現了改善生活品質的方法，那麼無論他人怎麼說，**魔法帶來的並不是幻覺**。

　　發現魔法真實與否的唯一方法，就是予以實踐。不要只是相信魔法能產生作用──只要**親自試試看**，你就會知道它確實有效。

Chapter

3

鍋碗瓢盆的
魔法學

想使用食物魔法，
並不需要任何不尋常的烹飪工具，
相信我，啟用魔法並不困難，
你家廚房幾乎能提供一切所需的工具。

食物魔法是自我轉化的一種直接、簡單的方式。食物和施法者
的個人力量，就是它最重要的工具，不過，它還需要其他工
具來準備並烹飪經過加持的料理。

本章內容主要描述這類工具的魔法特性，以及一些基本的魔法烹
飪訣竅。

再次聲明，由於這不是一本精緻美食食譜，所以我們不使用任何
不尋常的物品，你家的廚房幾乎能提供一切所需的工具。

常見餐具與廚具裡的魔法

杯、碗、鍋

#水 #月亮 #愛 #獎杯 #女神 #滋養

　　拱起的雙手一定就是食物容器最早的形式，後來人類開始以皮製作類似形狀的容器，用來呈裝液體與固體食物。在地球的某些地方，人們會以編籃技藝緊密編出碗與貯藏容器，而使用新鮮樹葉編成的籃子，在今日全世界的熱帶地區仍處處可見。

　　人類也會以土做出碗狀的容器，一般來說，還會利用燒製來固定形狀，以延長使用年限。葫蘆在世界各地被當成容器使用也有數百年之久，而木雕碗直到近代仍是常用物品。

　　銅器與鐵器時代來臨後，擁有金工知識的人們使用金屬材料來製作碗，金製與銀製容器在古代也是皇家陵墓常見的陪葬品。

　　杯、碗、鍋等確實具有收納的功能，可以用來呈裝物品。它們是與水元素及地球所見的月亮有關的工具，蘊含著愛的能量，也有幾分獎杯的意味──那種愛的杯狀物，至今仍是給予傑出個人與團體的獎勵（關於四大元素與行星的資訊，請見第五部）。

　　早期文化認為鍋是大母神 P416 的象徵，這種概念幾乎舉世皆有，與女神能量有關的圓形鍋碗，也被用來做菜。因此，鍋與碗也是給予人類實際滋養的女神象徵。舉例來說，祖尼人（Zuni）認為碗是大地的象徵──碗的邊緣呈圓形，猶如大地的地平線；他們將大地稱為「我們的母親」，而人從碗中取食物與水，就如嬰孩從母親的乳房吸奶。

陶器是女性的發明，在所有文明未開化的早期種族中，做陶幾乎永遠是女性的技藝，而所謂「先進」文化的指標之一，就是將這項女性的藝術強行轉移給男性。世界各地都有人用鍋來進行魔法。

▶ 在巴拿馬，人們將人形的鍋擺在屋頂以求保護。

▶ 在西非，巫醫以巨大的罈封住風雨。

▶ 在古代夏威夷，神明據說也以葫蘆來做類似的事。

▶ 中國人的春節活動往往包括將代表過去一年災厄的石頭及鐵塊裝滿一具土鍋，接著放入火藥與引信，人們認為，只要將鍋埋進土裡、點燃引信爆炸後，過去一年的災厄便隨之一掃而空。

▶ 北美培布羅人（Pueblo Indians）將在泉水附近發現的動物以儀式用的鍋具供奉給神明，以確保水源供應穩定。

只要不是塑膠或鋁製，任何杯碗都能使用於魔法，而**大地色是最適合的容器顏色**，例如褐色、卡其色、白色；料理鍋也請選用相近的色調，以上釉陶瓷、玻璃、琺瑯金屬、不鏽鋼等材質為最佳選擇。

注意！請避免在魔法料理中使用鋁製工具。

爐
#神性 #轉化

爐是神性的另一個象徵。爐包圍並執行著「轉化（烹飪）」的過程，溫暖且明亮。從中東的土磚爐到北美與玻里尼西亞皆使用的陶爐，人類使用的爐種類五花八門。

有些文化崇拜爐神，舉例來說，古羅馬人就尊崇女神芙納卡莉亞（Fornacalia）；其他文化如中國，從爐那日光般的暖意中看見男性灶神。在歐洲，爐要到十八世紀才被廣泛使用，在這之前他們使用的是大鍋（cauldron，見下方），一種可移動的爐。

　　爐的目的是保留焚燒燃料所產生的熱，為烹飪提供必要的適切均溫。瓦斯爐或電熱爐是魔法烹飪的理想用具，與現代微波爐加熱食物的原理完全不同。

　　由於食物魔法是傳統實踐，所以***最好避免使用微波爐***，請採用歷史悠久的傳統做菜工具。

大鍋
#大母神

　　在大眾想像中，大鍋始終與女巫有關，但它也曾是歐洲各地常見的烹飪鍋具。

　　大鍋為鐵製，外部有方便量水的肋狀標示，另有三隻長腳，數百萬個大鍋曾掛或立在灶爐邊，以用來烹煮家家戶戶的三餐──現代廚師愛不釋手的湯鍋，也是起源於這種出身平凡的大鍋。

　　大鍋與女巫有關的聯想主要源自於莎劇《馬克白》（Macbeth）惡名昭彰的「三女巫」場景，這幕如煮茶般用鐵鍋熬煮的情景，在十六世紀其實並不少見，少見而吸引大眾注意的是──這三名女子的烹飪類型。

　　現代威卡 P418 信仰尊崇大鍋為大母神的象徵，碗、罐、鍋等亦然。現今市面上仍有裝飾或進行祕修儀式用的三腳鑄鐵鍋，不過，除

非你家的爐屬於敞爐，而且你的時間相當充裕，不然我不建議你以大鍋料理，因為用這類大鐵鍋煮水要花好幾個小時才會沸騰。

盤子、淺盤

#土 #太陽 #物理世界 #金錢 #豐饒

盤子使用的起源可能早於碗。最早的盤子是木製或硬葉子做成的平坦表面，除了方便手拿，還能將食物稍微放涼後再吃。

盤子受太陽與土元素主宰。一般而言，盤子代表物理世界、金錢、豐饒。

以**天然材質**製作的任何一種盤子都能用於魔法。

研缽與杵臼

研缽與杵臼是早期的攪拌器與食物處理機，今日仍有一些廚師會用來壓碎或磨碎花草與堅果。在可上溯至新石器時代許多種族的考古遺跡中，發現了史前時期的研缽，而現代墨西哥人所使用的研缽，與前征服時期的墨西哥各族（preconquest Mexican people）所使用的研缽一模一樣。

許多南加州的印第安部落會在大石上磨出小洞做為研缽，並以圓石當成杵臼。小時候，我家很靠近聖地牙哥的拉貢納山（Laguna Mountain），我常將橡實放進這類研缽中，甚至學迪埃格諾印第安人（Digueno Indians）把橡實磨碎。

食物處理機對我們許多人來說是十分重要工具，因為它確實很省時且方便使用，如果你希望的話，食物處理機或研缽、杵臼都是可以

使用的工具。雖然拿研缽及杵臼磨碎兩杯杏仁頗為耗時，但在這個過程當中，**我們可以將個人力量注入食物裡，凝神去想它們最終要發揮的用途。**

食物貯藏室
#土 #月亮 #大母神

食物貯藏室一度是每個家庭的常見空間，今日我們大多數人則是在櫥櫃擺滿主食與罐頭食品。

食物貯藏室是由土元素及月亮主宰，因為它是貯藏食物的地方，所以同樣與大母神息息相關。就我們的目標而言，你的廚房櫥櫃就是食物貯藏室。

魔法廚師應該要貯藏各種基本的烹飪原料：鹽、糖（如果有用到的話）、蜂蜜、楓糖漿、香料與花草、全穀、所有種類的麵粉、玉米粉、醋、蔬菜油與其他類似的食物，貯藏在密封容器裡。

食物貯藏室或廚房櫥櫃是貯藏食物的地方，必須好好保護：**在櫃裡或櫃上掛一串大蒜或辣椒，就能發揮良好的保護功效。**在掛大蒜或辣椒串的時候，請這樣觀想：它們強大的能量驅走了任何會汙染食物的東西。

湯匙與鏟匙
#水 #月亮

湯匙是帶把手的碗，因此與月亮有關，也與水元素有關。人類使用湯匙已有數千年歷史。

日本人使用的飯匙，直到近年仍有人認為是一種魔法物件，他們會在房屋前門上方釘釘子，掛上小飯匙來守護一家人，希望屋裡的居民永遠不會缺米挨餓。

叉子
#火 #火星

雖然叉子多見於西方人的餐桌，但以往僅用在非進食的目的上，如叉魚、叉稻草、挖地等。

最早的叉子可能是一種叉狀棒，一直到十七世紀，西方人仍多以手指進食。雖然叉子早在十一世紀就引進歐洲，但要到五百年後才普及開來。

叉子受火星及火元素掌管。人們認為這種進食工具很神聖，彎叉在歐洲保護儀式中扮演著特定角色，人們會將彎叉埋進庭園或放進牆內，以抵擋負能量。

刀
#火 #火星

刀最早是以燧石、碧玉和其他隱晶石英削成的薄邊工具，由火星及火元素掌管。

刀這種工具既能用來威脅生命——刺殺，也能用來肯定生命——烹飪。

知道嗎？刀還是最早用來進食的工具，因為它能切食物，也能將食物遞入口中。

魔法烹飪要點

▶ 準備食材進行特定魔法時，心裡要時時想著目標。請謹記你的目的，也要明白食物中含有你需要的能量。

▶ 永遠以**順時針**方向攪拌。一般認為順時針方向是順應著太陽在天空中的表面運動（假設所有天體都投影在一個以地球為中心直徑無限大的圓球平面上，由於地球由西向東自轉，觀測者隨地球自轉時看見的天體，會是由東向西順時針跑），與生命、健康、成功有關。

▶ 將食物切成象徵你魔法目標的形狀，如心形、星形、圓形等 P412。請見第二十一到三十一章的魔法飲食說明。

▶ 如果你煮好的食物會被他人與自己享用，請不要讓菜餚負載滿滿的能量。請照平常的方式做菜，然後在進餐前一刻以觀想加持你自己的那份餐點。如果不將你那份經過加持的食物與他人的食物分開，你會落入施展操縱魔法之嫌。

▶ 請本著**愛心**做菜。

Chapter

4

連結食物的
神聖能量

你不需要說任何話，
只要在進食前，
先把雙手擺在你那份食物的兩側，
花幾秒鐘感受它們的能量……

進食是簡單的實踐。我們將食物放入嘴裡，然後咀嚼吞下，這
沒有什麼神祕的地方吧？

或許吧。但由於民以食為天，所以人們歷來都將食物與政治、社
會結構、法律體系、健康、魔法連在一起。噢，對了，還有宗教。

我們的生活仍帶有這類早期做法的痕跡，在用餐前祈禱，或是所
謂的「飯前禱告」，也許是其中最常見的一種。飯前禱告不僅是基督
教的普遍做法，在其他許多宗教中也屢見不鮮。為感恩有食物可吃而

進行的飯前禱告，起源於古埃及、蘇美、希臘、羅馬及許多其他文化中常見的異教祭禮，他們會將一部分食物焚燒掉或放進碗中供奉；如今人們僅讚頌食物——不過，在世界各地的不同宗教中，人們仍繼續供奉食物給神明，尤其是在節慶時。這類做法甚至可見於某些基督教團體。

與今日的概念相去不遠：**在口頭上或心裡將食物連結上神明**。

很久以前，人類會將大部分時間花在確保食物供應穩定上，因為火災、乾旱、蟲災、暴雨、非時令的霜寒等，在在都可能讓收穫成空。由於無法實際避開這類災禍，所以人類自然轉向神明尋求保護。如果有幸保住收成，我們的祖先會供奉食物來感謝神明，他們可能會把食物埋進土裡、拋向空中或扔進火裡，因為特別標示要給神明的食物，人類是吃不得的。

即使到了今日，儘管已經有豐富的植物學知識和充分的天氣預報資訊，世界各地的農人仍大多要看天氣的臉色。農人可得的知識與工具變多了，農業也變成企業化經營，但依舊阻止不了這類事件破壞他們的收成。

在世上苦於糧食短缺的許多地方，食物已成為政治的工具。每座大陸都有人在挨餓，我們國土境內亦然，緊急供應糧食往往是在政府介入下送往饑饉之地，或者透過管道運往當地主管機關。

這兩項因素——食物供應的不確定性，以及在世上許多地方的匱乏——應該要加深我們**對食物的感激**才是。

不論是非裔美國人、亞洲人、美國印第安人、阿拉伯人、太平洋島民、高加索人等，**我們每個人的祖先都敬拜食物**，將食物看成從神

明手中接過的禮物。食物魔法師並不敬拜食物，不過，我們尊崇食物「維持生命所需」的這個角色，這種物質**含有大地的能量**。食物是神聖能量的體現，對我們的存亡至關緊要，以這種心態來接近食物，我們就更容易將食物當成自我轉變的工具。

✦ 關於祈禱

如果你沒有特定的宗教信仰，也沒有飯前禱告的習慣，那就不需要為此改弦易轍。只要進食前能調整到與食物（所有食物，不僅是你為魔法目標而吃的食物）同樣的頻率即可，做到這點並不難，只要在進食前，先把雙手擺在你那份食物的兩側，花幾秒鐘感受它們的能量就可以了。你不需要說任何話，這個動作很簡單，在對你的魔法研究一無所知的人面前做也無妨，它能**讓你的身體做好接納食物的準備**——你先吸收食物的精華，也就是力量，接著再吸收它的實體營養。

假如你有飯前禱告的習慣，請繼續你的習慣。宗教與魔法永遠息息相關——**宗教敬拜創造萬物的力量，魔法則運用一切造物中所蘊含的能量。**

你也可以在進食時納入你對神明的禱告，或者在準備食物魔法與進食時表達你對神明的想法。雖然這聽起來像是新概念，但其實不然，這是世界各地非基督教、非西方的數百萬人行之有年的做法。

進食及其後的消化皆是一種轉化的實踐，我們的身體將食物轉變成存活的必要燃料。**請在每次進食時同時留意食物更高尚的層面。**

Chapter

5

素食與靈力

生命餵養著生命，

我們要存活，就得攝取其他生命，

不論那是浮游生物、大豆或雞。

如果你覺得吃素是靈性開悟的唯一方法，

如果你認為吃素才施展得出魔法，

那但行無妨，

但其他人可以做出不同的決定……

許多魔法師嚴格遵守素食，他們不吃紅肉、禽鳥、魚，有些人甚至不吃奶蛋類產品。他們通常相信，唯有素食才能使靈性成長，增進施法能力。

一般來說，素食有多種類型——

當中執行「長壽飲食」者多半僅吃穀類；更常見的類型一般稱為「純素」（vegan），純素食者除了食用穀類，還會再加入水果、蔬菜、堅果；有一些接納更多食物的素食者會飲用奶類（通常是羊

奶）、吃起司，甚至也吃蛋；少數「吃素的人」偶爾也會吃些魚和海鮮，甚至家禽，但絕不碰紅肉。

大多數素食者在面臨難以抵擋的大勢時，仍會嚴格遵守自己的飲食原則，他們的原則通常是由其吃素的原因來決定。

每個人選擇吃素的理由不盡相同，舉例來說，許多人認為生物是我們的兄弟姊妹——儘管形式不同，但皆為同根生，所以他們盡力不去把牠們吞下肚。

吃素的另一個基本理由似乎是，紅肉是一種毒藥。不得不說，我們今日在美國所吃的紅肉，確實有很多都注射了成長激素，而且太多脂肪也不利養生。

不過，紅肉並不是毒藥，如果是的話，全世界早在數千年前就不知道已滅絕了多少人。

必須說，身為生活大體算是豐饒的社會成員之一，我們大多數人都吃太多肉了，不過，這種飲食不均衡可以很快地被矯正，毋須排除所有紅肉的攝取。

靈性追求是恪守素食的另一個主要原因。有些人相信如果吃紅肉，他們就與其他吃肉的動物無異，如此一來，他們會覺得自己永遠達不到真正的開悟，因此許多素食者追隨靈性教導或信仰禁止吃肉的宗教。

對許多人而言，這是一塊聖地。同樣的，這也是整本都在談魔法食物的書所必須討論的主題。

我無意在這裡冒犯任何人——無論你是不是素食者。所以，請不要為下文的描述動怒。

吃素並非絕對必要

我們是獨立且各個不同的人，既與同住在地球上的生物及宇宙相連，但又各有天地。沒有哪種飲食是適合每個人的正確飲食法，就如同沒有哪種髮型、食物或宗教適合每個人的需要。

儘管眾人的看法歧異，但在早期的文化中，人們似乎大多是吃肉的。有一位研究食物的學者指出，歷來從未發現有吃全素的社會存在；社會中或許有某些成員不吃肉，但這通常不是普遍做法，原因可能是，嚴格吃素的人早在能留下任何痕跡之前就消失了。

許多西方人以為：視吃牛肉為禁忌的印度是素食社會的範例。據說，禁食牛肉的教義可上溯至數千年前；確實如此，但印度人不吃牛肉有一段起伏不定的歷史。

印度的最高種姓階級婆羅門在公元前一千年左右是吃牛肉的——對牛的宗教崇拜約在兩千年前興起，但一直要到一九四九年印度獨立以後，牛才獲得法律保護而不得屠殺。

至於佛教徒吃素，在世界各地就很常見了。不過，印度的大多數佛教徒吃乳製品——瘦骨嶙峋的印度牛那低下的牛乳產量，是印度人攝取蛋白質的主要來源。即使是斯里蘭卡、泰國和其他佛教國家的佛教僧人，他們也會吃肉；印度大多數低階種姓的人不會拒絕送上門的肉，因為許多人根本吃不飽——畢竟在某些情況下，空蕩蕩的胃勝過宗教信仰。

不過，素食者仍隨處可見，雜食者也永遠都在，雖然大多數早期文化所吃的肉遠比今日的我們還要少。兩種飲食習慣都無所謂的對與

錯，也沒有哪一種更「古代」或更有靈性，不過很多人也許並不同意我的說法。

照你的心願做出決定

在西方，認為素食是進行魔法與靈性修業要件的人是正確的——**對他們本人而言**是如此。如果他們打定主意吃素，那麼最佳做法就是照他們的心願去做。然而，沒有人能為其他人做出決定，也沒有哪種方法能滿足所有人。

生命餵養著生命，若我們的身體要存活，就非得令其他生物放棄生命來維持我們的所需不可——不論是浮游生物、大豆或雞的生命。這聽起來很殘忍，但其實不然，因為這是物理生存的現實。

不論你決定吃什麼、不吃什麼，都不如你做這個決定的原因來得重要。如果你吃素是因為覺得這是能達到任何形式的靈性開悟的唯一方法，那但行無妨；如果你吃素是因為依你的判定，吃肉會令你施展不了魔法，那也無可厚非；但**其他人可以做出不同的決定**，他們可以成為雜食者，達到靈性開悟的境界，又能成功施展魔法。再次說明，無論是哪種立場，都是對個人而言最正確的立場。

就我個人來說，我在食物方面屬於某種折衷派——我會享用不同類型的食物。雖然我的許多友人吃素，而我不是，但那也不表示我會定期跑進廚房煎牛排吃，或者心理上對吃肉上癮——這不過是意味著我沒有打定主意不吃肉而已。

吃純素讓我靈力大開到無法承受

過去我確實曾在一位長年茹素的儀式魔法師指導下，嚴格遵守素食飲食。他教我如何結合蛋白質才不會營養不良，這是避開所有動物性蛋白質與脂肪的有趣經驗——你知道豬油是奧利奧（Oreo）餅乾的成分之一嗎？

不過，我很快就意識到，*這不適合我*。

進行到第二週，我的頭開始時時撞到天花板：行走變成一種神祕體驗，色彩變得更明亮，我感覺人輕飄飄的，甦醒的靈力永遠在場。這是令人愉悅的驚喜，但不久後，另一個經驗改變了我的感受。

有一晚，朋友的祕修用品店正要關門，而我在她的店裡。當時夜幕正要落下，她關燈時，我正站著，並且以我現在慣有的「哇，好厲害」的姿態，盯著一幅畫看。雖然當時窗外的街燈射進不少光線，但畫作還是沒入黑暗之中。不過，在它原本的地方，我看見了自己難以描述的東西，事實上，那把我嚇破了膽。

一個福音基本教義派基督教組織就在我朋友的店舖隔壁，當時她的店正遭受那個組織所發出的實體與靈力攻擊，那幾天才正有人扔磚塊打破店裡的窗戶。在那幅黑漆漆的畫中，我看見那股仇恨正朝她湧來。嚴格吃純素的直接結果，便是在我完全敞開的靈力狀態下，這種負能量的展現徹底震撼了我整個人。我盡快跑出屋外，甩掉那股負能量，讓自己平靜下來，然後回歸常態。

不久，我就重拾了以往的飲食習慣。儘管我充分攝取足夠的蛋白質，補充了維他命與礦物質，還有一位遵循同樣方法養生超過十五年

的素食者密切監督著我所攝取的食物，但那種飲食卻讓我的精神與靈力大開到我承受不了的地步。

許多天生的靈能者也有類似的問題，他們有很多年的時間去學習如何保護自己，而當時大驚失色的我，大約只有十五秒左右。

關於紅肉

且不談我步步驚魂的素食之旅，本書的主要焦點仍是穀類、蔬菜和水果，吃素者可以善加運用這些資訊，使其發揮良好的功效。如果你不吃魚，請選擇其他能量相近的食物。同理，如果你不吃乳製品，也請選擇能量和乳製品相近的其他食物。

紅肉在本書中很罕見，原因有三：

一是從過去到現在，紅肉在世上許多地方仍很匱乏。早期部族大多以乳製品、穀類、水果、蔬菜為日常飲食的核心，紅肉通常是保留給特殊場合使用，不屬於常規飲食的一部分。

二是關於紅肉的儀式與魔法資訊並不多。為本書進行研究時，我發現穀物、稻米、啤酒、蘋果及其他多種食物都有數百條參考資料，但是關於紅肉的資料卻屈指可數；除此之外，我們許多使用魔法的人是素食者。

三是我希望本書能為多數人服務。因此，除了少數孤立的參考資料（見第三、四部），本書內容都非關紅肉。

在本章最後，我還想要告訴你一個故事，那是勒威林全球出版社

（Llewellyn Worldwide）社長卡爾‧威史克（Carl Weschcke）告訴我的。我幾年前造訪他在明尼蘇達州的住家時，他告訴我，他接過一通情急之下打來的電話……

當時，那名女子在電話另一頭尖叫著，並告訴在辦公室的他說，她正遭受「靈力攻擊」，有人對她施展邪咒。她難以成眠，體重大減，感覺自己受到邪惡的能量包圍。那種詛咒讓她的生活大亂，她覺得虛弱且無力應對，於是問他能否幫幫她。

威史克問那名女子她是否吃素，對方驚訝地表示自己確實吃素。他立刻建議她去吃漢堡，那名拚命想終止攻擊的女子於是跑去速食店，買了一個漢堡來吃。雖然紅肉讓她作嘔，但確實遏止了那個「靈力攻擊」。事後，她恢復正常，也回到她平日的素食習慣。

她的問題可能是因為缺乏蛋白質，所以降低了身體天然的防禦力，也可能是因為她完全沒有接地氣 P416，或者單純只是想像力過度活躍的結果。無論如何，在她身上，紅肉不僅起到了某種淨化作用，也對其身體系統造成了衝擊，讓她的問題——無論起因為何——就此消失無蹤（指紅肉對她吃素的身體系統造成衝擊——讓她作嘔，結果反而使她的體質變得不那麼敏感，所以就不再時時有那種受靈力攻擊的感覺了）。

Chapter

6

食物魔法的
特定做法

我的食物魔法系統並不嚴苛，

可以依你的生活方式和各種場合的不同而改變；

何苦為了獲得魔法效果，

而去吃你不喜歡、甚至討厭的食物呢？

和任何藝術一樣，食物魔法的實踐應遵循幾條基本原則。然而，我的食物魔法系統並不嚴苛，可以依你的生活方式和各種場合的不同而改變，不論是在餐廳用餐、與他人一起用餐、露營用餐……只要依循本書提出的基本架構，就能將食物的魔法效用發揮到極致。

　　雖然本章的部分資料似乎是重複第二章的內容，但因為很重要，所以我覺得值得特闢一章來說明。

第二章是以食物為例、討論魔法的大方向,本章則是實用指南,用以指出食物魔法的特定做法。除此之外,將所有資訊都放進同一章,也方便你需要重讀時能迅速找到資料。

以下是進行食物魔法的步驟。

實施食物魔法的步驟

▶ 判定你想改變自己的地方是什麼。你想改變的可能是些小問題,例如一時的沮喪,使用的魔法療方可以每餐不同。然而,如果你需要做出更重要的改變,那就應該採用魔法飲食(更多資訊見第三部)。這項重大改變可能是以下之一,但當然不限於下列項目:

- 清晰思考
- 保護
- 金錢
- 淨化
- 健康改善
- 魔力
- 靈性
- 生育力
- 美
- 減重
- 智慧

- 更令人滿意的性活動
- 更多活力
- 與他人的關係更友好
- 與自我的關係更友好
- 安寧與快樂
- 體力
- 克服成癮
- 靈知
- 努力有所斬獲
- 獨身
- 「好運」

如你所見，大多數項目是關於自身的改變。它們不會影響他人；事實上，**食物魔法永遠不應該拿來影響他人**——除非對方同意。請不要在別人渾然不覺的情況下，在約會時端上促進性慾的食物，強迫對方和你上床；這種做法可能不會有效，因為引起你性慾的對方並未準備好接受這些能量。這類做法有操縱意圖，**有違魔法的本質，也浪費了時間與精力**。須明白，誘惑有自身的魔法形式，不需要仰賴食物。

要促成上述改變有許多做法，你必須有意識地付出，運用身體或心智來支持你的魔法工作。告訴你的食物要做些什麼，吃掉它，然後期待它改變你的生活，但光是這樣還不夠，你必須實際投入其中。

▶ 你選擇的食物所蘊含的能量，應該要適用於你想要的變化。本書會提到許多這類特性，若要迅速參閱，請見第二十一到三十一章的資訊，第八到二十章則提供其他觀點。

▶ 請選擇你喜歡的食物。何苦為了獲得魔法效果而去吃你不喜歡、甚至討厭的食物呢？話說回來，你還是應該均衡飲食。**只用垃圾食物提供身體燃料，是施展不出有效的魔法的。**

▶ 請在準備食材時觀想。準備食材可能只是指削紅蘿蔔皮或從樹上摘果子，也可能包含剁碎、切片、烹煮。無論你如何準備食材，請以觀想喚醒自己內在與食物蘊含的所需能量，透過你的心智力量將目標注入食物中。

▶ 進食前先將自己的頻率調整到與食物同步。這樣你和食物才能為你的轉變過程做好準備，你可以透過祈禱來做到這點，或是簡單地讓自己覺察到食物的能量。

▶ **進食時請觀想**。即便是用餐期間你與別人對話的時候，心裡也要謹記自己試圖達到的目標。有必要的話，請為你的目標描繪一幅小圖像，用餐時可以瞄幾眼。

▶ **接納食物給你的能量**，讓它成為你的一部分。

▶ **給食物一些時間發揮作用**。我們的問題不是一夕之間造成的，所以不能期待它一夜之間消失無蹤。請食用與你的魔法變化有關的食物**至少一週**，這樣它才有時間生效。事實上，在所有形式的魔法中，最常被問到的一個問題就是：「要這樣做多久？」這裡沒有固定的答案，請堅持到看得出變化為止，就這樣！

差不多是這樣。你不需要讓每一餐的每樣食物都瞄準你的魔法目標，只要你帶著目標進食並觀想，魔法自然會發揮效用。

Chapter

7

應節食物與 大地能量

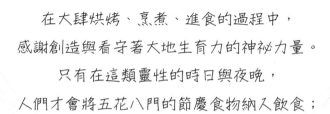

在大肆烘烤、烹煮、進食的過程中，

感謝創造與看守著大地生育力的神祕力量。

只有在這類靈性的時日與夜晚，

人們才會將五花八門的節慶食物納入飲食；

只有在這種時候，

才真正享受到自己生產食物時密集勞力所帶來的成果⋯⋯

許多人不知道，食物的重要性早已深刻烙印在我們的生命裡，
食物在人類各式各樣的讚頌活動中扮演著重要角色。在較早
的年代，大地及其產物與神明有關，水果、種籽、根莖類植物、花卉
等，無不是*神性的展現*。

在西歐各地，常民們以讚頌土地豐饒的節慶活動來祝賀栽種、開
花、成熟、收穫的時節，食物逐漸與某些季節和時日產生關聯，有些
古老的食物知識以掩飾得當的形式流傳至今。本章提到的節慶大多來

自歐洲，但其中多數的根源是在中東，幾乎每個文化都在類似的場合舉行慶祝活動。

人類的飲食曾是平板乏味的例行公事。以各種想像得到的方式進行烹煮的穀物，是有時一天得工作十六小時才能勉強溫飽的人的主要食物。除了上層階級之外，肉是奢侈品。

然而，一年當中有幾個特定時日是可以縱情狂歡的。人們會從各個來源取用食材，打造令人難忘的一、兩頓大餐，然後在心裡回味那種滋味，直到下一個節日來臨。

那些時日大多是依天文現象及農業週期而定，兩者從過去到現在都息息相關。栽種與收成促使人們慶祝，春、夏、秋、冬的來臨亦然。與大地和諧共處的人以四季為自然的日曆，並以此來安排他們的日常生活。

這些節慶不僅是在工作後大吃特吃的時刻，這類狂歡的本質既世俗，也有宗教涵義。在大肆烘烤、烹煮、進食的過程中，其實蘊含著**真正的感恩之意**，感謝創造與看守著大地生育力的神祕力量。

只有在這類靈性的時日與夜晚，人們才會將五花八門的節慶食物納入飲食。只有在那個時候，他們才會真正享受到自己生產食物時密集勞力所帶來的成果。

今日我們仍有這類節日，其中一些在古老的異教 P417 意義上是神聖的，其他則似乎是具有宗教根源的世俗儀式。本章提供一整年的食物魔法指引，建議節日中可以食用哪些料理，讓我們能與運作於大地中的能量同步。

如果你決定煮食任何這類食物，**請在做菜與食用時謹記節日的意**

義。要記得，**這些料理將我們與大地生生不息的生產週期相連**，請帶著知識平和地進食。

這類慶祝活動其實大多從**節日的前一天晚上**就開始了，這個習慣起源於使用陰曆的年代。舉例來說，五月節（Beltane）P067 的儀式便是從四月三十日開始延續到節日當天，人們從使用陰曆的年代以來就這麼做了。

以下我們從耶魯節（Yule）開始這段旅程。

✦耶魯節

（十二月二十一日左右）

耶魯節——冬至——是古老的太陽儀式，以基督教的聖誕節形式保留至今。它的起源淵遠流長，興起於地中海的太陽之地，當時人們會在冬至當天慶祝古代太陽神密特拉（Mithras）的生日。後來，這個節日被帶到歐洲，和耶魯節有關的民間儀式也變得出奇的多。

耶魯節是在最深的冬天舉行。雖然我們有些人並不住在雪花飛舞的零度地區，但冬季仍是大地暫時歇下腳步、為來春養精蓄銳的重要時節。

這個節日（holiday，源自holy day、sacred day〔聖日〕）在天文學上表示冬季的衰微。過了冬至，日照的時間就會愈來愈長。因此，耶魯節與太陽回暖有關。

在食物跨洲運輸興起之前，耶魯節期間通常是食物短缺的時候。

食物大多會被保存起來：在太陽下曬乾；加鹽醃製；放進壺罐；浸入蜂蜜；埋入土裡；收入籃中；擺在可做為天然冷藏庫的雪地裡。由於稀缺，食物在人們心中具有很崇高的神聖性。

經過多個世紀在不同國家的發展，與耶魯節有關的食物變得包羅萬象。以下僅列出幾樣。

蘋果

蘋果 P139 是神聖的食物，與許多古代神明有關。

古時候的人會將蘋果掛在耶魯樹（現代耶誕樹的前身）上，**象徵大地生生不息的豐饒**，而香料蘋果酒是很適合在耶魯節看著篝火所飲用的飲料。任何包含蘋果的料理也很適合這個節日，當然，祝酒（wassail，一種熱蘋果酒）亦然。

薑餅

薑餅是古代由穀物和蜂蜜所製成的糕餅之現代版，以往是獻給耶魯節神明的供品。此外，這類糕餅也會隨葬，以確保死者能平安過渡到另一個世界。

薑 P181 從亞洲傳到歐洲後，很快就融入了耶魯節的儀式用糕餅，成為薑餅的起源。雖然薑一度比鑽石還昂貴，但今日這種香料已經隨處可得了。

耶魯節時，你可能會希望打造一座薑餅屋。若是如此，**請以自己的家為圖像範本**。如果做不到，請在混合、烘焙、捏塑、裝飾薑餅屋時觀想你家的樣子，請想像你家充滿了溫暖、愛、快樂——這些都是

薑與太陽的贈禮。請在耶魯節當天吃薑餅屋，並與住在同一個屋簷下的人分享，將那種愛的能量引進自己體內。

餅乾

餅乾是耶魯節的標準食物。如果你想做再尋常不過的甜餅乾，請將餅乾切成**與冬季有關的形狀**（更多關於餅乾的資訊見第九章）：

▶ **圓形**：象徵太陽。
▶ **鐘形**：鐘在前基督教時期是用來驅惡避凶。
▶ **星形**：防範負能量。
▶ **樹木形**：代表大地在冬季持續豐饒。

在耶魯節自製並食用特殊形狀的甜點並不是新鮮事。早在史前北歐的墳墓中，就發現了粗具神明、動物、太陽、星星、月亮外形的糕餅，這些糕餅可能是那些寒冷地區的人們在冬至時所食用。

新年
（一月一日）

許多文化會祝賀新年到來，但祝賀的時間未必在同一天。舉例來說，如果以我們的曆法（指西曆）來看，日本與中國的春節會落在哪一天，其實年年不同，因為日本和中國的春節是看農曆。歐洲的前基

督教文化（the pre-Christian cultures of Europe）也並不總是在一月一日當天慶祝新年，而是在十一月一日晚上及耶魯節慶賀。在哪一天祝賀新年並不重要，因為他們在新年之初所進行的儀式都相去不遠。

新年曾是充滿魔法的時節，過去一年的憂慮與煩惱都在儀式中一掃而空，引進家裡的是一片美好；以前的人們還認為，無論在一年的第一個節慶食物日——也就是新年——發生了什麼事，都是剩下的三百六十四天的預兆，人們應依此行事。在這當中，許多古老習俗都關乎食物及其豐盛與否。

在美國，許多人會在新年當天吃甘藍菜，通常煮好後會以小型銀器呈裝——蔬菜的綠色加上銀器，以確保來年食物與財富源源不絕。黑眼豆是傳統上另一種過年吃的最愛「好運」食物，在美國南方尤其如此，而在新年第一天吃紅蘿蔔也能確保新的一年甜甜蜜蜜。

有個古老儀式是這樣的：在除夕那天，將一條麵包與一個硬幣擺在桌上一整夜，能為新的一年帶來豐富的食物。

此外，***請務必在春節期間好好填滿你的食品貯藏櫃。***

聖燭節
（Imbolc，二月二日）

聖燭節這個古老節日與春天到來、太陽回暖有關。在某些歐洲地區，這一天是數種植物勇於從雪中破土而出的一天。因此，聖燭節也是設宴慶祝的場合。

由於人們通常將太陽看成大地豐饒的來源，所以聖燭節也是太陽節，它在天主教被稱為獻主節。前基督教時期的人會在此時點燃火把遊行，促使太陽「回歸」。

辛辣的食物是適合聖燭節的食物，人們藉此向太陽致敬。**加了大蒜與辣椒的食物**也是好選擇，**各種咖哩菜餚**亦然。

✦ 奧斯塔拉節
（Ostara，三月二十一日前後）

奧斯塔拉節即春分，在天文學上標示著春天的開始。這是喜悅慶祝的時節，因為殘酷不仁的冬季終於過去。植物開始從土中萌芽，看在我們祖先的眼裡，這一切似乎充滿了**奇蹟**。

由於植物尚在萌芽成長，還未到結果的時候，因此**嫩枝**是此時最恰到好處的食物。

此外，任何類型的**種籽**如松仁、芝麻籽、罌粟籽、葵花籽、南瓜籽等，以及**綠色葉菜**當中，都迴盪著當季的能量。

以花入菜也有一段歷史。玫瑰、芥花、櫛瓜花、金蓮花、康乃馨等——都能加入較傳統的料理中，為你的飲食帶來當季的風味與能量。另外，**請千萬不要煮食噴有農藥的花卉**。

至於**蛋** P244，則是這類飲食中甚受歡迎的添加物。如果你希望的話，可以將蛋塗成紅、黃、金色，對太陽表示敬意。另外，添加**鼠尾草** P191 有促進健康的功效。

五月節

今日我們仍有五朔節的節慶，五朔節是古代歐洲異教節慶五月節的現代版。在古早時期，五月節與**乳製品**有關，所以冰淇淋、優格、起司、卡士達、法式鹹派及所有其他的乳製食物，都十分適合在此時上桌。

燕麥餅乾與**燕麥麵包**也很符合五月節的象徵，此時正是春季的高點，而這類傳統食物來自蘇格蘭。許多世紀以前，蘇格蘭人會在儀式中烤一種名為班諾克（bannock，一種扁平、無發酵的烤餅）的燕麥餅。

五月酒是一種美味可口的飲料，以白酒、新鮮車葉草、草莓釀造而成。

067

仲夏
（六月二十一日左右）

夏至是古代的魔法時節。人們在山巔生大火，向太陽至高無上的威力致敬。

新鮮水果（接近秋天就會愈來愈多）是很好的仲夏食物，以水果為主要食材的料理亦然。

由於此時天氣炎熱，因此焰燒菜（flaming foods）也很契合這個時節。

豐收節

（Lughnasadh，八月一日）

豐收節是第一次收成的節日，代表實現了春季播種時期許收成的承諾。

豐收節有時也稱為麵包節（Feast of Bread），是揉麵、烘焙、切片、食用麵包這種基本食物的時節。豐收節原本是早期歐洲民族第一次收成的節慶，當時的豐收節沒有特定日期。如果你要自製麵包，請在這天做幾條**全麥麵包**；要簡單一點又希望配合此時的能量的話，可以改做幾個**玉米麵包**。

其他傳統食物還包括所有莓類、蘋果、穀類，而大麥湯、爆米花，甚至是啤酒（因為其成分——大麥）等，也是很適合的食物。

秋分節

（Mabon，九月二十一日左右）

秋分節是第二次收成的節日。大地的恩賜逐漸減少，土地的生產力開始變弱，因此人類與野生動物都要盡量攢積食物，以備嚴酷的冬天到來。

穀類是適合秋分節的食物——尤其是玉米，玉米濃湯、整穗熟玉米、奶油玉米等都是很符合秋分節的象徵，而菜豆、櫛瓜和所有其他秋天的蔬菜，也是秋分節的理想食物。

薩溫節
（Samhain，十一月一日）

　　這個古代的蓋爾節日在美國和其他國家以萬聖節的形式留存至今，萬聖節是早期異教薩溫節與後來基督教版本諸聖節（All Hallow's Eve）的墮落版（a degraded version）。基督教名稱中的「eve」提醒了我們，這個節日是從日曆所載節日的前一夜開始。

　　薩溫節標示著一年的結束。天空可能還很藍，但風已變得又冷又乾；蘋果逐漸成熟；地上散布著紅、黃、橙、金、褐色的葉子；堅果從樹上掉落；大地準備要過冬了。

　　人們認為在這一夜，死者的靈魂會起而行走。薩溫節有各式各樣的神奇習俗與儀式，其中一種也延續到今日。許多人會帶著一盤食物走出家門，為死者的靈魂提供滋養。

　　薩溫節食物包括馬鈴薯、甜菜、蕪菁、紅蘿蔔等**根莖類作物**，穀物、堅果、香料酒、蘋果酒等也很適合在薩溫節享用。

　　在美國，***南瓜***（此指pumpkin）是最常與這個節日連在一起的食物。這種瓜類蔬菜通常是做成南瓜派，多數食譜也會包含南瓜卡士達、南瓜湯和其他料理的作法，而烤南瓜籽是理想的薩溫節餐點。

　　石榴籽之所以與薩溫節有關，那是因為石榴在古典神話中與冥界有關。石榴籽可以生吃，也可以做成各式料理。林林總總的***蘋果料理***——蘋果蛋糕、蘋果派、蘋果沙拉等——也是在薩溫節當夜享用的美味佳餚。

Part

2

食物許願

食物魔法
介紹

第二部的各章會分別討論一種特定的食物。之所以採用這種形式，而非以往的字母排列法，那是因為食物可以自然且俐落地落入幾個組別，而無法歸類的少數食物則統統歸入第十五章。在這之外，其他地方則和我其他著作的規格相去不遠。一般而言，每段條目都包含下列資訊：

▶**一般名稱**：即通用名稱。

▶**特殊名稱**：即拉丁文名稱，是世界各地的科學家使用的稱呼。

▶**行星屬性**：即古代人所知道的七顆「行星」之一。簡單來說，古代人認為每種植物與食物都由一個天體掌管。古代的魔法特性系統可以當成一種分類食物的方法，只要知道食物的行星屬性，就能得知其魔法用途的相關資訊。更多關於日、月、水星、金星、火星、木星、土星的能量資訊，請見第五部。

順道一提，我有意識到太陽與月亮並非行星，但早期的觀星者並不知道這點，日、月也包含在他們所謂的「漫遊之星」——即我們所謂的行星——當中。

▶**元素屬性**：魔法所使用的另一種物品分類法，第五部會討論四大元素——地、風、火、水——的力量。

▶**能量**：即每種食物的主要能量及隨之而來的魔法用途。

▶**說明**：即食物的歷史、神話、文化、儀式、魔法用途的說明。列在這個部分的用途未必是建議用途，我納入若干歷史資訊，是為了提醒我們這些食物在早期的重要性。

▶**魔法用途**：每種食物所能帶來的特定改變，以及使用上的建議。

我覺得有必要說明的是，食物魔法是一種個人藝術。如果有這裡未提及的食物，請參閱第五部的列表，或是以常識和直覺來判定其魔法特性。以下提供一些線索：

▶食物辛辣嗎？如果是這樣，可能具有保護力。

▶食物中有柳橙成分嗎？那淨化可能是其最佳魔法用途。

▶食物是甜的嗎？那可能蘊含愛的能量。

一旦你開始從魔法師的觀點來思考食物，判定其魔法用途的過程就會成為你的第二天性。

有些魔法師可能會挑剔我歸給某些食物的行星與元素屬性，甚至指出我在以前著作中的說法不同，難道食物的行星與元素屬性不是理所當然的（這裡指的是固定不變）嗎？

非也。經過了二十年的研究與實踐，如今我仍在學習。我在增進自己對植物用途（尤其是其飲食用途）及如何以這些植物入菜的知識

時，可能會依據進一步拓展的知識重新判定食物的歸屬。舉例來說，要說紅蘿蔔由金星守護、月桂葉更適合火星，其實都沒有錯，不過我仍選擇將它們歸到不同行星的掌管下。

請不要被這類表面上的不精確弄得暈頭轉向，那不過是枝微末節。只要去閱讀、觀想、進食，享受食物魔法的成果就好了——我必須於此再次提起這點，因為關於這個主題，我已經收到了不少信件。

有些章節，如第十六章，並不是完全以這裡描述的方式來編排，請保持彈性。

Chapter

8

生命之杖：
麵包與穀物

請不要忘記，
麵包是生命之杖，
是人充滿愛心地運用穀類加水製成的神聖之物！

人類食用麵包的歷史少說有八千年。我們做出圓形、橢圓形、方形、三角形的麵包；扁如煎餅、厚如吐司的麵包。麵包已轉化為冬至的象徵，加入了香料、糖、大蒜，甚至充滿著各種蔬菜。

雖然每種穀類都曾拿來做麵包，但最早啟發人類與神明味蕾的是以小麥發酵做成的麵包。

人類歷來崇敬麵包為「**生命之杖**」，但在今日的西方，麵包通常是放進塑膠袋販售，不僅預先切片，還去掉了營養素、麥麩、麥芽。

它會經過「強化」，添加剛好滿足政府標準的維生素，再經過人工調味與保存。充氣或許是麵包最有失尊嚴的遭遇，成了雜貨業所謂的「氣球麵包」。不久前，麵包仍是與大母神和神明有關的神聖之物，是人充滿愛心地運用穀類加水製成。不經發酵的扁平麵包維繫了數百萬人的生命，由於我們的祖先依賴麵包為主食，所以一條條的麵包**在生日慶典、靈性與死亡中也扮演著重要角色**。

農業到來之前，人類採集野外的穀物與狩獵為生，所以不得不以小型的家族團體形式過遊牧生活，最後，總是負責採集穀物的女性發現了農業。她們在田地種植穀類的同時，也開始種植根莖類作物，生活穩定了下來、文明開始萌芽，不久，最常做成麵包或糊狀的穀類便成為遠比肉還重要的主食。

早期的歐洲文明會將穀物獻給各國的神明：古墨西哥的希佩（Xipe）、森特奧特爾（Cinteotl）與瑪雅瓦爾（Mayauel）；埃及的歐西里斯（Osiris）；印度的因陀羅（Indra）；希臘的狄蜜特（Demeter）；羅馬的司珀斯（Spes）及瑟雷絲（Ceres，英文中的「cereal〔穀物〕」源自其名）；蘇美的伊南娜（Inanna）；巴比倫的伊絲塔（Ishtar）；美洲各地也有各種形式的穀物之母。

麵包是穀類的基本產物，也會供奉給神明。蘇美神明伊南娜、沙瑪什（Shamash）、馬爾杜克（Marduk）每天都會獲得三十條麵包；埃及的拉神（Ra）、阿蒙（Amon）、普塔（Ptah）、奈赫貝特（Nekhbet）也會分享人類的收成；希臘的麵包、穀物、農業女神狄蜜特也擁有同樣的尊崇；腓尼基人獻給阿斯塔蒂（Astarte）的麵包上烙有角的象徵圖案（與月亮有關），以將麵包神化。

被古希臘作家希羅多德（Herodotus）形容為「食麵包者」的古埃及人，可能是發酵麵包的發明者；麵包，連同洋蔥與啤酒，成為其基本飲食的一部分。埃及人供奉麵包給神明及神聖的動物（包括貓），墳墓中也會擺滿大量的神聖食物，以備死者未來食用。這類麵包據說有五十種，形狀各不相同，有些加了多種香料與鹽，不過侍奉某些神明的祭司不吃加鹽的麵包。

　　窮到負擔不起活豬的人家，有時會以麵團捏成的豬形麵包取代活豬做為供品，古埃及接受豬形麵包為適當的供品。

　　最後，小麥或大麥成為生命本身的象徵。「擘餅」（將一塊代表基督身體的餅擘開，分給眾人食用）不僅是一種滋養身體的過程，也成為結合所有吃餅者的一餐。食用簡單的一餐是許多異教信仰的一部分，這類轉化為聖餐儀式的儀式餐點，後來變成基督教儀式固有的一部分。

　　麵包也有魔法用途：

▶ 在十七世紀英國，人們會放一條麵包在水面上漂浮，以尋找溺死者的屍體；產婆也會在女人分娩時擺麵包到床上，以免女子和嬰孩的性命被竊。

▶ 在現代希臘，人們有時會給從軍的男人幾片麵包，認為這樣能保護他們，並協助他們在戰場上獲勝。此外，希臘人們也會帶著午餐連同一小片麵包下田，麵包不是在中午食用，而是每晚安全返家後才食用；而把一小片麵包藏在孩子的枕頭下，能守護他們安穩入睡。

▶ 在歐洲其他地方，孩童一旦認得出麵包，大人就會把麵包正式呈現到他們眼前，這個儀式是要保佑孩童有一輩子都享用不盡的食糧。

▶ 喀爾巴阡山的吉普賽人會把麵包撕成小片放進口袋，以防在前方旅途中碰到危險及麻煩。

▶ 英國與美國的民間風俗依舊承認麵包的力量。多數人搬家時，仍會先拿麵包與鹽進新家後才搬進家具，以祈求往後繼續有糧食與好運，另外，其他與烘烤、切片、食用麵包有關的傳統也持續留存在我們的科技生活中。

　　本章包含的技巧與資訊，是從世界各地和每段有記載的歷史時期蒐集而來，這裡會檢視穀物及其某些產物。

　　食物歷史學家認為，人類至少在石器時代晚期就已經開始食用某種形式的麵包，發酵麵包可能是公元前四千年左右於埃及首次面世。在我們重新發現穀物的價值並加入飲食之際，知道這些簡單的食物曾如何受人們崇敬，能給人帶來不少收穫；以往人們認為麵包是賦予生命的禮物，是上天賜予的奇蹟。

＝〔 大麥 〕＝
(Hordeum spp.)

▶ **行星屬性**：金星
▶ **元素屬性**：土
▶ **能量**：金錢、生育力、性
▶ **說明**：大麥對古埃及人而言是一種重要穀物，他們以大麥為交換媒介，也會當成陪葬品，其中最著名的是第十八王朝法老圖坦卡門

（Tutankhamun，古埃及新王國時期第十八王朝的第十二位法老）的陵墓。

圖特摩斯三世（Thutmose III，古埃及新王國時期第十八王朝的第六位法老）每天會敬獻大麥給拉神，新月及每個月的第六天也會特別多敬獻一點。依據某個埃及傳說，大麥是從男人身上長出來的，小麥是從女人身上長出來的，這顯然與古埃及語言的字詞性別有關。

蘇美人以大麥為主食，以大麥製成的啤酒共有八個不同種類，這種飲料是在女神寧卡西（Ninkasi）的守護下釀造。

在古印度，大麥是因陀羅的聖物，因陀羅又名「催熟大麥者」。印度人會在生育及婚姻的相關儀式中使用大麥，而大麥在葬禮中也扮演著某種角色。依據《吠陀》的記載，人們也會在療癒儀式中使用大麥與清水。

巴比倫人早在公元前兩千八百年就以大麥釀啤酒，而希臘人求生育力時，也會在狄蜜特的廟宇四周種植大麥。在中國，大麥是男性性能力的象徵。

▶ **魔法用途**：大麥有益健康，是今日的當紅食物。大麥在求興旺的飲食中很實用——那類飲食是能在需要時招進額外錢財，或者提升你的整體財務狀況，請在準備與食用大麥料理時透過觀想喚醒其中的能量。若生育力或男性性能力是問題所在，請在飲食中加入大麥。

＝〔 蕎麥 〕＝
（*Fagopyrum esculentum*）

▶ **行星屬性**：木星

▶ **元素屬性**：土

▶ **能量**：金錢

▶ **說明**：蕎麥煎餅在美國十分常見，但似乎很少人知道蕎麥背後的魔法歷史。

在日本，這種穀物是用來做蕎麥麵，過年時人們會吃蕎麥麵求「財運」，意即在新的一年能有財源廣進的能力。蕎麥麵也會出現在其他節慶場合：搬進新家時，屋主會端蕎麥麵給左右鄰居與對街三棟房屋的鄰居吃，這是代表好運與友誼的禮物。此外，日本金匠會以蕎麥麵團來沾黏店裡的金屑，這種歷久彌新的做法也穩穩地連接了蕎麥麵與財富之間的承諾。

▶ **魔法用途**：由於所有穀物都與某種形式的豐裕有關——生育力、金錢、壽命，因此吃蕎麥煎餅也能吸引這種能量。若要進一步加強這種金錢力量，可以淋一點楓糖漿 P206。

＝〔 玉米 〕＝
（*Zea mays*）

▶ **行星屬性**：太陽

▶ **元素屬性**：火

▶ **能量**：保護、靈性

▶ **說明**：數千年來，玉米在北美與中美洲的宗教中扮演著核心角色。瓜地馬拉的基切馬雅人與納瓦荷人都相信，最早的人類是由玉米造出來的；馬雅人、印加人、阿茲特克人和幾乎所有美國印第安人都

吃玉米，也將玉米融入其宗教信仰與儀式中；玉米之母可能是前哥倫布時期的美洲最廣獲崇拜的神明。玉米是生命、生育力、永恆、重生的象徵，是大母神的神聖禮物。

對祖尼人來說，玉米的各種顏色與四大方位有關。

- 黃玉米——北方
- 白玉米——東方
- 紅玉米——南方
- 藍玉米——西方

人們往往認為藍玉米是最神聖的一種玉米，因此它也是靈性儀式中最有效的材料。

霍皮人會在各種敬獻玉米之母的宗教儀式中供奉玉米料理。玉米占卜在美洲與墨西哥各地很常見，早期墨西哥的玉米占卜儀式也流傳至今。這種儀式原本是用來診斷疾病或病痛深入的程度，但也能用來解答其他類型的問題。

請在小碗中放進剛好三十顆乾玉米粒，任何顏色皆可。心裡想著你的特定問題，然後從碗裡任意取出幾顆玉米粒，擺在地上或桌上，每四顆玉米粒分成一堆。如果玉米粒堆的數量是雙數，零散的玉米粒也是雙數，那答案就是正面的；如果玉米粒堆的數量是單數，零散的玉米粒也是單數，那答案就是負面的；如果玉米粒堆的數量是雙數，但零散的玉米粒是單數，那就沒有答案。

除此之外，古代阿茲特克人似乎也會進行另一種玉米占卜。在重病的初期治療過程中，女祭司將一張白樹皮布擺在神明魁札爾科亞特爾（Quetzalcoatl）的圖像前，接著在布前放一碗玉米粒。在神明的

啟示下，女祭司會取出玉米粒灑在布上。如果玉米粒散布得很均勻，那代表病人最後會恢復健康；如果玉米粒分成兩堆，那代表這場病終究會奪走他的性命。

玉米是美洲給世人的無價禮物。傳入其他國家時，它的神聖性已被忘卻，但玉米仍餵養了數百萬人口，尤其是結合菜豆與玉米來提供完整蛋白質的吃素者。

今日魔法仍會使用玉米，美國奧札克（Ozark）有個治療打嗝的奇特儀式是將三顆玉米粒以朋友的名字命名，接著放入一碗水中，然後高舉過頭。

許多人仍將玉米看成神聖的食物，認為浪費會導致貧窮，而這種信仰和亞洲人禁止浪費米飯很類似。

▶ **魔法用途**：將幾穗藍玉米放上聖壇或掛在家裡，可以招引靈性。將玉米粉灑在戶外的儀式場地周圍，可以獲得保佑並加強靈性儀式。

今日零售的藍玉米已很常見，可以用來入菜，促進靈性，而藍爆米花與藍玉米麵包是其中兩種可能。

將幾穗紅玉米放進籃子，擺在地上，可以保護住家。

玉米也可加入促進保護的料理中，若要以此目標做玉米麵包，烤麵包前可以先拿刀在麵團上畫出五角星形，五角星形即有五個角的星，一角在上，兩角在下 P413。這是一種古代的保護符號，與現代的假撒旦崇拜無關。別忘了，烤麵包與食用時都要觀想。

海地人或古巴人以「maize」（玉蜀黍）代替英語中的「corn」。基本上，「corn」這個詞只有在美國才指玉米；在其他英語系國家指的是玉米以外的其他穀類。注意，「maize」不是印第安詞彙。

=〔 墨西哥粽 〕=
（Tamales）

· **說明**：祖尼人在療癒儀式中會使用墨西哥粽（玉米粉裹住餡料，連同玉米莢一起煮的料理），除此之外，他們也會在舉行儀式前將墨西哥粽當成贈禮送給巫師。

贈禮時伴有祈禱，接受贈禮的人則以更多祈禱來回應，而現代墨西哥的維喬人（Huichols）仍將墨西哥粽當成給神明的供品。

=〔 墨西哥薄餅 〕=

· **行星屬性**：太陽
· **元素屬性**：火
· **能量**：靈性、保護
· **說明**：墨西哥薄餅是標準的墨西哥料理。現代墨西哥薄餅的製作方式和阿茲特克時期如出一轍，以神聖的玉米所製成的這種圓形薄餅，今日仍是拉丁飲食中不可或缺的一部分。

墨西哥的維喬人也會以墨西哥薄餅做為神明的供品。以黃玉米製成的薄餅，據信較能滿足食慾，也比其他顏色的玉米所做成的薄餅更能帶給身體能量。

- **魔法用途**：以玉米做成的薄餅魔法功效最佳。最早在北墨西哥興起的小麥薄餅，就其象徵與能量來說，根本無法與玉米薄餅相提並論。

如果你購買的是包裝好的薄餅，請檢查品牌，只選擇不含人工防腐劑的薄餅。你可以在家自製墨西哥薄餅，任何一本好的墨西哥食譜都有步驟說明，許多美國城鎮也有薄餅專賣店。

加了奶油 P252 或起司 P254 且溫溫熱熱的墨西哥薄餅，任何時候享用都是絕佳的美味，在進行強力的魔法操作後，更能帶來令人滿意的效用，它可以立刻滋養身體，為身體重新充電。

你也可以在促進靈性的飲食中嘗試加入圓形薄餅。加熱後抹上大蒜醬 P180 的玉米薄餅，就是另一道促進保護的可口佳餚。

=〔 小扁豆 〕=
（*Lens culinaris*）

▶ **行星屬性**：月亮

▶ **元素屬性**：水

▶ **能量**：安寧

▶ **說明**：公元前一〇八五年的埃及人以小扁豆與黎巴嫩人交換珍貴的

雪松。在希臘羅馬時期，埃及人供奉小扁豆給神明哈爾波克拉特斯（Harpocrates），而蘇美人也食用這種神奇的食物，羅馬自然學家普林尼（Pliny）則認為小扁豆湯能緩和脾氣。

▶ **魔法用途**：小扁豆湯在世界各地的諸多料理中是溫暖、營養的主食，請在祈求內心安寧時食用。羅馬人相信小扁豆有礙睡眠，所以在中午食用比較好。

＝〔 小米 〕＝
（*Pucium miliacaeum*）

▶ **行星屬性**：木星

▶ **元素屬性**：土

▶ **能量**：金錢

▶ **說明**：在古中國，小米（黍）是計量單位。十顆小米粒頭尾相連地排在一起就是一寸，一百顆小米粒就是一尺，以此類推。

▶ **魔法用途**：如果你覺得很難享受這種穀物，不妨在食用小米前，觀想它是一股集中、緊湊的金錢能量。有一個古老的日耳曼習俗是這樣的：**在新年的第一天吃一顆小米，就能為你帶來財富。**

＝〔 燕麥 〕＝
（*Avena sativa*）

▶ **行星屬性**：金星

▶ **元素屬性**：土

▶ **能量**：金錢

▶ **說明**：在蘇格蘭，人們會在五朔節烤一種名為班諾克的糕餅來吃，五朔節即古代異教的五月節。在某些現代威卡儀式中，也仍會食用燕麥糕。

▶ **魔法用途**：請完全只用全穀燕麥。還記得瑪裘瑞 P032 嗎？早上一起床就煮食燕麥，可以招來財富與繁榮，其他魔法的可能性還包括燕麥餅乾與燕麥麵包。

＝〔 水稻 〕＝
（*Oryza sativa*）

▶ **行星屬性**：太陽

▶ **元素屬性**：風

▶ **能量**：金錢、性、生育力、保護

▶ **說明**：必須說，玉米對美洲人有多重要，水稻對亞洲人來說就有多重要。

東方人辛勤栽種並食用稻米已有數千年之久，水稻有神明守護，而且每餐都會上桌，從過去到今日始終是許多民族的重要主食。

世上有一半以上的人以稻米做為日常飲食，在中國、日本和整個太平洋地區的地位可說是舉足輕重。基於這點，與水稻有關的儀式與習俗也多不勝數。

對有些民族來說，如果男女共食同一碗米飯，就是互許終身。在中

國，人們會往新婚夫婦身上灑米，以求好運與多子多孫，而我們類似的習俗也是來自這裡。

今日依舊崇敬稻米的日本人，會煮一種紅豆飯來招好運（有趣的是，紅豆也是夏威夷人加入刨冰享用的豆子；在路易斯安那州，紅豆與米也是一種古老的卡郡〔Cajun〕幸運食物）。

此外，日本在過去有將某種特別的稻米加紅豆煮成紅米，在每個月的第一天與第十五天食用以求好運的習俗，生日與其他節慶也會食用紅米，紅色是喜慶的顏色。

對日本人而言，浪費米飯是不可饒恕的舉動。在封建時代，稻米會用來支付薪水、津貼、聘用金等，當成金錢來使用。

此外，日本人會灑米來嚇走、驅趕「惡靈」。過去人們相信有某個惡靈會侵擾嬰兒，導致嬰兒夜裡無故啼哭，這時他們會循例拿一碗米擺在嬰兒旁邊。當麻煩出現時，母親或父親就會從碗中取一把米灑到地上，以嚇走惡靈，確保孩子整夜好眠。

古代魔法無不與稻米有關。煮飯時，如果鍋的邊緣形成一圈米飯，代表這家的主人會變得很有錢。有一種常見的小點，是在煮好的飯中加入糖、肉桂，據信能「讓男性懂得如何取悅女性」。

▶ **魔法用途**：雖然白米受歡迎的程度遠超過糙米，但選用糙米才能獲得最佳的營養與魔法效果。

要將米的能量帶進人生，用米香壓製成圓胖可愛的米香餅，會是一種可口又簡單的方法。請手拿一塊不加料的米香餅，針對金錢、增強性慾、生育力或保護等進行觀想，食用米香餅時也持續觀想。

絕對不要用快煮鍋煮糙米，煮之前先將一些要用的米倒在乾淨平坦

的表面上，鋪成一顆米粒的厚度。觀想時，用一根手指在米上勾勒圖案，顯示你所需要的改變，心形代表好運、金錢符號代表財富，諸如此類 P412—414。然後，再將經過加持的米煮來吃。

＝〔 黑麥 〕＝
（*Secale* spp.）

▶ **行星屬性**：金星
▶ **元素屬性**：土
▶ **能量**：愛
▶ **魔法用途**：黑麥麵包令人熟悉的滋味與氣味，是來自做麵包時加入的葛縷子 P173，而非黑麥。不過，黑麥是一種強力的飲食添加物，可以加強你給予與接受愛的能力，而葛縷子在這裡也很適宜。

＝〔 小麥 〕＝
（*Triticum* spp.）

▶ **行星屬性**：金星
▶ **元素屬性**：土
▶ **能量**：多種（見下方描述）
▶ **說明**：小麥長久以來都是人類飲食固有的一部分，它是人類食物中常見程度僅次於水稻的穀類，最早是在新石器時代開始栽種。
埃及人、蘇美人、巴比倫人、西臺人、希臘人、羅馬人都敬拜與小

麥有關的神祇，而小麥又特別是大母神的象徵符號，她將農業的祕密傳授給女性，因此女性是最早的農人與耕者。

在古希臘，人們會向新婚夫婦扔擲甜食與小麥粒，而羅馬人會為新人戴上象徵純潔與生育力的小麥圈與百合。

▶ **魔法用途**：若要施展魔法，最理想、營養價值也最高的是全麥。白麥不僅去除了維生素、礦物質、麥麩，也缺乏魔法能量；*雖然白麵包是羅馬上層階級吃的食物，卻是靈性上一片死寂的食材。*

請食用以小麥為基底的食物，如麵包與全麵團產物，將興旺與金錢的能量帶進你的人生。

在烤麵包以前，請先用銳利小刀儀式性地刻出象徵符號，代表你希望帶進人生的特定能量，並進行觀想。不同類型的小麥麵包有形形色色的能量與魔法用途，其中一些如下：

- 麻花麵包（幾乎每本麵包食譜書都有這種麵包的製作指示）：是一種促進保護的理想料理。麻花愈捲曲，保護力就愈強，因此請在為麵團編麻花時觀想。
- 雞蛋麵包：一面觀想並一面烘烤與食用，能促進身體的生育力。
- 番紅花麵包：能加強靈性。雖然效能較弱，但所有圓形麵包都有這類功效。
- 發芽小麥麵包：是促進靈知的絕佳食物。
- 皮塔餅：又稱「口袋麵包」，是很好的靈性食物。
- 七穀麵包或八穀麵包：是很有效的招財食物。
- 蒔蘿麵包：能促進愛情。
- 大蒜麵包：在麵包片上塗抹大蒜醬，美味且具有強大的保護力。

大多數歐洲國家都會在春天的節慶中製作甜麵包 P095，今日則是與復活節等基督教後來發展出來的節日有關。

=〔 椒鹽卷餅 〕=

- **行星屬性**：太陽
- **元素屬性**：火
- **能量**：保護
- **說明**：你可能很訝異會在這裡看到這種食物，但椒鹽卷餅有一段很長的魔法歷史。

  依據傳說，在中世紀歐洲，人們會在冬至到來時做一種特殊的麵包。這種麵包呈圓形，以表示對太陽的敬意，但中央又會捲成一個四臂等長的十字圖樣，用來象徵四季，它被稱為「bretzel」或「pretzel」，是一種人人熟悉的節慶食物，在歐洲民間宗教中表示太陽重生。

  現代的椒鹽卷餅是這類早期麵包的直接子嗣，形狀有異教根源但略有更動。另外，鹽似乎是後來添加的成分。
- **魔法用途**：雖然椒鹽卷餅任何時候都能享用，但在冬至食用可以表達對太陽的敬意。此外，椒鹽卷餅的行星屬性、鹽 P218 的成分及扭曲的形狀，都很適合做為促進保護的料理。

愛的能量：
甜蜜糕點

中國人會在中秋節烤月餅表達致敬，
巴比倫人會烤男女生殖器狀的糕餅給女神伊絲塔求豐收，
德國供奉麻花麵包祈求免除「一頭亂髮」的懲罰，
英國未婚女性曾流行將結婚蛋糕放在枕頭下……
不得不說，
甜麵包與糕餅的歷史，
是穿越全球數十個文化與種族的旅程。

人類歷來都有吃甜麵包的習慣：至少早在公元前八千年就已經開始使用蜂蜜了──人採集蜂蜜的洞窟繪畫證實了這點；至於美索不達米亞各地及地中海地區，則很常用椰棗糖漿和葡萄糖漿來添加甜味；直到近代，仍只有印度與夏威夷是以蔗糖 P200 為主要的甜味劑（關於甜味劑的更多資訊，請見第十三章）。

甜麵包與糕餅始終與宗教及民俗魔法有關，這類食物的歷史，是穿越全球數十個文化與種族的旅程。

巴比倫人烤男女生殖器形狀的糕餅給女神伊絲塔，並在慶祝豐饒的節慶中供奉；希臘人供奉新月形的糕餅給塞勒涅（Selene），將使者之杖形狀的糕餅獻給赫米斯（Hermes）；畫有月角圖案的糕餅會獻給阿斯塔蒂；希臘女神阿提米絲（Artemis）每個月也會獲得圓蛋糕供品，上面插有燃燒的蠟燭。

在中國，人們會在中秋節烤月餅來表達致敬；在天井擺一張小桌，並堆滿圓形的月餅和水果，家人與親戚會邊賞月邊吃月餅。

在歐洲的日耳曼地區，人們將甜麵包做成人與動物的形狀，代替活生生的受害者獻祭。今日德國的麻花麵包有其宗教與魔法根源，人們做來獻給女神霍勒（Holle），以免遭懲罰：變成一頭亂髮。

塞爾維亞吉普賽人將可食用糕餅的力量轉化到其象徵外形上。若要治療頭痛，他們會將糕餅、公雞、太陽、小刀、蛇、橡實等圖案繡到患者的衣服上，這些象徵符號能驅走邪眼 P416，過去人們相信這是造成頭痛的肇因。

所有糕餅與甜麵包都是由金星及水元素掌管，充滿了愛的能量。今日，糕餅與甜麵包在世界各地的生日、婚禮、宗教節慶中，仍是重要的象徵性食物。以下列出其部分魔法。

＝〔 生日蛋糕 〕＝

為過生日的人獻上一個特別的蛋糕，這項習俗的起源已不可考，

但幾乎能確定的是，這麼做是為了以魔法**確保壽星在往後的一年不會挨餓受凍**。

　　生日蛋糕在某些方面也與**占星學**有關，因為每年過生日的時候，太陽在黃道帶上的位置顯然都一樣，而蛋糕上的小蠟燭可能本來是做成壽星的星座符號。蛋糕是以神聖食物做成的，例如穀物、奶油、糖、蛋，所以有獨特的神性關聯，是生日的完美賀禮。

▶ **生日蛋糕上的祝福文字**：為什麼我們要在生日蛋糕等為特別場合製作的食物上寫字呢？這裡的概念是，食字（糖霜形成的字也不例外）的舉動是以魔法將那些字所代表的能量轉移給吃下字的人。仔細寫在蛋糕上的「生日快樂」和「祝你好運」等字樣，原意不僅是為了表示親切——更是**確保祝福內容成真**的儀式。

▶ **生日蛋糕的蠟燭**：有些學者宣稱，插著蠟燭的現代生日蛋糕與過去獻給阿提米絲的蛋糕有關（見前頁第二段所述），因為點燃的蠟燭令人憶起**女神的聖火**。此外，日耳曼的農家父母也會在孩子生日當天早上醒來時，點燃蛋糕上的蠟燭。

　• 吹熄蠟燭「許願」：這顯然是已被遺忘的魔法儀式遺跡——或許是為了討阿提米絲歡心而進行的儀式。下次你收到點了蠟燭的蛋糕時，**請在吹蠟燭時觀想你的願望**。

　• 蠟燭的顏色很重要：白色有保護與淨化之意；粉紅色有精神之愛的涵義；紅色代表情慾；藍色代表安寧與療癒；紫色代表療癒與靈性；綠色代表成長、豐裕、金錢；黃色代表思路清晰；橙色代表能量。

▶ **生日蛋糕的形狀**：圓形蛋糕代表靈性，方形與長方形象徵興旺。如果你為朋友做生日蛋糕，請注入滿滿的愛與正能量，以適當的象徵符號與字詞來做糖霜，同時持續觀想。如果你希望的話，可以將蠟燭擺在蛋糕周圍的桌上，而不插到蛋糕上。

你可以為不吃傳統「垃圾食物」的人，製作成分完全天然、以蜂蜜 P197 添加甜味、覆上蜂蜜糖霜且含有全穀的蛋糕，還可以加上新鮮的切片水果，同時謹記其魔法能量（見第十一章）。

=〔 結婚蛋糕 〕=

結婚蛋糕的歷史悠久，這類婚禮美食起源於新人在婚禮中依儀式吃神聖食物的古代習俗。在某些年代與地方，新人只要一起吃或喝食物，就算是結婚了。

結婚蛋糕似乎是來自羅馬的共食婚（confarreatio）習俗。在那種習俗中，人們會在婚宴上將婚禮專用的蛋糕砸在新娘頭上，以確保兩人的共同生活**多子多孫多福氣**。當然，蛋糕會以蜂蜜添加甜味。賓客會帶走切片的蛋糕，就如今日的婚禮賓客也會帶幾片蛋糕回家，藉此分一點「好運」。在維多利亞時期，未婚的英國女性會將一片結婚蛋糕擺在枕頭下，希冀夢見未來的良人。

有些美國印第安部族也會做蛋糕來慶祝婚禮。舉例來說，易洛魁族（Iroquois）的新娘會烤玉米粉蛋糕給新郎，而這是婚禮中的重要一環。

今日很常拿來裝飾結婚蛋糕的玫瑰，象徵著愛的願望，可能是昔日在做好的蛋糕上擺糖霜玫瑰與紫羅蘭花瓣的現代形式。

即使到了今日，這項重要典禮中的主要元素，仍帶有許多迷信：新娘絕不能自製結婚蛋糕；時間未到，新娘與新郎都不能嚐蛋糕；新娘應該留一片蛋糕給自己，據說只要留下這片蛋糕，就能擁有丈夫的愛；加了香料的結婚蛋糕意味著兩人的關係高潮迭起。

一八六一年，美國教育改革者賀拉斯‧曼（Horace Mann）的妻子出版《廚房裡的基督教》，這本奇特的資訊大全所根據的理論是，不健康的飲食有礙道德。她最令人目瞪口呆的一個結論是：由於結婚蛋糕很難消化，所以既不道德，也沒有基督教精神。

巧克力 P203 與香草 P193 是最常用來增添結婚蛋糕風味的材料，這只是巧合嗎？還是因為兩者都有刺激愛情的強力功效呢？

= 〔 甜麵包 〕 =

蛋糕與甜麵包的一大不同是，後者往往經過發酵，蛋糕則不需要這道程序。

在麵包中加酵母的技藝一變得普遍，隨之就加入了蜂蜜或椰棗糖漿，連同香料與其他成分，都是為了產生怡人的多樣變化。

今日在歐洲（尤其是復活節）與墨西哥（萬靈節），人們仍會在宗教節日烤甜麵包。某些為萬聖節和聖誕節烤的糕餅在蘇格蘭廣受歡迎；德國的史多倫麵包也遠近馳名；前基督教時期的英國人會在慶賀春天的節日烤製糕餅，其中一種也以方便衛生的形式流傳至今。

十字麵包

　　早在基督教到來以前，歐洲人就會舉行迎春儀式，獻給象徵上帝與大母神的太陽與大地。春分每年都落在三月二十一至二十四日之間，在寒冷的冬季月份過去後，春分帶來了人們歡迎的生命氣息。

　　在部分是獻給伊絲特拉（Eostra，復活節〔Easter〕的名稱就是由她而來）的這類儀式中，人們會烤並食用添加甜味的小麵包，促使大地恢復繁榮。這類儀式麵包是以謹慎貯藏的穀物與蜂蜜製作而成，上頭畫有陽具符號，代表為大地與人類帶來豐饒影響力的太陽。

　　基督教在歐洲各地傳播之時，這類異教麵包的用途也在新的宗教信仰下改變了。以往遭到異常嫌惡的陽具符號，轉變成較為「體面」的十字，而十字本身也是陽具符號。十字麵包於是變成了復活節慶典的一部分，雖然來得有點遲，但後來也逐漸成為基督教復活故事的一部分。

　　這種轉變十分徹底，所以十字麵包甚至也供給穿越英國各村莊的朝聖者食用。

　　話說回來，十字麵包在大眾心中始終保有其神祕能量，這點可能不令人驚訝。

▶人們會在聖週五（Good Friday，即耶穌受難日，天主教稱主受難日）食用十字麵包，希望能帶來一整年的好運。

▶十字麵包也被用來治療某些疾病，掛在屋裡能保護房屋不受祝融與各式各樣的邪惡侵擾，而且據說長時間擺放也不會發霉（康瓦爾〔Cornwall〕人將麵包掛在培根架上）。

► 水手們相信帶一個十字麵包上船可以預防船難，穀倉裡甚至也會擺幾個十字麵包來防老鼠。

► 現代美國的迷信則是，春分時節將一個十字麵包放在櫥櫃裡，可以保佑你「萬年不挨餓」。

人們歸給簡單的十字麵包的魔法特性，其實是來自古早年代的回憶，當時這類麵包還是饒富趣味的象徵符號，與古老的歐洲異教息息相關。

亡者麵包

在十一月二日的萬靈節（All Soul's Day，又稱悼亡節），許多墨西哥人會到家族墓地舉行一種根源於前基督教時期的儀式。除了橙色金盞花，他們還會為這個場合烤一種特別的甜麵包。在這個喜樂的時刻，他們會邀請亡者一起赴宴。這場餐宴在生者心裡肯定了死亡的不可避免性，也再次肯定了亡者的價值，是一種相當健康的儀式。

在美國，天主教的一個聖日「萬靈節」是以萬聖節的通俗形式來慶祝，隨之也舉行化妝舞會、派對、神祕主題等。有些根源自歐洲的主題也傳入墨西哥，但崇敬亡者有其古老、前征服時期的根源。

在十月底，墨西哥各地和美國西南方的麵包店會開始販賣亡者麵包，我從很久以前就很喜歡這種特殊麵包的獨特風味。如果你的住家附近有墨西哥糕餅店（panaderia），請在十月期間去看一看有無亡者麵包。如果沒有，可以請他們製作。如果還是找不到亡者麵包，下次萬聖節可以自己做一些——以表示敬意。

亡者麵包

份量：2條麵包

材料

1茶匙八角籽	3茶匙水
1包乾酵母	½杯溫牛奶
1茶匙鹽	3½杯篩過的萬用麵粉
1杯融化奶油	6顆稍微打散的蛋
1茶匙橙花水	切碎的1顆柳橙皮
1顆打散的蛋液	粗砂糖或紅色的糖（裝飾用）

作法

1. 在萬靈節的前一夜，將八角籽與3茶匙水倒進鍋裡，接著把水煮開，然後關火，靜置一晚，隔天濾出籽丟棄，即成「八角水」。

2. 在溫牛奶中灑入酵母軟化，加入八角水，再倒入足量的麵粉，做出鬆軟的麵團。

3. 將麵團揉成球形，放在溫暖的地方待其膨脹一倍——時間約一小時。

4. 將剩下的麵粉加入鹽、糖攪拌，攪入融化且冷卻的奶油、6顆蛋、橙花水、柳橙皮屑。在略鋪一層麵粉的平面上揉麵團直至軟化。

5.將兩個麵團合在一起，揉到滑順有彈性為止。蓋上布靜置
　1.5小時，或是直到它膨脹一倍為止。

6.先捏下2顆核桃大小的麵團，做為之後的裝飾使用。將剩
　餘的麵團分成一半，捏成2個圓條狀，接著放上塗好油的
　烤盤紙。

7.將先前保留下來的麵團取一些出來，拿擀麵棍擀成4條各
　約13公分長的細繩子。拉長繩子，兩端壓扁，使其看起來
　像骨頭，並靜置待其發酵。

8.分別為2條麵包各擺上2根呈十字交叉的「骨頭」，然後以
　蛋液連接麵包和「骨頭」。

9.剩餘的麵團揉成另一條細繩，切成小段，捏成眼淚狀，點
　綴在骨頭與骨頭之間。

10.在麵團上輕輕蓋布，靜置待其膨脹一倍，接著以蛋液輕
　　刷表面，灑一點粗砂糖或染成紅色的糖，其實完全不灑
　　糖也無妨。

11.最後將烤箱預熱至攝氏190度，將麵團放進烤箱烤30分鐘
　　左右，即大功告成。

注意

　　做麵包時，請回想這個季節的象徵——冬意變濃，大
地的繁殖能量逐漸減少。此外也別忘了，在回想已逝的摯
愛親友時，請帶著幸福而非悲傷的情緒。

＝〔 餅乾 〕＝

餅乾是新石器時代祖先的扁麵包加了糖的遠親，而且，儀式與魔法用的餅乾永遠會烤成特定形狀。

糖霜餅乾

我們許多人都在耶魯節 P062 吃過特定形狀的糖霜餅乾。第七章提過，以前的人會吃鐘形餅乾來求保護與驅邪 P064 ，而動物形狀的餅乾則代表過去獻給神明的祭品。

如果你要做簡單的糖霜餅乾，請切成特定形狀以代表你的魔法目標。這類餅乾是強力的魔法工具，請記得攪拌、切割、放進烤箱時，都要進行觀想（更多說明請見〈象徵符號〉P412）。

市面上有各式各樣的餅乾模具，而耶魯節與萬聖節的專用模具能提供豐富的可能性，你可以找到新月形、星形、掃帚形、「女巫」形、太陽形及其他許多風格。請運用你的想像力（如果其他都行不通，請拿一把銳利的小刀），刻出自己的魔法符號。

幸運餅乾

啊，對了，還有那些古中國的占卜用具！事實上，幸運餅乾可能是一九二〇年代加州的一間中餐廳為宣傳所發明的食物，儘管如此，它仍然與古代羅馬的做法多少有些類似。這種麵團占卜法是在紙條上寫下訊息，然後封在麵糊球裡，這些麵糊球會混在一起，任意發放給不同人，以揭示各人的運氣。

現代版的幸運餅乾更為可口，自己動手製作會是個不錯的好主意，不只讓你有機會為自己打造量身訂做的運氣，也是打發午後下雨時光的好方法，請試試看——你的幸運餅乾將成為你下一場派對、晚餐或儀式聚會的熱門餐點。

請拿出一大張乾淨白紙，剪成48張小紙片，每張紙片約1.3公分寬、7.5公分長。

拿一枝鉛筆並坐在這些紙片前，閉上眼睛澄清心智，請連接你的靈知，讓它傳送訊息到你的意識心智 P416。請寫下各種運氣占卜，將浮上腦海的字句統統寫下來，用詞記得簡潔一些。如果什麼訊息也沒收到，以下是一些可以用來激發想像力的樣本：

▶ 等候的人什麼也做不到

▶ 好運就在不遠處

▶ 不要與陌生人說話

▶ 靜待風起

▶ 快樂要往內心尋求

▶ 你不會有所匱乏

▶ 愛正迎風招展

▶ 水的漣漪已回答了你

▶ 福星正對你閃耀

▶ 你是有福之人

▶ 財富就在你眼前

▶ 做就對了

如果你和我一樣，並不擅長寫卜辭，也可以為每張紙片畫一個魔法符號。

現在來談如何製作餅乾。這裡的「祕密」是要使用柔軟乾淨的棉手套，這是折餅乾的過程中不可或缺的一環──除非你真的不怕痛。另外，紙（非塑膠）製蛋盒也是必需品。以下是製作方法：

幸運餅乾

材料

½杯融化奶油	3顆蛋的蛋白
¾杯糖	⅛茶匙鹽
¼茶匙香草精	1杯麵粉
1茶匙即溶茶	2茶匙水
卜辭	

作法

1. 在廚房做餅乾時，請點燃1根藍蠟燭。

2. 在碗裡混合蛋白、糖、鹽後，分別加入香草精、麵粉、茶、水、融化奶油。充分攪勻，然後放涼至少30分鐘，並將烤箱預熱到攝氏177度。

3. 拿湯匙舀一勺放涼的圓形麵團到塗好油的烤盤紙上，接著

以湯匙背為其塗一層直徑約7.5公分的圓形薄奶油，然後再舀第二個麵團畫第二個奶油圈——但一次不要做超過2個以上。最後，烤3到5分鐘或直到邊緣變成褐色為止。

4. 完成前，戴棉手套拿出烤盤，接著用抹刀拿起一塊圓餅，擺在乾淨、不沾麵粉的表面上。動作要迅速，隨後將1張卜辭放進餅乾中央。從邊緣將圓餅折成半圓形，再拿著半圓餅乾的兩端，將折起部分（即半圓的橫線那一端）的中央立在蛋盒中的紙緣上，從兩端往下壓。將餅乾小心放進蛋盒的洞裡，靜置冷卻。

5. 持續這套流程直到用完麵團為止。請記得，一次不要烤2個以上的餅乾，否則會變硬無法壓凹。

＝〔 派 〕＝

酥皮點心可能起源於古希臘，羅馬人在征服希臘後學到了製作方法，然後將這項技藝傳遍帝國各地。當然，酥皮點心不僅指甜食，英國糕點與麵皮炸魚就是一例。只不過，由於甜派的學問強大無比，所以下列的描述僅限於甜派。

派的存在，曾經一度是非法的。

奧利佛・克倫威爾（Oliver Cromwell）這位一本正經的紳士毀掉了十七世紀無數個英國糕點，甚至禁止大英國協境內有派的出現。原因何在？因為派會令人民愉悅，而這正是專制、狂熱的清教徒最不希

望的事。所幸查理二世（Charles II）一六六〇年即位，恢復了各地享用派的自由，沒有哪個皇室比此時的英國皇室更受人民愛戴了。

　　美國的派為何是圓形而非方形呢？

　　這項習俗起源於殖民時期（我猜我們的清教徒對某些愉悅的形式心胸較開放），由於歐洲人使用的方形或長形深鍋會用掉太多珍貴的水果，因此美國人切掉了鍋的四個邊角，並使其變成淺鍋，我們的圓派就是由此而來。

　　從魔法上來說，圓形的派能招引靈性，方形的派能促進興旺。畫有複雜格子狀的派皮，可以發揮促進保護的功效。做派時購買、選用哪種水果也很重要，請依水果的魔法能量來做選擇。以下是最常見的派及其魔法特性的速查表（第十一章會更詳細討論水果）。

▶ **蘋果** P139：愛、療癒、安寧

▶ **杏** P140：安寧

▶ **香蕉奶油**：金錢

▶ **黑莓** P143：金錢、性

▶ **藍莓** P143：保護

▶ **切斯派（卡士達）**：靈性

▶ **巧克力奶油**：金錢、愛

▶ **椰子奶油**：靈性

▶ **櫻桃** P145：愛

▶ **墨西哥萊姆** P152：愛、淨化

▶ **檸檬** P151：淨化、愛

▶ **百果餡**：「好運」、金錢

▶ **桃** P158：愛、健康、快樂、智慧

▶ **長山核桃** P215：金錢

▶ **鳳梨** P160：愛、療癒、金錢、保護

▶ **南瓜**（此指pumpkin）P127：金錢、療癒

▶ **覆盆子** P163：快樂、愛、保護

▶ **大黃** P129：保護、愛

▶ **草莓** P164：愛

　　上述魔法資訊也適用於塔、水果派、酥派。混合材料、烘烤、食用時，請記得觀想！

　　在這當中，百果餡餅是很特別的例子。

　　在英國與歐洲各地，人們會在跨年夜（New Year's Eve）烤百果餡餅上桌，待午夜一過，大家就會吃一個餡餅並許願，請搭配觀想。另外，吃餡餅也能招財。

　　烤派之前，如果你做的派有在最上面放麵皮覆蓋餡料的話，請在麵皮表面輕輕畫出五角星形；如果沒有，請在派底的表面畫五角星形，這樣能保護派的烘烤過程。

　　你也可以用切長縫的方式畫五角星形，或者在表皮輕輕勾勒出與你的魔法目標有關的象徵符號 P412-414。

　　過去人們會將剩餘的派皮烤成酥皮點心，供給據說寓居於廚房的靈體享用。我記得母親也烤過這類剩餘酥皮，灑上糖與肉桂後，就是給我們的點心，而酥皮似乎往往比派本身更美味。

＝〔 煎餅 〕＝

本章最後要稍微談一下煎餅──用淺鍋煎的一種蓬鬆、淺褐色的鬆餅，像花崗岩般沉甸甸地充實著我們的胃。

煎餅在世界各地都是「好運」食物。

在英國，懺悔星期二又稱煎餅日，只要在這天吃煎餅就能確保這一年財源廣進、衣食無缺、好運連連，而這項習俗有前基督教時期的根源。

在各種民間信仰習俗遭到破壞之前，過去俄羅斯人會以特別的儀式慶祝春天的來臨。他們會乘雪橇，載著奶油女神梅斯蓮妮查（Masslianitsa）的圖像，在村裡周遊，同時歌唱作樂，接著將裝飾人物像焚毀（哇噢！），慶祝者會享用一種傳統俄羅斯煎餅布利尼（blinni）來結束這場異教節慶。

今日許多團體仍會召喚這種基本料理的力量，以募款方式規劃煎餅早餐，多少有早期那類歡宴的意味。

煎餅與兩個最重要的大地禮物有關──穀物與牛奶，難怪會備受崇敬。

以下是我的一些煎餅魔法：

求財

缺少現金嗎？請做一些蕎麥 P079 煎餅。將煎餅糊倒進淺鍋，畫出金錢符號。請觀想，然後煎餅、翻面，在淋上楓糖漿（另一種招財物）P206 後上桌。

萬用煎餅儀式

請一面觀想，一面照著魔法符號（如五角星形）的相反形狀迅速地將煎餅糊倒進淺鍋（待翻面後就會變成正的形狀），接著翻面煎好，然後食用。

煎餅占卜儀式

幾年前，我在與多位朋友的聚會中，偶然碰見一場簡單又美味的煎餅占卜。

請從頭開始做麵糊，以順時針方向攪拌，同時觀想你的問題。如果你沒有特定問題，那只要保持腦海一片空白即可。

將麵糊倒進淺鍋，接著以木匙圓形那端插入鍋裡還未煎好的麵糊中隨意攪動，同時提出問題。

到了要翻面的時候，請拿開木匙，將煎餅翻面，而煎餅褐色的那一面會開始出現象徵符號。請運用你的靈知，詮釋它們以便讓你一窺明日的種種可能。

Chapter

10

七色魔力：
蔬菜

我們已經在社會的訓練下，

渴望甜食而忽視蔬菜，其實在魔法中，

這類綠、紅、紫、褐、白、黃、橙色食物的重要性，

和甜點不相上下！

你或許會想，「等一下！蔬菜好像沒有其他食物那麼有趣？」或許吧。然而，這類綠、紅、紫、褐、白、黃、橙色食物在魔法中的重要性其實和甜點不相上下。我們已經在社會的訓練下懂得渴望甜食、忽視蔬菜，只不過，撇開一時的渴望不談，我們不能只吃甜食、別的都不吃。

說到這裡，就讓我們繼續讀下去，好好享受蔬菜吧。

相信我，你會因此愛上它們。

=〔 朝鮮薊 〕=
（*Cynara scolymus*）

▶ 行星屬性：火星

▶ 元素屬性：火

▶ 能量：保護

▶ 說明：希臘傳說認為，第一株朝鮮薊本是名美女，然而，某位憤怒的神明（老實說，我忘記是哪位了）因為嫉妒她的美貌，所以一怒之下將她變成了一株朝鮮薊。朝鮮薊似乎是來自地中海地區與加納利群島，它在古羅馬是奢侈的食物，羅馬人會以鹵水或醋保存朝鮮薊，就像我們會以油來保存朝鮮薊「心」。

▶ 魔法用途：朝鮮薊確實很美味，由於它來自薊家族，也因為它的花有尖角，所以朝鮮薊屬於一種保護型料理。

請以大蒜 P180 或月桂葉 P172 調味，增添額外的保護能量。

=〔 蘆筍 〕=
（*Asparagus officianlis*）

▶ 行星屬性：火星

▶ 元素屬性：火

▶ 能量：性

▶ 魔法用途：準備蒸或煮蘆筍時，請觀想自己正陶醉在性愛中，然後吃進食物的力量。

＝〔 竹筍 〕＝
（*Bambusa* spp.）

▶ **行星屬性**：太陽

▶ **元素屬性**：風

▶ **能量**：保護、靈知

▶ **說明**：竹子在中國與日本是長壽的古老象徵，人們也會在住家四周種竹子進行防護；夏威夷的宗教也充滿了竹子的傳說。注意，未煮熟的竹筍是有毒的，必須經過烹煮才能安全下肚。

▶ **魔法用途**：竹筍屬於保護型食材。若要進一步添加保護能量，請拿小刀在每個竹筍上畫一個小五角星形 P413，再當成食材煮食。
竹筍也能加強靈知，請以竹筍做成沙拉來開啟你的深層心智。

＝〔 菜豆 〕＝
（*Phaseolus* spp.）

▶ **行星屬性**：水星

▶ **元素屬性**：風

▶ **能量**：金錢、性

▶ **說明**：在馬雅與阿茲特克等諸多美索不達米亞文化的飲食中，菜豆可說是舉足輕重，今日仍是拉丁美洲各地的重要食材。
普魯塔克（Plutarch）說，菜豆是人們在米索爾月（Mesore，即十二月）獻給希臘羅馬神明哈爾波克拉特斯（Harpocrates）的供品。除

此之外，獻給阿波羅的供品也包括菜豆，而埃及法老拉美西斯三世
（Ramses III）有一次曾供奉了一萬一千九百九十八罐去殼菜豆給
神明。只不過，有幾個古老宗教禁止祭司食用菜豆。

羅馬人會在某些節慶供奉菜豆給亡者，除此之外，**希臘人與羅馬人
也會用菜豆來進行投票：白豆表示贊成，黑豆表示否決**。菜豆也是
獻給阿波羅的供品。

長久以來，人們都認為吃菜豆能增進性慾。著名的英國藥草師尼可
拉斯·寇佩珀（Nicholas Culpeper）建議想刺激性慾的人吃菜豆，
而教會神父聖耶柔米（Saint Jerome）則禁止修女食用菜豆，因為會
「刺激生殖器」。

在英國，人們認為在豆田裡過夜會造成精神失常。然而，歷來有許
多民族認為**開白花的菜豆是女神的聖物**，所以白花菜豆備受尊崇。

　殖民者則是從美國印第安原住民身上學到了波士頓烤豆的作法。

▸ **魔法用途**：請在招財料理中加入菜豆。若想自己烤菜豆，可在準備
食材時加入一點薑 P181、楓糖漿 P206 和其他招財食物 P294，在混
合與烹調時進行觀想。或者，你也可以在吃菜豆時適切地觀想，增
加你對性活動的興趣。辣椒 P117 炒菜豆是一道促進保護的料理。

= 〔 甜菜 〕 =
（*Beta vulgaris*）

▸ **行星屬性**：土星
▸ **元素屬性**：土

▶ **能量**：愛、美

▶ **說明**：各民族吃甜菜延壽已有好幾個世紀，古希臘愛神阿芙蘿黛蒂（Aphrodite）據說以甜菜來維持並增進她的美貌。

甜菜的紅色在收穫季（如八月一日的豐收節 P068）和冬天的宗教節日（如十一月一日的薩溫節 P069）中有其特定用途。

▶ **魔法用途**：民間魔法認為，如果一對男女吃同一根甜菜，那就會陷入情網。雖然這未必是真的，而且愛遠比這還要複雜，但招桃花的料理可以加入甜菜。煮食甜菜時，要一直觀想自己愈來愈美。此外也要記得：**美是內在而非外在的**。

〔 青花菜 〕
(Brassica spp.)

▶ **行星屬性**：月亮

▶ **元素屬性**：水

▶ **能量**：保護

▶ **魔法用途**：青花菜是一種很好的保護型料理，請用羅勒 P171、大蒜 P180、芥菜籽調味，以增加其力量。

〔 抱子甘藍 〕
(Brassica spp.)

▶ **行星屬性**：月亮

▶ 元素屬性：水

▶ 能量：保護

▶ 說明：傳說抱子甘藍源自生長於巴比倫的幾種野生甘藍。巴比倫君
王尼布賈尼撒（Nebuchadnezzar）會吃甘藍來預防或治療其縱情狂
歡後經常引起的宿醉，因此，在沒有新鮮甘藍的冬天，想當然耳，
他一定會覺得相當困擾。

依據神話，他命令園丁領班布魯塞爾（Brussel）設法種甘藍，讓他
一年四季都吃得到這種蔬菜，而布魯塞爾藉由混種，最後成功創造
出今日的抱子甘藍，它確實是甘藍家族中的小型成員。

▶ 魔法用途：食用抱子甘藍具有保護功效，在甘藍料理中加一點鹽
P218 也很好，因為鹽也是具有保護功效的物質，但不論是哪種食
物，太多都會影響健康，鹽尤其如此，*只要健康欠佳就會導致身體*
缺乏正常的靈性保護力。

如果不放鹽，可以試試羅勒 P171、蒔蘿草 P178、芥末 P185 等，都
是具保護功效的調味品。

＝〔 甘藍 〕＝
（*Brassica* spp.）

▶ 行星屬性：月亮

▶ 元素屬性：水

▶ 能量：保護、金錢

▶ 說明：過去迷信的人，會在令人恐懼的十三號星期五將甘藍葉貼在

額上驅惡擋煞——不過，這個舉動應該更有可能使自己被隔絕於人群之外。

公元前六二一年左右，希臘官員通過一條新法律，把偷甘藍的人處以死刑，而甘藍在當時是廣受喜愛的食物。此外，希臘更興起一種可悲的觀念，認為每天只要吃幾顆甘藍，就能治療精神失常與神經症狀。

▶ **魔法用途**：***甘藍是一種很好的月亮食物***，請在滿月進行魔法與靈性儀式後，在月光下享用。

甘藍如同抱子甘藍 P112 與青花菜 P112，食用以後能將保護能量內化。請以羅勒 P171 和芥末 P185 調味，以增強這方面的功效。另外，也可以做成加鹽 P218 的德式酸菜來促進保護。

綠甘藍會用在招財料理中，為了招財，這類料理還會實際加入一枚銀幣，你也可以用蒔蘿籽 P178 調味來吸引興旺的能量。不得不說，***甘藍湯是將金錢能量帶進人生的美味妙方***。羅馬自然學家普林尼則建議人們睡前吃甘藍，以預防惡夢。

＝〔 紅蘿蔔 〕＝
（*Daucus carota*）

▶ **行星屬性**：火星

▶ **元素屬性**：火

▶ **能量**：性

▶ **魔法用途**：從古希臘時代以來，人們就食用紅蘿蔔來增進性接觸的

慾望。請以正確的觀想來煮食紅蘿蔔，它或許有助於克服你心理上的無能。

搭配香芹 P186 及葛縷子 P173 來煮紅蘿蔔，功效最佳。

=〔 花椰菜 〕=
（*Brassica spp.*）

- ▶ **行星屬性**：月亮
- ▶ **元素屬性**：水
- ▶ **能量**：保護
- ▶ **魔法用途**：生花椰菜或煮熟的花椰菜都屬於保護型料理。若要增加功效，請加入蒔蘿 P178、芥菜籽、迷迭香 P189 來煮花椰菜。

=〔 芹菜 〕=
（*Apium graveolens*）

- ▶ **行星屬性**：水星
- ▶ **元素屬性**：火
- ▶ **能量**：性、安寧、靈知、減重
- ▶ **說明**：羅馬女性會食用芹菜增加性慾。
- ▶ **魔法用途**：人們推崇這種植物的催情功效已久。芹菜湯，是法國國王路易十五（Louis XV）的「官方情婦」龐巴度夫人（Madame de Pompadour）在這方面最喜愛的一道料理，因為**芹菜加熱後似乎會**

奇特地散發出人與動物自然分泌的費洛蒙，即一種具有性吸引力的化學成分，而這可能是兩千年來芹菜在這方面備受歡迎的原因。

如果你要煮芹菜湯，請在煮湯時觀想。這類刺激性慾的食物只有親自食用才有效，給他人享用的話，對自己就沒有什麼功效了。

換一種方式觀想，生吃或食用煮熟的芹菜也能撫慰人心，帶來心裡的安寧。

在食物中加入芹菜籽（調味用）可以加強靈知。另外，芹菜也是**減重計畫的好食材**。

＝〔 細葉香芹 〕＝
（*Anthriscus cerefolium*）

▶ 行星屬性：水星

▶ 元素屬性：風

▶ 能量：減重

▶ 說明：以往民間魔法師會加入唇萼薄荷（pennyroyal）來煮細葉香芹，最後煮成的菜據說能使喝醉的人把一件東西看成兩件，而這種植物的拉丁文名稱「*cerefolium*」，是對其古時候在穀物與草木女神瑟雷絲的節慶活動中所扮演的角色致敬。

在生活較艱難的早期，許多人因為戰爭受傷的傷口遭感染而死亡，**因此十六世紀的人會給受傷的男子喝細葉香芹汁**：如果穩住了傷口，那他們就可望活下來；如果傷勢反而加重，那就表示最後他會喪命。

▶ **魔法用途**：細葉香芹可能不容易找，但值得找找看，對想**減重**的人來說尤其有益。請每天榨一點細葉香芹汁，並試著觀想，然後喝掉，可以保持或恢復你想要的身材。若想要增加力量，請加入繁縷 P174 做成沙拉。

＝〔 辣椒 〕＝
（*Capsicum* spp.）

▶ **行星屬性**：火星
▶ **元素屬性**：火
▶ **能量**：保護
▶ **說明**：在墨西哥洞穴所發現的考古學證據顯示，人類似乎早在九千年前就開始種辣椒，阿茲特克人據說會在儀式中使用辣椒來驅逐附在人身上的靈體。

近年有某州的監獄體系禁止使用辣椒，因為有人把這類火辣的蔬菜當武器使用。奇妙的是，十七世紀南美洲某些地方也會焚燒辣椒並用其所產生的煙來驅趕西班牙入侵者。在現代新墨西哥州，人們仍會在週五晚上焚燒紅甜椒的心來驅邪，以免其傷害人類。

▶ **魔法用途**：雖然辣椒的種類有數十種，但在美國市場最為常見的則是墨西哥辣椒（jalapeno）、卡宴辣椒（cayenne）、甜椒（bell peppers），請在防範負能量的料理中加入上述任何一種椒。辣椒鑲起司（墨西哥餐館的傳統經典美食）、鑲青椒（鑲蔬菜或其他餡料）、墨西哥辣椒凍是保護型料理的其中三個例子。

順道一提，所有辣椒（胡椒除外）都屬於同一個家族。如果你不喜歡辣到入骨的辣椒，可以試試在促進保護的魔法料理中加入少許較溫和的紅辣腸（pepperoni，義大利餐廳使用的那種）、一點卡宴辣椒、西班牙辣椒（pimento）或味甜肉厚的甜椒。

＝〔 細香蔥 〕＝
（*Allium* spp.）

▶ **行星屬性**：火星

▶ **元素屬性**：火

▶ **能量**：減重、保護

▶ **說明**：最早種植細香蔥的地方，可能是今日西伯利亞靠近貝加爾湖的地區，那是世界上最深的一座湖泊。一般認為細香蔥是一種強力的催情劑。

▶ **魔法用途**：偉大的藥草師約翰・傑拉德（John Gerarde）說，食用細香蔥確實能使人「變瘦或變纖細」，如果你想採取減重飲食，這類氣味溫和的蔥蒜類很值得一試。

雖然雜貨店很難找到新鮮的細香蔥，但自行種植很容易，細香蔥甚至也能在容器裡順利生長。

若要達到保護功效，請將一根細香蔥打結，加入食物中吃掉。同樣地，打結並食用時記得要觀想！

如果想擺脫惱人的習慣或遲遲甩不掉的個人問題，可以將那個問題以打結的方式綁進細香蔥，然後一埋了之，從此不要把它挖出來。

=〔 黃瓜 〕=
（*Cucumus sativus*）

▶ **行星屬性**：月亮

▶ **元素屬性**：水

▶ **能量**：安寧、療癒

▶ **說明**：以往，人們會將新鮮黃瓜擺在昏厥女性（還記得那種昏厥嗎？）的鼻子底下，他們認為黃瓜的氣味理當會喚醒她們。

　在非洲，努爾人（Nuer）有時會以一根小野生黃瓜代替寶貴的牛，在重要儀式中獻祭。

▶ **魔法用途**：請在召喚安寧的料理中加入黃瓜。將黃瓜*削皮*，一口接一口地生吃整根黃瓜，可迅速緩解壓力。你也可以在養病期間吃黃瓜，加速療癒過程。別忘了，請一面進食一面觀想。

=〔 茄子 〕=
（*Solanum melogena var. esculentum*）

▶ **行星屬性**：木星

▶ **元素屬性**：土

▶ **能量**：靈性、金錢

▶ **魔法用途**：這些中國原生種本來就偏小，呈蛋形，而且是白色，不同於我們巨大的紫色茄子。食用煮熟的茄子可以增加靈性，如果你不排斥吃茄子，食用這種蔬菜時，可以同時觀想財源廣進。

許多人不喜歡茄子強烈的味道，如果你剛好就是他們之中的其中一位，那麼，在聽到我說不用吃這種紫色食物也能獲得其能量的益處時，一定會很高興。要為你的人生招來更多財源，請將一根茄子切成相等的兩半，在兩半當中夾一張一元美鈔，綁起來後埋進土裡，永遠不要挖出來，金錢自然會朝你湧來——只是你會損失一元（推測康寧罕使用一美元，是表示用面額最小的紙鈔即可，讀者施行魔法時可視情況選擇）。

＝〔 苦苣 〕＝
（*Cichorium endivia*）

▶ **行星屬性**：木星
▶ **元素屬性**：風
▶ **能量**：體力、性
▶ **魔法用途**：苦苣在今日的沙拉中是備受忽視的青菜，這令人相當遺憾，因為食用苦苣能促進體力，而且當然比類固醇還要安全。
畢竟，苦苣是一般認為能創造性慾的諸多食物之一，我怎有立場去反駁這種由來已久的傳統呢？

＝〔 青菜 〕＝

大體而言，青菜在蘇格蘭與愛爾蘭兩地都與仙子有關，長久以來綠色之所以被認為是不吉祥的顏色，可能與這點有關係。此外，基於

同樣的原因，青菜也絕少現身於婚宴與接待會等場合——慶祝的人可不希望惹惱那些小人兒。

在民間魔法中，食用各種青菜是*招財*的一種方法。

＝〔 韭蔥 〕＝
（*Alliurn* spp.）

▶ **行星屬性**：火星

▶ **元素屬性**：火

▶ **能量**：保護、體力

▶ **說明**：韭蔥與神話及民間傳說都極有淵源。在十二世紀波斯，人們會將韭蔥別在左耳以防喝醉；生活在十六世紀英國的藥草師傑拉德認為韭蔥會招致夢魘，在他的時代，人們會拿黑布裹韭蔥並擺到病人的枕頭底下，以發揮療效。

除此之外，韭蔥也被認為具有保護的功效，據說它能確實防範火與閃電。

▶ **魔法用途**：韭蔥是蔥蒜家族裡的成員，不難想見其具有優異的保護功效。

請為這個目的煮韭蔥湯來喝，或是在燉菜中加入韭蔥。

在這之外，你也可以吃韭蔥來增強體力。

依據傳統，**威爾斯士兵會抹新鮮韭蔥在身上以求饒勇善戰、精神百倍**，他們也相信這種魔法汁液能保護他們不受傷，因此韭蔥至今仍是威爾斯的國家象徵。

=〔 萵苣 〕=
(*Lactuca sativa*)

▶ **行星屬性**：月亮

▶ **元素屬性**：水

▶ **能量**：安寧、金錢、獨身

▶ **說明**：萵苣是古埃及敏神（Min）的神聖象徵。百年前，敏神因祂陽具神的圖像形象而被人們認為是猥褻的，但其實他也掌管著所有種類的植物。

萵苣似乎是敏神的最愛，因為它是綠色，也因為擠萵苣心會流出一種乳白汁液，可能會令人聯想到精液。從這點來看，萵苣自然與生殖及生育力有關。另外，墳墓裡常見一堆堆的萵苣，那也是獻給敏神的供品。

至少有一位羅馬皇帝因為十分著迷於這種蔬菜的滋補特性，所以為它建立了一座聖壇，還立有雕像。

▶ **魔法用途**：一位墨西哥女性告訴我，當孩子「哭哭啼啼」或躁動不安時，只要把他們放進泡有萵苣葉的浴缸，就會安靜下來。

野生萵苣含有鴉片成分，以前的人會喝其汁液來自然入睡。今日，你可以在吃萵苣時觀想，促進內心的平和與寧靜，不過雜貨店常見的結球萵苣幾乎不含有鴉片成分。

如同其他沙拉青菜，萵苣也是招財料理的一員，在沙拉中加入萵苣與新鮮蒔蘿草 P178 可以增加錢財。與大多數其他食物相反，人們會吃萵苣來降低性慾，奇特的是，它還能避免暈船。

＝〔 蘑菇 〕＝

▶ **行星屬性**：月亮

▶ **元素屬性**：土

▶ **能量**：靈知

▶ **說明**：古埃及法老食用蘑菇，一般人則無緣享用。羅馬人相信，蘑菇能為身體提供精力。

蘑菇就和所有菌類一樣，歷來總是惹人懷疑。一場大雨後就能在一夜之間長成，看似奇蹟的生長過程、神祕的繁殖方式、古怪的外表等，使蘑菇成為**千本以上的魔法咒語書與童話的一部分**。

有些蘑菇可口，吃起來也安全；也有其他蘑菇雖是可口，但會要人命。每年仍會有業餘者因摘錯野生蘑菇種類、煮成三餐享用而意外身亡的消息。

蘑菇含有致幻物質，墨西哥、南美、西伯利亞及世上許多其他地方都會在儀式中使用。另外，蘑菇在美國某些地方始終是一種受歡迎且非法的街頭毒品。

▶ **魔法用途**：在餐點中加入正常的烹飪用蘑菇，可以提升靈知。

＝〔 橄欖 〕＝
（*Olea europaea*）

▶ **行星屬性**：太陽

▶ **元素屬性**：風

▶ 能量：靈性、健康、安寧、性

▶ 說明：橄欖在古埃及是太陽神阿頓（Aten，太陽神拉的光輪）的聖
物。橄欖油在古代需求龐大，實際上還導致了希臘的覆亡，因為農
人幾乎都改去種橄欖、不顧食用莊稼，希臘因而開始仰賴進口食
物。當進口的路線一斷，希臘和希臘人民就只能自食惡果了。

古代使用橄欖油的方式百百種，但始終與宗教有關，它是製作一種
使用於宗教與魔法儀式中的香油的必要原料。在希臘，橄欖油是這
類用途最受歡迎的原料。

羅馬人嫌棄以奶油烹飪，他們拿橄欖油軟化麵包（今日我們以奶油
軟化麵包），也拿橄欖油烹調食物。

▶ 魔法用途：促進靈性的料理可以加入橄欖或橄欖油，橄欖也是儀式
後宴席的理想食物。另外，養生料理中也可以加入少量的橄欖油，
然後要記得觀想！要促進安寧、釋放壓力時，也可以食用橄欖。如
果這類問題不存在，橄欖與橄欖油也很適合用來喚醒性慾。

= 〔 洋蔥 〕=
（Allium cepa）

▶ 行星屬性：火星

▶ 元素屬性：火

▶ 能量：保護、減肥

▶ 說明：芝加哥這座大城的名字，是來自印第安人給生長於該地的野
生洋蔥的稱呼——chicago。

依據古埃及咒法，預防潛在有害的鬼魂接近孩童的護符中會放入洋蔥。在埃及，人們在慶祝冬至的活動中會在脖子上戴一圈洋蔥，而洋蔥在製作木乃伊的過程中也扮演著某種角色。雖然書上往往寫道，蓋金字塔的奴隸食用洋蔥與大蒜 P180，但事實上當時所有埃及人都吃洋蔥。洋蔥、麵包 P075 與啤酒 P232 是古埃及的基本飲食。

羅馬自然學家普林尼寫道，跑步選手應該每天吃洋蔥，以加強速度與耐力。一三九四年左右，一位阿拉伯作者建議將洋蔥與青豆一起煮，以小豆蔻 P174、肉桂 P175、薑 P181 調味，可以刺激性慾。

三百年後，英國藥草師傑拉德開出洋蔥減肥法，低卡洋蔥成為減肥聖品，據他所言，洋蔥儘管煮熟了也不失其「令人纖細」的特質。在現代瓜地馬拉，男性吃洋蔥來保持雄風、促進生育，即使是年長男性也不例外。

▶ **魔法用途**：長久以來，這種味道刺鼻的植物在魔法儀式中廣受尊崇與運用。大體而言，人們會食用洋蔥來加強自己的保護盔甲，而這種盔甲是由身體的能量流動所形成的。在這方面，洋蔥可以各種形式來使用，**味道愈強烈，就愈有效**。自古以來人們也將洋蔥切半，擺在廚房吸走邪惡。

你也能依傑拉德的建議，每天吃洋蔥做為日常減重計畫的一部分。

= 〔 豌豆 〕 =
（*Psium sativum*）

▶ **行星屬性**：金星

▶ **元素屬性**：水

▶ **能量**：愛

▶ **說明**：在宗教法庭時期，人們認為**豌豆是「女巫」的標準食物**，它長久以來也一直是供奉給大母神的聖物。

▶ **魔法用途**：請以羅勒 P171、芫荽 P176、蒔蘿 P178 或馬鬱蘭 P184 來煮豌豆，並於烹調時觀想這種簡單的食物具有強大的招桃花效果，然後再食用。

=〔 商陸 〕=
（*Phytolacca americana*）

▶ **行星屬性**：火星

▶ **元素屬性**：火

▶ **能量**：保護

▶ **魔法用途**：除了嫩芽，這種美國原生植物的每個部分都有毒。煮食這種植物可以促進保護（在東方也是一種中醫藥植物）。

=〔 馬鈴薯 〕=
（*Solanum tuberosum*）

▶ **行星屬性**：月亮

▶ **元素屬性**：土

▶ **能量**：保護、同情

▶ 說明：馬鈴薯是祕魯的原生植物，早在公元前三萬四千年左右就有祕魯人栽種馬鈴薯了。一五三四年，馬鈴薯傳入西班牙（後來遍布全歐），旋即有人宣稱馬鈴薯是一種治陽痿的萬靈丹，有時會以相當於四百五十公克要價一千美元的價格進行買賣。

一七二八年，馬鈴薯在蘇格蘭失寵，那年蘇格蘭禁止栽種馬鈴薯，因為人們認為它是聖經所未提及的不潔茄屬植物。

美國民間醫學家將馬鈴薯放在口袋裡治療風濕；在英國，牙痛的人會咬一片馬鈴薯來止痛（看牙醫時可能最有效）。食用剛採收的馬鈴薯據說可以心想事成。

▶ 魔法用途：如同諸多根莖類植物，馬鈴薯也是一種促進保護的料理，應該以洋蔥 P124、細香蔥 P118、蒔蘿籽 P178、迷迭香 P189 或香芹 P186 調味，以獲得最強功效。此外，由於馬鈴薯是月亮所主宰，因此食用後可以促進同情。

＝〔 南瓜 〕＝

Pumpkin（*Curcurbita* spp.）

▶ 行星屬性：月亮

▶ 元素屬性：土

▶ 能量：療癒、金錢

▶ 說明：（Pumpkin指的是萬聖節看到的那種大南瓜，是 *C. pepo* 種下的品種）依據早期美國民間傳說，如果把半個南瓜留在廚房不用，會招來負能量破壞廚藝。

美國人在十月最後一天晚上為南瓜刻五官並點蠟燭的習俗，類似英國人為孩子做的蕪菁燈，南瓜燈或蕪菁燈都是驅邪用的。威卡教徒有時也會在薩溫節的慶祝活動中使用南瓜，將南瓜看成大地結實累累或上帝在歲月鐮刀下消隕的象徵。**這些圓形的橙色瓜類也是大母神的象徵。**

▶ **魔法用途**：請將南瓜做成養生料理，你可以曬乾、烘烤並食用南瓜籽，或是享用南瓜派、南瓜麵包等美味的點心。

南瓜也是很營養的招財食物，請在做南瓜派時加入肉桂 P175、薑 P181、肉豆蔻 P185 來調味，以添加招財能量。

=〔 南瓜 〕=

Squash（*Curcurbita* spp.）

▶ **行星屬性**：太陽

▶ **元素屬性**：火

▶ **能量**：靈性

▶ **說明**：（Squash指的是我們在臺灣較常吃到的南瓜，是*C. moschata*種下的品種）早在公元前四千年，美洲就有人開始種植這種南瓜，美國有幾支印第安部族尊崇這種植物。有個霍皮族克奇那神（kachina）的形象就是醒目的南瓜頭，現代的南瓜花項鍊令人憶起這種簡單植物原本的神聖性。

▶ **魔法用途**：請在料理中加入這種瓜類，以加強對身邊非實體現實的覺知。

這是一種招引靈性的良好食物，至少就魔法用途而言，不論是烘烤或生食橡果南瓜（acorn）、哈伯德南瓜（hubbard）還是夏南瓜（zucchini），南瓜的功效始終如一。

當然，許多人不喜歡吃南瓜。如果你也是其中之一，那就避開這種食物，或者吃加糖的夏南瓜麵包。

＝〔 蘿蔔 〕＝
（*Raphanus sativus*）

▶ **行星屬性**：火星

▶ **元素屬性**：火

▶ **能量**：保護

▶ **說明**：以前的人認為早餐前吃野生蘿蔔，能保護人不受鞭笞，協助人克服一切阻礙與敵人。

▶ **魔法用途**：將蘿蔔切成薄片食用具有保護功效，加入洋蔥 P124、甜椒 P117 和其他具有保護力的食物做成沙拉，效力尤佳。

＝〔 大黃 〕＝
（*Rheum* spp.）

▶ **行星屬性**：金星

▶ **元素屬性**：土

▶ **能量**：愛、保護

▶ **魔法用途**：大黃是中國原生植物，今日中醫仍使用大黃。除了紅色的莖，這個植物的每一部分都有毒。

大黃是一種愛情食物，味道刺激酸澀，在準備食材時進行觀想，能帶來令人興奮、刺激的關係。大黃派或大黃草莓派是終極的愛情食物之一，只要加入糖（要享用大黃就要有糖）就能封住這種金星蔬菜的情愛特質。

一片大黃派就是一種絕佳的保護型甜點。

＝〔 海藻 〕＝

▶ **行星屬性**：月亮

▶ **元素屬性**：水

▶ **能量**：減重

▶ **說明**：海藻（海菜是更正確的說法）是營養價值驚人的食物，除了加工食品添加物（如鹿角菜膠），鮮少出現在西方飲食中。

在康瓦爾，人們將名為女士髮辮（Lady's Tresses）的海藻擺在煙囪附近的小臺座上，守護海邊小屋不遭祝融。

在日本，人們一年到頭都會吃海藻，他們也會在農曆新年吃海藻求幸福。

▶ **魔法用途**：如果你想減重，可以在飲食中加入海藻，海藻自古以來就是這方面的指定食物。

另外，如果有需要的話，乾海帶（海藻的通用名稱）在所有健康食品店都找得到。

=〔 大豆 〕=
（*Glycine max*）

▶ **行星屬性**：月亮

▶ **元素屬性**：土

▶ **能量**：保護、靈知、靈性

▶ **說明**：我們已知大豆的運用主要有兩種形式：做成醬油和豆腐。醬油在西方是廣受歡迎的中式調味料，但今日（指一九九〇年代）人們才剛開始將豆腐當成取代肉的營養來源，尤其深受素食者歡迎。

中國人食用大豆少說已有兩千年的歷史，日本人也有一千年，這兩種文化通常是以豆腐的形式來食用大豆。在日本，惠比壽與大威德明王這兩位神明其實與豆腐的傳統製作方式有關，量大豆的木盒側邊會烙有他們的象徵，賦予了大豆兩位神明的能量。

炸豆腐在日本各地的稻荷神社是可接受的供品，而稻荷神社是各地鄉下供奉農神的農業神社。在日本的新年期間，人們會在自家和寺廟地上撒烤大豆，然後開窗丟出「福豆」，同時口中念道：「鬼在外、福在內！」

十七世紀，仁德天皇創建了女性的「針供養」活動。在這個儀式活動中，住家神壇會供上一塊豆腐，女性將過去一年來所有凹彎或斷掉的針插進豆腐中，讓針——人們認為針是為公捐軀者的靈魂——獲得溫柔的歇息處。

▶ **魔法用途**：請將醬油或豆腐做成促進保護的料理。醬油是這方面的理想食材，因為它極鹹，不過，太多當然對健康有害。

若你希望能發揮保護功效，請搭配洋蔥 P124 及其他具有類似能量
的蔬菜 P278 來炒豆腐。

人們也會食用豆腐來加強靈知、召喚靈性，如果你正在尋求肉的替
代品，那更是如此。

＝〔 菠菜 〕＝
（*Spinacea oleracea*）

▶ **行星屬性**：木星

▶ **元素屬性**：土

▶ **能量**：金錢

▶ **說明**：在美國，人人都記得菠菜是某個熱門卡通角色最愛的食物，
吃下菠菜就能神奇地大幅增進他的體力。這種綠色葉菜似乎是在
十五世紀從波斯（今日的伊朗）傳入歐洲；不久就使用在齋戒日。

▶ **魔法用途**：祈求興旺，請蒸菠菜食用，並以芝麻籽 P216 或肉豆蔻
P185 的調味增加威力。

＝〔 螺旋藻 〕＝

▶ **行星屬性**：金星

▶ **元素屬性**：水

▶ **能量**：體力

▶ **說明**：昔日西班牙人抵達今日的墨西哥時，觀察到阿茲特克人食用

一種他們描述為「綠泡沫」或「綠泥」的東西，這項習俗在圍繞著墨西哥城的湖泊乾涸後消失，那種食物的身分自此也成為數百年來令人不解的謎團。

阿茲特克人食用的似乎是大量的螺旋藻，螺旋藻是生長於湖泊的「現代」神奇藻類，其中有七成是蛋白質，含有人維持生命所需的所有胺基酸及七種維生素。

▶ **魔法用途**：螺旋藻有錠狀與粉狀，可以入菜，也可以單獨食用；經過觀想，可以加強體力。所有健康食品商店都有販售。

＝〔 豆芽 〕＝

▶ **行星屬性**：各種

▶ **元素屬性**：各種

▶ **能量**：各種

▶ **魔法用途**：雖然豆芽一直是亞洲料理中的一部分，但我們直到近年才將豆芽用在沙拉和麵包中。

一般而言，所有豆芽都有助於促進靈知。

以下列出幾種豆芽及其能量：

- 苜蓿芽（金星、土）：金錢、靈知

- 菜豆芽（水星、風）：保護

- 綠豆芽（水星、風）：靈性

- 黃豆芽（月亮、土）：靈性、靈知、保護

- 葵花芽（太陽、火）：保護

＝〔 葵花 〕＝
（ *Helianthus annuus* ）

▶ **行星屬性**：太陽

▶ **元素屬性**：火

▶ **能量**：保護、成功

▶ **說明**：古代的祕魯印加人認為葵花是太陽的象徵。依據文獻，這種花啟發了儀式中太陽祭司頭上的金色頭冠。

今日許多墨西哥人的庭園仍種有葵花，因為他們認為葵花的存在能帶來「好運」，另外，求子的女性仍會吃葵花籽以幫助受孕。在美國，人們會在日落時分採葵花籽吃下並許願。

▶ **魔法用途**：雙手在一小碗烤葵花籽的上方交握，觀想葵花籽迸發出太陽的能量——保護、成功、勝利。接著吃掉這些葵花籽，將其力量帶進體內。

順帶一提，你也可以將葵花籽加入想要發揮保護功效的沙拉與其他料理中。

＝〔 番薯 〕＝
（ *Ipomoea batatas* ）

▶ **行星屬性**：金星

▶ **元素屬性**：水

▶ **能量**：愛、性

▶ 說明：一本出版於一五九六年的英國食譜曾教人如何做番薯塔來刺激性慾。

經常在感恩節上桌的橙色甜塊莖，其實就是番薯，不是薯芋。薯芋確實存在於非洲、中美洲、南美洲、西印度群島，這幾個地方的人大量食用薯芋，然而其在美國卻不常見。真正的薯芋有巨大的塊莖，會長到兩公尺以上，重量往往破表到一三六公斤以上。將這類塊莖與我們十一月看見的番薯比較看看，你就會知道兩者的差異。

▶ 魔法用途：請煮食番薯來拓展你接納並給予愛的能力。以肉桂 P175、薑 P181 調味，再加一點蜂蜜 P197 或糖，可以促進其愛的能量。或者，你也可以在料理時觀想，並與一位伴侶共享以加強性慾，**請務必告知你的伴侶這種食物有何效力。**

＝〔 番茄 〕＝
（*Lycopersicon* spp.）

▶ 行星屬性：金星

▶ 元素屬性：水

▶ 能量：健康、金錢、愛、保護

▶ 說明：阿茲特克人稱番茄為奇托馬帝（zictomatl），它是一種古代食物。十六世紀傳入歐洲時，人們對這種食物存有疑心。它在植物學上與龍葵屬有關，細觀葉子、花，甚至果實，就可以明顯看出這點。儘管聽過新西班牙（墨西哥）居民食用並安全活下來的事蹟，但過去人人都認為它有毒。

番茄的果實後來成為一種「**愛情蘋果**」，最後終於登上料理的大堂。在過去的某個時刻，人們也認為番茄是一種好運食物，今日我們仍會製作的紅番茄針插就是這種觀念的遺跡。

以往寂寞女子會曬乾番茄籽，用一塊布包起來，當成符物戴在脖子上，希望吸引男性。

▶ **魔法用途**：番茄有好幾種料理法，像番茄醬、番茄汁，在義大利受歡迎的作法是混合曬乾的番茄、莫札瑞拉起司 P254、羅勒 P171 來料理。此外還有許多料理法：

- 若是想要求健康，可以生吃番茄，或是加鼠尾草 P191 與迷迭香 P189 來料理。
- 將羅勒 P171、肉桂 P175 或蒔蘿草 P178 加入番茄烹煮，可以做出效力尤強的招財料理。
- 要招桃花的話，請以迷迭香 P189 為番茄調味，或者生吃汁液正豐沛的番茄。
- 要將保護能量帶入體內，可以胡椒 P172、月桂 P172、蒔蘿 P178 或迷迭香 P189 為番茄調味。

= 〔 松露 〕=
(*Tuber melanospermum*)

▶ **行星屬性**：金星

▶ **元素屬性**：水

▶ **能量**：愛、性

▶ **魔法用途**：羅馬人相信雷電創造了松露。請以松露來做料理，以增強你接受與給予愛的能力。如果那些都不是重點，那麼我要告訴你：吃松露還可以增強性慾。

=〔 水田芥 〕=

▶ **行星屬性**：火星

▶ **元素屬性**：火

▶ **能量**：保護、生育力

▶ **說明**：古代人認為水田芥有加強意識心智的功效。希臘人（他們將這種植物稱為卡德蒙〔kardamon〕）吃水田芥增加機智；古羅馬人也嚼辛辣的水田芥綠葉來刺激腦部。

▶ **魔法用途**：請以水田芥來做促進保護的料理。辛辣的味道與近流水的生長習性，使水田芥成為這方面的理想食物。一如既往，請一面進食一面觀想。

食用水田芥也有促進生育力的功效。

Chapter

11

脫胎換骨：
水果

即使是最常見的水果，
在食物魔法的領域也有嶄新的重要性！
水果具有潛力，
能成為一種個人脫胎換骨的工具。

天生香甜、清新又芬芳的水果，給了人類數百萬個鐘頭的烹飪樂趣。在洛杉磯、舊金山和夏威夷各地的佛教聖壇看到供品通常是水果時，我著實嚇了一跳。橘子也許是其中最受歡迎的供品。

為什麼水果比蔬菜受歡迎呢？也許是因為，在人類飲食中擔任主角的蔬菜與穀物是從土裡生長，但水果一般都是長在樹上；或許是因為生長的地方「較高」，所以地位也較其他糧食高；其獨特甜味可能也與這種敬意有關。

美索不達米亞的石榴、條頓人（Teuton）的草莓、太平洋島嶼的椰子與香蕉、阿瓦隆（Avalon）的蘋果、中國的李子與桃子——這些都是人們認為與神明直接有關而備受崇敬的水果。

我在本章中試著列出最受歡迎的水果，以及今日只有在雜貨店貨架及農夫市集才看得到的幾種水果。即使是最常見的水果，在食物魔法的領域也有嶄新的重要性：**水果具有潛力，能成為一種個人脫胎換骨的工具。**

＝〔 蘋果 〕＝
（*Pyrus malus*）

▶ **行星屬性**：金星

▶ **元素屬性**：水

▶ **能量**：愛、健康、安寧

▶ **說明**：從瑞士湖邊的史前居處遺跡可知，當時的居民喜歡蘋果，人類可能早在舊石器時代就開始吃蘋果了。

蘋果在古埃及是珍貴的食物。拉美西斯三世曾供奉八百四十八籃蘋果給埃及的尼羅河神哈比（Hapy）；在北歐，伊杜娜（Iduna）守護著蘋果，神明們只要吃下它們就能獲得永恆的青春。據說某些北歐神父不可以吃蘋果，因為傳說這種水果有淫蕩的特性。今日的約魯巴（Yoruba）仍會供奉蘋果給閃電神商戈（Chango）。

在英國，蘋果樹曾生長在神聖島嶼阿瓦隆，蘋果在英國各小島也與靈性息息相關。

以往人們吃蘋果前會先擦一擦，除掉據說寓居其中的魔鬼或惡靈。人們甚至認為新鮮蘋果的氣味能賜予人長壽，恢復衰弱的體力。

▶ **魔法用途：**

愛：生吃新鮮蘋果就有功效；咬下蘋果之前，先在果皮上刻一顆心。你也可以喝蘋果酒、烤蘋果派（以肉桂 P175、薑 P181、糖調味），請與愛人分享一顆蘋果。

健康：將一杯蘋果酒捧在手掌間，觀想健康與療癒的能量流進蘋果酒。觀想身體自然的療癒能力愈來愈強，並且看見自己已經療癒，接著喝下蘋果酒。或者，你可以一面觀想，一面拿銳利的小刀將蘋果切成三份，然後將三份都吃掉。

安寧：將蘋果醬、蘋果蛋糕、蘋果團子或其他形式的蘋果料理加入你的飲食中。

＝〔 杏 〕＝
（*Prunus armeniaca*）

▶ **行星屬性**：金星

▶ **元素屬性**：水

▶ **能量**：愛、安寧

▶ **說明**：杏可能起源於中國，早在公元前兩千年就有人種植，於公元一五六二年傳入英國。

▶ **魔法用途**：這些多肉水果是求桃花的理想料理，能生吃也能烹調。杏子露是果漿、糖、水的混合，可以成為促進愛情的飲料。試試

「**愛情杏泥**」：以溫水燉煮熟杏，直至果肉變得軟而濃稠，先嚐一口看看，想要的話可以加一點蜂蜜 P197 或糖。以攪拌機或食物處理機將果肉攪拌成泥，倒在香草冰淇淋上，即是求桃花的甜點。

生吃或任何形式的杏料理也有促進安寧的功效。

=〔 酪梨 〕=
（*Persea americana*）

▶ 行星屬性：金星

▶ 元素屬性：水

▶ 能量：美、愛

▶ 說明：中美洲人享用酪梨至少已有七千年。阿茲特克人以酪梨、番茄 P135、辣椒 P117 做出類似我們今日享用的酪梨醬，阿茲特克人也認為酪梨是催情劑。

▶ 魔法用途：想要變美，可以將一顆熟酪梨捧在手裡，盡力觀想你的新美貌，削皮並食用酪梨時也要繼續觀想。**一天至少吃一顆純酪梨可以增進美貌。**

酪梨也是實用的愛情食物。

=〔 香蕉 〕=
（*Musa spp.*）

▶ 行星屬性：火星

▶ **元素屬性**：風

▶ **能量**：靈性、愛、金錢

▶ **說明**：印度各神聖典籍都會提到香蕉，至今印度人仍認為它是一種神聖的食物。香蕉是獻給印度神明的珍貴供品，香蕉葉也用來裝飾結婚禮壇。

在太平洋地區，香蕉莖（香蕉不是木本植物）有時會取代人類做為儀式祭品。依據玻里尼西亞的傳說，最早的香蕉是從英雄的屍體上長出來的。

在從前的紐奧良，人們會在住家附近種香蕉以求好運；在夏威夷，人們認為以大香蕉葉裹住食物可以防止負能量入侵。

雖然我們對香蕉的起源所知不多，然而可以確定的是，印度人早在公元前兩千年就在享用這種滑溜的水果；香蕉在公元五百年傳入了非洲，公元一千年左右進入玻里尼西亞，十五、十六世紀傳入熱帶美洲，在一八七六年的費城博覽會上引進北美的消費市場。不久之後，在大眾青睞下，美國進口並購買了數千噸香蕉，而今日我們吃的大多是厄瓜多爾栽種的香蕉。

一九六〇年代，有時人們會焚香蕉皮生煙來取代大麻。雖然效果若有似無，但香蕉皮中確實含有微量的血清素、正腎上腺素、多巴胺等精神活性物質，所幸煙燻香蕉皮的效果不彰，所以這種風潮也很快消失。

請不要吃亮黃色皮的香蕉。不喜歡香蕉味道的人，可能根本沒吃過熟香蕉。**當香蕉皮變成褐色時，香蕉才開始成熟，褐色斑點愈多，果實裡才會形成愈多的糖。**

▶ **魔法用途**：香蕉莖上的果實是往天空的方向生長。吃香蕉能刺激靈
　性，請選擇生香蕉、烤香蕉或精緻的中國點心拔絲香蕉。
　也可以將香蕉做成求桃花與興旺的料理。

＝〔 黑莓 〕＝
（*Rubus villosus*）

▶ **行星屬性**：金星
▶ **元素屬性**：水
▶ **能量**：金錢、性
▶ **魔法用途**：黑莓傳統上是在豐收節 P068 期間食用。
　烤黑莓派、吃黑莓果醬或生吃黑莓可以招財，一碗點綴新鮮黑莓的
　燕麥片 P085 是注入金錢能量的可口早餐。你也可以吃這種美味多
　籽的莓類來增加你對性的興趣，請務必觀想！

＝〔 藍莓 〕＝
（*Vaccinum frondosum*）

▶ **行星屬性**：月亮
▶ **元素屬性**：水
▶ **能量**：保護
▶ **魔法用途**：這種可口的美國原住民食物具有受歡迎的保護功效，請
　在進食時觀想，能增強我們的魔法防禦系統。

以下是一些建議：請試試藍莓派吧，將藍莓與其他促進保護的香料 P277 加入咖啡蛋糕中食用；一份藍莓冰淇淋也十分不錯；在一碗煮熟的米飯 P086 或玉米片 P080 上灑新鮮藍莓，就是一頓保護力加倍的早餐。

要施展促進保護的廚房魔法，請將新鮮藍莓榨成汁。以一根手指沾藍莓汁，在白紙上畫五角星符號 P413。將這張紙擺在廚房（不需擺在顯眼的地方），可以保護廚房本身，同時保護在這裡貯藏與料理的食物。畫好符號後請洗淨手指，這是有必要的。

=〔 楊桃 〕=
（*Averrhoa carambola*）

▶ **行星屬性**：太陽

▶ **元素屬性**：火

▶ **能量**：保護

▶ **說明**：楊桃是近年（一九九〇年代）才出現在美國市場的一種「新」水果，它是印尼的原生水果，在冬季成熟上市，佛州、德州、加州等都有商業種植的楊桃，我在從丹佛到夏威夷的店舖也見過楊桃。這種水果本身的黃色果肉呈不常見的長肋形，橫切會形成星形切面，果肉通常很甜、結實且爽口，而且楊桃可以連皮帶籽吃。

▶ **魔法用途**：我第一次看見楊桃時，很訝異於它近似五角星的形狀。請一面為這種可口水果切片並一面觀想，然後直接生吃，或是做成具保護力的料理。

你可以用楊桃片、完整藍莓 P143、芒果塊 P153、鳳梨片 P160、完整覆盆子 P163、柑橘瓣 P165 等做成具保護能量的水果沙拉，而楊桃片也能用來妝點其他保護型料理。

＝〔 櫻桃 〕＝
（*Prunus* spp.）

▸ **行星屬性**：金星
▸ **元素屬性**：水
▸ **能量**：愛
▸ **魔法用途**：櫻桃花綻放的景象正預示著：圓形的紅色果實一旦成熟，就更令人欣喜了。

請在製作無人不垂涎三尺的櫻桃派時，盡力進行愛的觀想。烤派之前，先在底部的派皮輕輕勾勒心形。每天吃一片派，直到整個派享用完畢，期間要持續創造自己正陷入愛河的心像。

＝〔 香櫞 〕＝
（*Citrus medica*）

▸ **行星屬性**：太陽
▸ **元素屬性**：火
▸ **能量**：精力
▸ **說明**：香櫞最早於公元二世紀出現於埃及。雖然我們可能只在耶魯

節水果蛋糕上看過這種水果，但過去香櫞在世人心裡的地位相當崇高。普林尼寫道，古埃及人在獻給神明阿蒙的廟宇四周種香櫞。他們認為香櫞是大地之神蓋布（Geb）創造來慶祝宙斯與赫拉的結婚賀禮，而這個神話顯然是在希臘思潮傳入埃及時形成的。

在今日的地中海國家，香櫞仍用來驅逐「邪眼」P416。

▶ **魔法用途**：市面上極難找到新鮮香櫞，但做成蜜餞的香櫞可以放入增強體力的料理中食用。

=〔 蔓越莓 〕=
（*Vaccinium oxycoccos*）

▶ **行星屬性**：火星

▶ **元素屬性**：水

▶ **能量**：保護

▶ **說明**：蔓越莓是北美與歐洲的原生植物，印第安原住民早在清教徒引進之前就在食用了。

夏威夷有蔓越莓的近親：歐赫羅（ohelo，*Vaccinium reticulatum*）是一種生長在偏高海拔的矮小植物。它的紅果實多汁，嚐起來像蔓越莓但更甜，通常做成果醬，是火山賓館（Volcano House）著名的歐赫羅派的主要成分，火山賓館位於夏威夷大島的基拉韋厄火山口邊緣（在夏威夷火山國家公園內）。

▶ **魔法用途**：蔓越莓的酸味使其成為促進保護的理想食物，請在加強保護力的飲食（見第二十二章）中食用加糖的蔓越莓醬。

＝〔 椰棗 〕＝
（*Phoenix dactylifera*）

▶ 行星屬性：太陽

▶ 元素屬性：風

▶ 能量：靈性、精力

▶ 說明：人類可能早在四萬八千年前就在某些地區種植椰棗，食用這種水果的歷史由來已久。

　過去人們認為椰棗是死者靈魂的食物。巴比倫人會曬乾椰棗，像吃糖果一樣吃椰棗乾，他們也將椰棗當成獻神供品。古美索不達米亞人將來自巴比倫和迪爾穆恩（Dilmun）的椰棗放在一片浸油麵包上獻給安努（Anu），而伊阿（Ea）、沙瑪什、馬爾杜克等神明也會獲得類似的供品。椰棗糖漿在美索不達米亞是受歡迎的甜味劑，椰棗酒是另一種神聖食物，而**椰棗樹在古代是生育力的象徵**。

▶ 魔法用途：如果你喜歡椰棗的味道與口感，可以將椰棗做成加強靈性的料理，或是放糖時改放椰棗糖，你也可以直接一次吃一顆這種可口的水果。椰棗也能增加你的體力。

　椰棗在促進生育力的料理中也是重要的一部分。

＝〔 無花果 〕＝
（*Ficus carica*）

▶ 行星屬性：木星

▶ 元素屬性：火

▶ 能量：精力、金錢、性

▶ 說明：無花果經常出現在埃及陵墓的壁畫與浮雕中。在古底比斯
（Thebes），法老拉美西斯三世曾供奉一萬五千五百份無花果給神
明阿蒙・拉（Amon-Ra）。不僅如此，人們顯然也會在某些儀式中
食用無花果，例如向托特（Thoth）致敬的儀式。

無花果在古希臘是與多位神祇有關的聖物，包括朱諾（Juno）與戴
歐尼修斯（Dionysius）。

無花果其實並非水果；它有花苞般的外形，其中含有未成熟的花和
成熟的籽。

▶ 魔法用途：請仿效希臘人吃無花果來獲得體力與能量，或者做成招
財料理食用。

食用無花果也能增強性慾與生育力。無花果因為肯・羅素（Ken
Russell）電影《戀愛中的女人》（Women In Love）的一幕場景，
重新獲得了催情食物的名聲。

另外，無花果餡餅這種預先包裝好的熱門食物，也能發揮上述各種
功效。

＝〔 葡萄、葡萄乾 〕＝
（*Vitis vinifera*）

▶ 行星屬性：月亮（葡萄）、太陽（葡萄乾）

▶ 元素屬性：水（葡萄）、火（葡萄乾）

▶ **能量**：夢、生育力、金錢

▶ **說明**：大多數古埃及墳墓中都堆有葡萄。拉美西斯三世曾供奉一萬一千八百七十二罐葡萄乾給神明，而這種葡萄乾的製作方式是將葡萄擺在太陽下曬乾。

除此之外，在希臘與羅馬，葡萄分別是巴克斯（Bacchus）與戴歐尼修斯的聖物。

▶ **魔法用途**：*吃葡萄使人多夢*，人們也食用葡萄來加強生育力。在氣候溫和的地區，種在庭院的葡萄還能增強附近其他植物的生命力，使它們長得更好。

請以純銀銀幣圍繞一串綠葡萄，雙手在葡萄上方交握，觀想財源廣進，然後吃掉葡萄。

另外，你也可以直接將葡萄汁或葡萄醬加入料理。

葡萄乾也是不錯的選擇。葡萄乾歷經日曬，所以是由太陽與火元素主宰，吃葡萄乾可以開發意識心智。

＝〔 葡萄柚 〕＝
（*Citrus paradisi*）

▶ **行星屬性**：太陽

▶ **元素屬性**：水

▶ **能量**：淨化

▶ **魔法用途**：葡萄柚種植在印度與馬來西亞已有四千年歷史。

求淨化時，請喝葡萄柚汁或享用半個葡萄柚。

＝〔 芭樂 〕＝

（*Psidium guajava*）

▶ **行星屬性**：金星

▶ **元素屬性**：水

▶ **能量**：愛、淨化

▶ **說明**：芭樂是墨西哥、中美洲、巴西、祕魯等地的原生植物。雖然提到芭樂，我們往往馬上想到夏威夷，但夏威夷其實要到一百年前左右才引進這種水果。

不過，芭樂還是成為夏威夷民俗魔法的一部分。

為了在參加葬禮後淨化，夏威夷的菲律賓家庭常會用煮過芭樂葉的水來洗腳。

▶ **魔法用途**：雖然現在已可見到斐濟果（但不是真正的芭樂）等其他相近的水果，但新鮮芭樂在美國內陸市場仍極為罕見，不過偶爾還是能在農人水果攤上發現芭樂，尤其是在靠近墨西哥邊界的地方。

如果你運氣不佳，不管到哪都找不到芭樂，那麼你可以購買到處都有的芭樂醬和芭樂漿。

在夏威夷，許多麵包店會賣芭樂戚風蛋糕這類的點心——那種滋味令人難忘。

另外，墨西哥廚師也會在料理中使用芭樂糊。

芭樂也是一種愛情食物，請一面觀想一面喝芭樂汁或芭樂漿，這種水果的甜味預告著下一段關係的甜美。

喝芭樂漿也有內在淨化的效用。

＝〔 金桔 〕＝
（*Fortunella* spp.）

▶ 行星屬性：太陽

▶ 元素屬性：風

▶ 能量：金錢、「好運」

▶ 說明：這些金橙色小果實是中國的原生種，中國人會在春節期間交
換帶有金桔葉與果實的小枝，以求來年有好運與財富。

▶ 魔法用途：請將金桔做成把「金子」帶進人生的料理，你也可以吃
金桔來招好運。

＝〔 檸檬 〕＝
（*Citrus limon*）

▶ 行星屬性：月亮

▶ 元素屬性：水

▶ 能量：愛、快樂、淨化

▶ 說明：檸檬可能來自中國，首次獲得西方人注意，是因為有人給予
英國水手充滿維他命C的檸檬汁，以免他們在長途旅行中罹患**壞血
病**。後來，萊姆汁 P152（同樣有效，但較平價）取代了檸檬，由此
也出現了英國水手的貶稱「萊姆佬」（Limeys）。
威卡教徒在滿月節慶會準備檸檬風味的料理。

▶ 魔法用途：**檸檬是一種愛的水果，但是要加糖才能發揮最大功效。**

檸檬派、英國檸檬酪、檸檬布丁等都有招桃花的功效。以往女性會做檸檬派給丈夫吃，這樣他們夜裡才不會出門，等這些大老粗吃過甜點後，就能感受到妻子對他們的愛意了。

檸檬料理（如檸檬雞）在親朋好友的家宴中能分享暖意，也能提升幸福感。

要促進內在淨化，可以擠半顆檸檬到水中，直接啜飲即可。檸檬汁的酸味不僅有益健康，更能提升你的精力。

也請在驅逐負面習慣與思考模式的儀式中飲用這種檸檬水。

=〔 萊姆 〕=

（*Citrus limetta*）

- **行星屬性**：太陽
- **元素屬性**：火
- **能量**：愛、淨化
- **說明**：在今日的祕魯，薩滿會在淨化儀式中使用加糖的萊姆汁。
- **魔法用途**：萊姆的使用方式其實和檸檬一模一樣——可以促進愛與淨化。

墨西哥萊姆派這種傳統的佛州甜點，是一種加強愛的食物，也是我的心頭好。

如果你要做這種派，請一面觀想一面製作。

如果有需要，你也可以在萊姆皮上刻一顆顆小愛心，擺到派上裝飾後再上桌。

=〔 芒果 〕=
（*Mangifera indica*）

▶ 行星屬性：火星

▶ 元素屬性：火

▶ 能量：保護、性、愛

▶ 說明：芒果來自印度與馬來西亞，那裡的人種植芒果已有四千年歷史。在公元前六百年左右的印度，人們曾將一片芒果林特別獻給佛陀安靜冥思；吠陀魔法師以芒果製作春藥；今日的印度教徒也將芒果葉當成興旺與幸福的象徵，使用於各種儀式。

芒果在中美洲與墨西哥極受歡迎；在瓜地馬拉，女性食用這種多汁多肉的水果來刺激性慾；在夏威夷，夢裡充滿這種水果意味著興旺的日子不遠了。

食用這種黏呼呼的水果牽涉到所有感官：果皮與果肉的質感；金紅色的果肉；香甜的果汁；果肉在齒間發出的噗吱聲；可口的味道。我自從在印度遇見這種神聖水果，並且歷經心滿意足的特別體驗之後，就每每沉浸在芒果汁中不可自拔。

▶ 魔法用途：芒果在求保護功效的料理中很實用，然而，它是毒藤與毒漆樹家族的一員，有些人碰到果皮的汁液就會起疹子。**千萬不要吃果皮！**請完全去掉果皮後再享用。

生吃芒果可以刺激性慾，或者提升愛意。請記得在食物魔法中扮演著重要角色的觀想，***光是吃芒果但沒有觀想是不會產生性慾的***，因為觀想是產生魔法變化的原因。是的，給孩子吃芒果很安全！

=〔 鬼臼 〕=

(Podophyllum peltatum)

▶ **行星屬性**：水星

▶ **元素屬性**：火

▶ **能量**：愛、金錢

▶ **說明**：又稱美國曼陀羅，生長於美國東部與中西部各州的野外。
我的檔案中有鬼臼派和鬼臼醬的食譜。雖然這種**水果可安全食用，
但它的根有毒**，千萬不能吃下肚。鬼臼根是印第安易洛魁族與休倫
族（Huron）之自殺茶的原料。

▶ **魔法用途**：想要招桃花與財富的時候，可以試試這種「五月蘋果」
（may apple）。

=〔 甜瓜 〕=

▶ **行星屬性**：月亮

▶ **元素屬性**：水

▶ **能量**：療癒、淨化

▶ **說明**：早在公元前兩千年就有人食用哈密瓜與蜜瓜，這類甜瓜是非
洲與印度的原生植物。據信埃及人在公元前兩千四百年就開始吃哈
密瓜，而歐陸的吉普賽人以甜瓜來招桃花。

▶ **魔法用途**：大體而言，甜瓜能做成促進健康的料理，請每天生吃一
顆甜瓜，同時觀想。任何一種甜瓜都可以——克倫肖瓜、麝香瓜

（又稱蜜瓜）、哈密瓜、卡薩巴瓜等。甜瓜也有淨化功效，尤其有助於打破負面習慣或思維。也請見本章「西瓜」P166 的條目。

=〔 桑葚 〕=
（*Morus rubra*）

▶ **行星屬性**：水星

▶ **元素屬性**：風

▶ **能量**：智慧、生育力、靈知

▶ **說明**：這類長在樹上的奇特漿果，在過去是密涅瓦（Minerva）的聖物。牧師雷・T・馬爾布勞（Ray T. Malbrough）在一篇論卡郡藥草與魔法的未發表文章中指出，占卜前食用桑葚有助於更清楚地瞥見未來。另外，桑葚也有促進生育力的功效。

▶ **魔法用途**：食用熟桑葚可以增加智慧，也可以做成促進生育力或靈知的料理。

=〔 油桃 〕=
（*Prunus* spp.）

▶ **行星屬性**：金星

▶ **元素屬性**：水

▶ **能量**：愛

▶ **魔法用途**：油桃的英文名稱「nectarine」源自希臘字「nekter」，即

神酒。油桃其實是一種表皮光滑的桃子。請將新鮮油桃做成促進愛的料理。

＝〔 橙 〕＝
（*Citrus sinensis*）

▶ **行星屬性**：太陽

▶ **元素屬性**：火

▶ **能量**：愛、淨化

▶ **說明**：柳橙可能來自中國，是以前獻給神明的皇家供品；人們也會在新年交換柳橙來散播快樂與繁榮。

過去人們吃柳橙來預防酒醉，奇妙的是，今日人們仍會在許多混合飲料中放一片新鮮柳橙。

▶ **魔法用途**：見過婚禮使用橙花的人，應該不會詫異這種水果是刺激愛情的古老食物。你可以在愛情料理中加入柳橙，不過也有人認為喝下柳橙汁「有礙性慾」。

順道一提，柳橙汁和橘子本身會產生精神之愛，如朋友和家人之間的愛。

要迅速進行內在淨化，可以每天早上喝柳橙汁，同時觀想那杯沁涼的果汁從裡到外洗淨了你的全身系統，因此鮮榨果汁是最好的。

橙花水可以用在求桃花的甜點中：將橙花水倒進生奶油以增加香氣，淋一點到冰淇淋 P255 裡，或是加在各式各樣的食物中。請只用真正的橙花水。

＝〔 木瓜 〕＝
（*Papya carica*）

▶ 行星屬性：月亮

▶ 元素屬性：水

▶ 能量：愛

▶ 說明：木瓜似乎是熱帶美洲的原生種。印加人與馬雅人都食用木
瓜，今日在墨西哥也仍是廣受歡迎的水果。木瓜約在一百年前引進
夏威夷，很快就變成一種常見食物。

木瓜嚐起來像花，很多人不喜歡這種水果的氣味，但對我來說從來
不成問題。木瓜含有木瓜酶這種消化酵素，夏威夷的浮潛者與泳客
會以木瓜或含有大量木瓜酶的鬆肉素來去除葡萄牙軍艦水母螫人的
疼痛。**在瓜地馬拉，男性吃木瓜催情，女人則吃芒果。**

▶ 魔法用途：求愛情可以吃木瓜肉或喝木瓜汁（通常是加糖的「木瓜
露」），在沙拉上以木瓜籽裝飾則能進一步刺激愛意滋生。

＝〔 百香果 〕＝
（*Passiflora edulis*）

▶ 行星屬性：月亮

▶ 元素屬性：水

▶ 能量：愛、安寧

▶ 說明：這種藤本植物是巴西原生種。基督教民俗傳說將這種熱帶藤

本植物外觀奇特的花與基督受難的事蹟進行了連結，這是件怪事，因為這種植物並不生長在《聖經》所描述的土地上。

卡郡人會特別以百香果來安撫怒氣、促進友誼。

這種水果大概和雞蛋差不多大，成熟果實的外皮通常起皺且呈紫色，每顆水果能產生的果汁都不到一茶匙。美國的地方市場大多會販售新鮮的百香果。

▶ 魔法用途：夏威夷人稱呼百香果為「liliko'i」，百香果汁極酸，稀釋並加糖後，風味就變得濃郁而神祕。

請將百香果做成愛情料理。幸運的是，今日百香果汁在混合多種風味的「熱帶水果酒」中是很受歡迎的成分，因此隨處可見某種形式的百香果。

加了糖的百香果汁喝了也有促進安寧的功效。

＝〔 桃 〕＝
（*Prunus persica*）

▶ 行星屬性：金星

▶ 元素屬性：水

▶ 能量：愛、健康、快樂、智慧

▶ 說明：中國神話中著名的何仙姑是公元七世紀的人物，她因為吃了仙桃而成仙，此後以雲母粉與月光為食，變得長生不老。

桃樹自古以來在中國就是聖樹，有時人們會描繪長壽之神從桃樹中出現，也會將刻成鎖狀的「桃核」給予兒童，當成防範死亡的護

符。他們還會在前門擺幾枝桃花，以守護春節期間全家不受負能量侵擾。

▶ **魔法用途**：生吃桃子或食用桃子果醬、桃子派等，能拓展你接受與給予愛的能力。求健康、快樂、智慧也可以吃桃子，但記得要進行適切的觀想——中國幾世紀以來皆是如此。

＝〔 梨 〕＝
（*Pyrus communis*）

▶ **行星屬性**：金星
▶ **元素屬性**：水
▶ **能量**：長壽、金錢
▶ **說明**：依據古中國的民間知識，梨樹可以持續結果三百年之久，由於出奇的長壽，所以吃梨也可以給予人神奇的延壽效果。

雅典在古希臘時期被尊崇為梨樹之母；在俄羅斯，人們以梨形護符來保護牛；在美國，梨是一種感恩節時吃的「好運」食物。
▶ **魔法用途**：求長壽與財富時，可以多吃梨。你可以生吃，也可以做成梨麵包、梨塔和其他甜點。

＝〔 柿子 〕＝
（*Diospyros virginiana*）

▶ **行星屬性**：金星

▶ **元素屬性**：水

▶ **能量**：快樂

▶ **魔法用途**：這種北美原生植物會結橙色大果實，請在求快樂與喜悅的料理中加入柿子，而吃柿子醬則是將這種水果的能量帶入人生的一種怡人方式。

＝〔 鳳梨 〕＝
（*Ananas comusus*）

▶ **行星屬性**：太陽

▶ **元素屬性**：火

▶ **能量**：療癒、金錢、保護、愛

▶ **說明**：早期在美國，鳳梨是**好客**的象徵，其形象往往會刻進樓梯欄杆柱等家具及居家物品中；墨西哥人則將鳳梨使用在療癒儀式中。

▶ **魔法用途**：請將生鳳梨或煮熟的鳳梨做成療癒性料理，吃鳳梨可以招財。

鳳梨的實用性展現在兩個看似衝突、實則相關的魔法變化中：保護與愛。

＝〔 李 〕＝
（*Prunus* spp.）

▶ **行星屬性**：金星

- ▶ 元素屬性：水

- ▶ 能量：保護、性

- ▶ 說明：歐洲人將李樹枝掛在門窗上方，防範負能量進入家門；在中國，人們吃李避邪，而李也有長壽的功效。人們認為李子乾（即曬乾的李子）有刺激性慾的功效，而伊莉莎白女王時期的妓院會免費供應來客李子吃（可能是這類地方唯一免費的東西）。

- ▶ 魔法用途：食用這些酸酸甜甜的水果，有助於增強內在保護，還能刺激性慾。要記得觀想！

＝〔 石榴 〕＝
（*Punica granatum*）

- ▶ 行星屬性：水星

- ▶ 元素屬性：火

- ▶ 能量：生育力、創造力、金錢

- ▶ 說明：美索不達米亞與地中海地區各地都將這種多籽水果與神明連結在一起，這個情況可說是相當有趣，舉例來說，西臺人將石榴歸給農業之神伊布利茲（Ibritz）；希臘人描繪的宙斯手上拿著石榴；紅色的石榴籽也暗示這種水果是源自戴歐尼修斯的血；石榴在早期猶太教象徵體系中也有其象徵角色。

古代藝術中充滿著石榴的圖像，在圖坦卡門墓中發現的著名石榴形銀壺，就是一例。這種水果在古埃及也被當成金錢來使用——以物易物與現金。

石榴是巴比倫人的婚宴水果，石榴籽也會出現在亞洲人的婚宴上供賓客食用，很類似我們婚宴上供應的那碗堅果。

在現代美國民間傳說中，石榴是「好運」食物，人們永遠會在咬下頭幾個籽之前先許願。

▶ **魔法用途**：石榴是秋季節慶的好食材，在薩溫節 P069（萬聖節）期間尤其如此；石榴籽四周多汁果肉的紅色，象徵著生命之血會延續至即將到來的冬季月份。因其多籽，所以會使用在促進生育力的魔法裡。雖然可能是「迷信」，但石榴籽也被用來做成加強生育力的料理，請在食用時觀想。吃石榴或喝篩過的石榴汁也可以刺激創造力（生育力有諸多形式）。

一面觀想一面吃石榴還能增加收入，請在掏錢前先用石榴籽摩擦一遍，可以確保錢會回到你手上——但請不要在收銀臺做這件事。

＝〔 仙人掌果 〕＝
（*Opuntia* spp.）

▶ **行星屬性**：火星

▶ **元素屬性**：火

▶ **能量**：保護

▶ **魔法用途**：仙人掌果在西班牙語中稱為「tunas」，是多汁可口的果實。有時在美國西南部的市場買得到，或者可以直接從仙人掌上摘下——但要小心不要被刺傷；通常來說，店裡賣的仙人掌果大都已去好了刺。

這種水果甜得驚人，也很美味，請當成促進保護的料理食用。有時在雜貨店也買得到仙人掌果凍與果醬，食用後可以加強保護。

＝〔 榲桲 〕＝
（*Cydonia* spp.）

▶ **行星屬性**：土星
▶ **元素屬性**：土
▶ **能量**：愛、保護
▶ **說明**：羅馬自然學家普林尼寫道，榲桲的果實能防範邪惡的影響。榲桲在古希臘也是愛與快樂的象徵，新婚夫婦常會吃這種水果；有些歐洲吉普賽人也會以榲桲來進行愛情魔法。
▶ **魔法用途**：今日多數人未吃過榲桲，但那不是恐懼的理由。榲桲必須經過烹調才能享用，只要吃含有榲桲的食物，就有刺激愛情的效果，你也可以將榲桲做成保護型料理。

＝〔 覆盆子 〕＝
（*Rubus idaeus*）

▶ **行星屬性**：金星
▶ **元素屬性**：水
▶ **能量**：快樂、保護、愛
▶ **魔法用途**：蔓生雜亂的覆盆子叢有一種魔法的氛圍。白色花朵、猩

紅色果實、傷人的刺皆增添了這種常見水果的神祕感，世界各地都有覆盆子，它甚至也長在夏威夷島各地無人照料的荒涼小徑邊。

儘管以紙盒包裝，成熟的覆盆子仍會飄出令人愉悅的氣味，求快樂的人可以聞聞它的氣味後再食用。另外，覆盆子也是促進保護與愛的實用水果。

＝〔 草莓 〕＝
（Fragaria vesca）

▶ **行星屬性**：金星

▶ **元素屬性**：水

▶ **能量**：愛

▶ **說明**：草莓是美國與歐洲的原生種。羅馬人會在自家庭院種草莓，這種水果在古代歐洲是**愛神弗蕾亞（Freya）的聖物**。

▶ **魔法用途**：這種甜美的水果在愛情料理中很實用。需要給例子嗎？草莓冰淇淋、草莓沾巧克力醬 P203，或者切片草莓加整顆覆盆子 P163，並灑上少許切碎的新鮮薄荷葉。我相信你還想得出其他召喚愛情的草莓甜點。

＝〔 羅望子 〕＝
（Tamarindus indicus）

▶ **行星屬性**：土星

▶ 元素屬性：水

▶ 能量：愛

▶ 魔法用途：羅望子是印度的原生植物，這種長形豆狀水果的外觀頗令人失落，但神奇的是，它竟能做出一種清新的墨西哥甜飲料塔瑪琳多（tamarindo）。我不確定墨西哥人是否喝這種飲料來刺激愛情，但應該要善用這項功效才是。

＝〔 橘子 〕＝
（*Citrus* spp.）

▶ 行星屬性：太陽

▶ 元素屬性：風

▶ 能量：保護

▶ 說明：有一次，我走過人潮擁擠的亞洲街道到雜貨店。一如既往，我很愛東張西望，路過停放在路邊的車子時，總會忍不住往車裡面瞧。其中一輛車特別引人矚目，車裡的後視鏡底下掛著有保護用意的常見金紅色飾物，在那旁邊，車主掛了一節連著乾橘子的小枝。我停下來多看兩眼，露出微笑，我知道橘子在亞洲各地是一種具有保護功效的水果，也是今日佛寺供桌的常見供品。

▶ 魔法用途：橘子是一種太陽水果，浸滿了太陽的能量。請為個人的內在保護食用橘子，也可以將新鮮橘子擺在廚房桌上或家庭神壇上（如果你家有的話）來守護你家，尤其是短程出遊或旅行的時候。有需要的話就替換成新鮮橘子，將使用過的橘子埋進土裡。

=〔 西瓜 〕=
（*Citrullus vulgaris*）

▸ **行星屬性**：月亮

▸ **元素屬性**：水

▸ **能量**：療癒

▸ **說明**：在美國，有什麼食物比西瓜更普遍呢？事實上很多，例如野米、玉米 P080、馬鈴薯 P126 等。西瓜是非洲的原生植物，它是在我們最令人悲傷、最野蠻的那段歷史時期——走私人口的時期——傳入美洲大陸的。

西瓜傳入埃及是在公元前兩千年左右，古埃及人將西瓜汁混入酒當中，給據信被病魔附身的病人飲用。在神話中，西瓜與神明賽特（Set）有關，埃及女性會依增重的藥方吃西瓜。

在夏威夷，有時人們會將西瓜從前門滾出來，協助逝者的靈魂能順利前往冥界。

西瓜是女神葉瑪亞（Yemaya）的聖物，值得一提的是，它在約魯巴宗教中擁有各種面貌。

▸ **魔法用途**：在炎炎夏日，沒有什麼比一片冰涼的西瓜更消暑。這是一種具有療癒功效的水果，請單純地一面吃一面觀想。如同所有的瓜類，西瓜單是氣味就很撫慰人心。

魔力升級：
香料與花草

過去香料所費不貲，

僅能用在醫藥與宗教儀式中。

香料血腥的歷史布滿著政治鬥爭，

也與蓄奴息息相關，

要到好幾百年以後，

才漸漸運用於食物的調味。

香料曾經一度比金子昂貴，人們斥資從遙遠的地方進口香料：中國生產肉桂；錫蘭（今日的斯里蘭卡）種植胡椒；摩鹿加群島（Molucca Islands）是丁香的家鄉；印度與桑吉巴（Zanzibar）生產薑；班達群島（Banda）是肉豆蔻的出口國。

各種香料在各自的家鄉廣泛使用，為乏味的餐點帶來火花，但過去香料在歐洲所費不貲，所以無法使用在烹飪中，這些珍貴的香料反

而***僅用在醫藥與儀式中***。在埃及、希臘、羅馬，人們在祭禮中焚燒香料給神明，也會加入療方。

必須要等到好幾百年以後，香料的成本驟降，歐洲人才開始以之為食物調味。

今日貨架上無比昂貴的一瓶瓶丁香（零售每三十公克三美元左右）在過去有可能引起戰爭：***男人們***（我使用「men」這個性別字眼是刻意的）為此殺人，也為此送命。

香料血腥的歷史布滿著政治鬥爭，也與蓄奴息息相關，一直要到五十年前左右，人們才成功在赤道附近的地區種植香料，隨著作物量增加，價格也隨之下降。

雖然西方國家不再於宗教儀式中使用這些芬芳的珍寶，但香料仍持續令我們著迷。

✦花草

花草是什麼呢？專家們的答案可能莫衷一是。原本，「花草」（herb）這個詞是指多年生的木本植物，今日則通常泛指具有強烈香味、風味和／或藥用特性的所有植物。

最早的醫藥是以植物製作；最早給守護著早期種族的神明的供品，也是植物。多少世紀以來，村莊中的女智者（wise woman）與魔法師的櫥櫃裡被香氣四溢的花卉、樹葉、種籽、樹皮等塞得滿滿的──這些都是一千零一種奧祕儀式的材料。

時至今日，花草大多被局限在奢侈品的地位。

以往每個家庭都有廚房庭院，今日的廚子得跑去市場買新鮮花草回家；家裡使用的空氣芳香劑等芳香產品，其香味通常是實驗室的組合結果，不是植物；植物的藥用特性也往往被合成、結合為非天然的製劑。

不過，人們逐漸意識到花草對治療、儀式、烹飪的價值，因此又再度將許多這類芬芳植物帶到世人眼前。

香料與花草不僅僅是單純的調味材料，請小心揀選並在添加時觀想，可以用來加強料理中與魔法目標有關的特定能量。

本章將檢視一些用途廣泛的花草，並提出如何讓花草促進必要變化的訣竅，以下是運用花草進行魔法烹飪的快速指引：

▶ 每種料理都要使用適當的香料與花草：在求愛情的食物中加入愛情香料與花草、在求保護的食物中加入具保護功效的調味料等。**注意，在愛情食物中添加辣根** P182 （一種保護型調味料），**會抵銷食物本身想達到的效果。**

▶ 香料與花草應該巧妙地加強食物風味，而不是淹沒或掩蓋食物原本的風味。**請少量添加來提味就好。**

▶ 如果在預定使用乾花草的料理中使用新鮮花草，**請使用乾花草兩倍半的量。**

▶ 使用任何乾花草或香料前，要先量一下份量，再將花草或香料倒在乾淨平坦的盤子或檯面上。請強烈地進行觀想，伸出你的慣用手（寫字的那隻手），食指放進香料中央，畫出代表你目標的象徵符

號，請別忘了要同時持續觀想（見〈象徵符號〉P412-414），然後像平常一樣加香料做菜。

＝〔 多香果 〕＝
（*Pimenta officinalis*）

▶ **行星屬性**：木星

▶ **元素屬性**：土

▶ **能量**：金錢、療癒

▶ **魔法用途**：多香果是西印度群島及熱帶美洲的原生種，小而圓的果**實據說結合了肉桂** P175 **、肉豆蔻** P185 **、丁香** P176 **的風味。**
請在求財和療癒的食物中加入多香果。

＝〔 洋茴香 〕＝
（*Pimpinella anisum*）

▶ **行星屬性**：木星

▶ **元素屬性**：風

▶ **能量**：愛

▶ **魔法用途**：以洋茴香增添結婚蛋糕 P094 的風味，有助於確保新人對彼此的愛長長久久。
洋茴香餅乾（任何餅乾食譜都找得到作法）也有促進愛情、建立關係的實用功效。

＝〔 羅勒 〕＝
（*Ocimum basilicum*）

▶ **行星屬性**：火星

▶ **元素屬性**：火

▶ **能量**：愛、保護、金錢

▶ **說明**：這種印度植物的魔法史長遠而迷人。

不得不說，歐洲一引進羅勒，馬上就有人拿來做料理，也用來進行魔法。

著名草藥學家尼可拉斯・寇佩珀曾說：「女人在懷孕早期絕不能聞到（羅勒的）味道，否則會早產。」

另一個關於羅勒的著名觀點是，有人認為聞羅勒的味道太久會讓腦子生蠍子——可能是指頭痛。

有些美國和墨西哥地區的拉丁女性會將羅勒粉灑在身上，以打消丈夫游移不忠的心。

▶ **魔法用途**：羅勒風味的食物會滋生愛的感受，麵條 P223（以麵粉做成，由金星主宰）上淋青醬（羅勒及松仁是其中最主要的成分）則是絕佳的愛情食物。

如果要求保護，可以吃羅勒風味的食物，同時適切地觀想，而羅勒也是一種招財食物。

使用新鮮羅勒能發揮最強功效（大多數超市都有一區賣新鮮花草，請詢問農產品部門）。

乾羅勒可以捏一撮來使用，但效果略遜。

＝〔 月桂 〕＝
（*Laurus nobilis*）

▶ **行星屬性**：太陽

▶ **元素屬性**：火

▶ **能量**：保護、靈知、療癒、淨化

▶ **說明**：***月桂歷來都與希臘及羅馬神明有關***，月桂葉會用來做成奧運贏家的桂冠。月桂在古代也是獻給多位神明的供品。

在美國，用餐時只要在碗裡發現月桂葉就能許願，月桂葉能讓願望實現。

▶ **魔法用途**：月桂葉的功效在今日就和過去一樣強大，請在促進保護、靈知、療癒、淨化的料理中加入少許乾月桂葉。

＝〔 胡椒 〕＝
（*Piper nigrum*）

▶ **行星屬性**：火星

▶ **元素屬性**：火

▶ **能量**：保護、淨化

▶ **說明**：雖然你只是隨口請侍者加幾粒胡椒到沙拉中，或者自己不假思索地在食物上灑胡椒，但***胡椒可是擁有悠久歷史的古老食物***。

希臘早在公元前五百年就在醫療中使用胡椒，胡椒在我們的時代是最常見的食物調味料，但在當時是用來***治療婦科問題***。亞洲人使用

胡椒來烹飪與治療已有四千年之久，我們只是需要花一點時間迎頭趕上他們。

我一得知胡椒的歷史，便深深為之著迷，最後終於有幸在一九八四年於夏威夷檀香山的佛斯特植物園，看見一株活生生的胡椒藤。

順帶一提，胡椒與辣椒毫無關聯。

▶ **魔法用途**：請將黑胡椒加入其他促進保護的料理中，如辣椒 P117、蕃茄汁 P135、起司玉米片等，灑胡椒時請記得觀想。當然，***剛磨碎的胡椒功效最佳。***

胡椒也會使用在淨化料理中，功效強大，但請不要使用過多胡椒或其他任何香料。

＝〔 葛縷子 〕＝
（*Carum carvi*）

▶ **行星屬性**：水星

▶ **元素屬性**：風

▶ **能量**：性、愛

▶ **說明**：瑞士的史前湖邊遺跡有葛縷子的蹤跡，證明人類使用這種常見花草已有數千年歷史。公元五百年左右，波斯人有時也以一袋袋葛縷子來繳稅，葛縷子是除了貨幣以外最炙手可熱的物品。

▶ **魔法用途**：長久以來，人們都推崇葛縷子的果實（一般誤稱為「籽」）有促進性慾的效用，直接咀嚼或加入食物、料理中都同樣有效。可想而知，期待葛縷子產生功效的心理是刺激性慾的一部分

原因，但如果你認真觀想，葛縷子或許真的能實現你的期望。也請加入求愛情的食物中。

要記得，端給人一盤堆滿葛縷子的食物不會讓他馬上與你上床——除非他本來就想這麼做。

＝〔 小豆蔻 〕＝
（Elletaria cardamom）

▶ **行星屬性**：金星

▶ **元素屬性**：水

▶ **能量**：愛、性

▶ **說明**：希臘人早在公元前四百年就從東方進口小豆蔻籽，儘管成本甚高，後來小豆蔻也成為羅馬最受歡迎的香料。今日小豆蔻籽的價格依然不斐，它是排名第三昂貴的香料，僅次於番紅花與香草。

▶ **魔法用途**：壓碎的小豆蔻籽會散發絕佳的風味，它長久以來都與愛及性有關，對促進兩者頗有功效。請以少許小豆蔻籽為咖啡 P242 或花草茶增添風味，小豆蔻餅乾也是促進愛情與慾望的可口點心。

＝〔 繁縷 〕＝
（Stellaria media）

▶ **行星屬性**：月亮

▶ **元素屬性**：水

▶ 能量：減重

▶ 魔法用途：這種簡單、常見的花草據說能「遏止肥胖」，如果你希望身材苗條一點，可以加少量繁縷到食物裡，而理想的做法是把幾片葉子放進沙拉中享用。

雖然這種植物在市面上找不到，但美國各地的變動帶（disturbed ground）隨處可見繁縷，請拿一本花草或植物圖鑑獵草去！

= 〔 菊苣 〕=
（*Chicoriurn intybus*）

▶ 行星屬性：太陽

▶ 元素屬性：風

▶ 能量：愛

▶ 魔法用途：嚐過菊苣咖啡的人都會喜歡上這種花草，這種混合——咖啡豆加上烘烤磨碎的菊苣根——對促進愛情很有效。

= 〔 肉桂 〕=
（*Cinnamomum zeylanicum*）

▶ 行星屬性：太陽

▶ 元素屬性：火

▶ 能量：愛、靈知、金錢

▶ 說明：早在公元前一四五〇年，古埃及人就將肉桂使用在醫藥與宗

教。拉美西斯三世在公元前一二〇〇年曾多次供奉給神明。在希臘，肉桂在戴歐尼修斯的節慶遊行中扮演著特定角色。

注意，市面上販售的肉桂其實大多是**桂皮**。桂皮這種香料通常呈紅褐色，而真正的肉桂是黃褐色的。然而，肉桂與桂皮的魔法效能幾乎並無二致。**肉桂是一種愛情香料，加入蘋果中食用效果加倍。**以肉桂調味的蘋果醬是很好的愛情食物，填滿肉桂的蘋果派亦然。

想在早上促進愛情，可以將一茶匙碎肉桂小心倒在烤好的吐司上，畫出心形，接著再一面觀想，一面拿刀子抹勻食用。

或者，你也可以將肉桂加入求財或靈力的料理中。

＝〔 丁香 〕＝
（*Syzygium aromaticum*、*Caryophyllus aromaticus*）

▶ **行星屬性**：木星

▶ **元素屬性**：火

▶ **能量**：愛、金錢、保護

▶ **魔法用途**：加少許丁香到求保護的料理裡，可以增添絕妙的辛香風味。另外，丁香在求愛情與財富的食物中也很有效。請少量食用。

＝〔 芫荽 〕＝
（*Coriandrum sativum*）

▶ **行星屬性**：火星

▶ 元素屬性：火

▶ 能量：愛、性

▶ 說明：中美洲人會在廚房擺一束新鮮芫荽（香菜葉），以用來防範「邪惡」。

▶ 魔法用途：芫荽是一種愛情花草，請一面適切地觀想，一面將它的果實（被誤稱為「籽」）加入合宜的食物中。在溫酒中加入粉狀的芫荽籽喝下，可以刺激進行性活動的慾望。

=〔 孜然 〕=
（*Cuminum cyminum*）

▶ 行星屬性：火星

▶ 元素屬性：火

▶ 能量：安寧、快樂

▶ 說明：**孜然是埃及神明的最愛**，至少獻上好幾噸的孜然給神明的多位法老是這麼認為的。在希臘，人們會將孜然戴在脖子上尋求保護，防範負面魔法。孜然是最受歡迎的一種墨西哥烹飪香料。

▶ 魔法用途：請添加孜然到求安寧與快樂的料理中。

=〔 蒲公英 〕=
（*Taraxum officinale*）

▶ 行星屬性：木星

▶ 元素屬性：風

▶ 能量：靈知

▶ 說明：以往人們會將烘烤磨碎的**乾蒲公英根**當成中國茶的替代品泡來飲用，今日仍有許多人會以這種飲料來代替咖啡。

一面觀想一面喝蒲公英茶／咖啡，有助於促進靈知。

＝〔 蒔蘿 〕＝
（*Anethum graveolens*）

▶ 行星屬性：水星

▶ 元素屬性：火

▶ 能量：意識心智、金錢、減重、愛

▶ 說明：對只熟悉醃蒔蘿我們來說，蒔蘿的歷史可能會令人驚訝。埃及人認識這種植物，並認為蒔蘿是安賽帝（Amsety）的聖物，而安賽帝是法老守護神荷魯斯（Horus）的四個兒子之一，四人守護著裝有木乃伊臟器的卡諾卜罈；古希臘人將蒔蘿果（籽）當成金錢使用；羅馬角鬥士為了在出場前加強自身防護，會以蒔蘿味的油塗抹身體，羅馬帝王則會頭戴蒔蘿冠，以確保統治能持久穩固。歐洲人在魔法和儀式中使用蒔蘿由來已久：過去在法國，蒔蘿是防範「邪惡」的強力保護符；西班牙人在衣服上貼蒔蘿片來驅趕惡魔；德國新娘會在婚宴花束中放進蒔蘿以求「好運」。

雖然蒔蘿是地中海地區的植物，但其足跡遍布世界各地，今日印度仍會販賣新鮮蒔蘿枝以供烹飪與保護之用。

幾個世代以前，大人會餵不聽話的孩子喝蒔蘿水，讓他們入睡。在文藝復興時期的草藥醫學中，醫師也因同樣的目的以蒔蘿進行治療。為求安眠，人們會咀嚼、食用蒔蘿，或是將蒔蘿帶上床。

▶ 魔法用途：**蒔蘿強烈、清新的氣味可能是多個世紀以來民間魔法與宗教持續使用它的原因**。其力量並未從人們心裡消失：睡前食用醃蒔蘿據說會導致怪夢、孕婦有時會特別想吃有蒔蘿味的醃菜。

以蒔蘿葉煮魚 P225 據說能使大腦「活躍」，進而促進心智性能。這種效果之所以成真可能有兩個原因：蒔蘿本身就具有這類功效，這類料理也較其他料理更不會造成消化負擔。

蒔蘿的守護星是水星，即智慧之星，因此蒔蘿籽（其實是果）或草（葉）可以加入促進意識心智之運用能力的飲食中。食用有蒔蘿風味的食物也能為你的人生帶來財富，協助你事業興旺，確保你手裡的錢運用得宜，而醃蒔蘿是能發揮這類功效的理想食物。

人們還歸給蒔蘿哪些神奇功效呢？幾世紀以來都有人用蒔蘿減肥，蒔蘿茶或醃蒔蘿據說有助於達到這個常見的目標。不過，**請不要在熱巧克力聖代上灑蒔蘿，並期待它能發揮減肥魔力。**

蒔蘿也是愛情料理的材料。

＝〔 茴香 〕＝
（*Foeniculum vulgare*）

▶ 行星屬性：水星
▶ 元素屬性：火

▶ 能量：體力、減重、保護

▶ 魔法用途：請將這類芬芳的種籽加入促進體力的料理中，數百年來人們都為了這個目的使用茴香。

在這之外，也請將茴香當成減重料理的一部分。這類種籽也能做成促進保護的料理。

＝〔 大蒜 〕＝
（Allium sativum）

▶ 行星屬性：火星

▶ 元素屬性：火

▶ 能量：保護、健康

▶ 說明：在古代，人們會給瘋子吃大蒜，並相信大蒜能治癒他們。征戰各地的羅馬人將大蒜散播到他們征服的各處土地，羅馬士兵也會吃大蒜來加強上戰場的勇氣。

在地中海地區，尤其是義大利，人們認為大蒜具有**防範「邪惡」**的絕佳保護功效，而這點也顯現在東歐人的信仰上：他們認為這種氣味濃烈的球形植物具有抵抗吸血鬼的力量。一五九七年，一名英國人寫道：「如果女人夜裡聞不到床邊瀰漫著類似大蒜的氣味，那她無疑是和貴公子在一起。」（大蒜有防範邪惡的功能，那也代表使用大蒜的地方可能有邪惡的存在。如果女人床邊沒有大蒜的氣味，那代表她身邊的人不是邪惡化身。）

過去人們也一度認為大蒜能防範大小老鼠襲擊果樹。

▶ **魔法用途**：新鮮大蒜強烈的氣味與口感使其成為保護型料理的實用食材。如果你喜歡大蒜，請無論如何都要將大蒜加入促進自我防護的料理中。

有些專家說，我們每天應該吃一瓣新鮮大蒜來保持良好的健康。這對喜愛大蒜的人來說不是問題，畢竟，他們甚至能享用大蒜冰淇淋。但是，如果你沒辦法每天吃一瓣，只要每天加一點大蒜到料理中，就能持續保持良好的健康。煮食時請記得觀想，另外，請只使用新鮮大蒜，不要使用冷凍乾燥、脫水或罐裝大蒜！

＝〔 薑 〕＝
（*Zingiber officinalis*）

▶ **行星屬性**：火星

▶ **元素屬性**：火

▶ **能量**：愛、金錢

▶ **說明**：薑是亞洲的原生植物，似乎是亞歷山大大帝在公元前三四〇年左右引進西方。中國人在墓中放薑供死者食用，也會在家門口掛一些薑根，守護分娩中的母親與胎兒。他們認為這種辛辣的植物是與神明溝通的工具，從過去到現在，**薑始終是中國各地與香港宗教中的重要供品。**

太平洋島嶼的居民會在療癒儀式中咀嚼薑的新鮮地下莖（在地底下看起來像根的莖），出海時向即將到來的風雨吐這種嚼爛的香料，能遏止風雨前進。

由於本書主題是食物，我覺得這裡不得不指出，只要一片硬幣大小的糖薑片，就是肚子痛的最佳療方之一。薑茶也很好，將新鮮的薑切片後倒入熱水，就是一杯薑茶。

▶ **魔法用途**：西方料理中鮮少使用薑，這很可惜，因為薑的用途很廣。不過，由於薑的氣味辛辣，使用時必須酌量。

薑餅與薑汁——使用真正的薑的話——都是招桃花的食物，薑也能用在性質相近的其他料理中。

要將薑加入你的飲食，最簡單的方法就是一面觀想，一面咀嚼一小片糖薑片。

你或許會怕薑刺激舌頭，但其實並不會，因為薑確實辛辣，但它不像辣椒那麼辣。只要吃美元一角硬幣大小（直徑約1.8cm的圓）的薑片就夠了，不宜多食。

薑味料理也是增加收入的絕佳食物。當然，煮食時要觀想。

＝〔 辣根 〕＝
（*Cochleria armoracia*）

▶ **行星屬性**：火星

▶ **元素屬性**：火

▶ **能量**：淨化、保護

▶ **魔法用途**：美國民間傳說認為，最好的辣根是滿月時挖出的辣根，因為氣味最強烈。請將現成辣根醬加入求淨化與保護的料理中，如果你不喜歡辣根強烈的味道，就不要吃這種植物。

=〔 甘草 〕=
（*Glycyrrhiza glabra*）

▶ **行星屬性**：金星

▶ **元素屬性**：水

▶ **能量**：愛、性

▶ **說明**：羅馬自然學家普林尼寫道，只要把一片甘草根放入口裡，就能預防飢渴。

在美國民間魔法中，以紅紗線將兩條甘草根綁成十字，可以發揮保護功效，防範傷害與負能量。

▶ **魔法用途**：歷來人們都將甘草及甘草糖連結愛與情慾。人工香料製成的甘草則沒有特殊能量，但偶爾仍能找到以真正的甘草精做成的黑甘草，放進口裡咀嚼有招桃花功效。請到健康食品店找找看，如果找不到，可以一面觀想愛或性活動增強，一面咀嚼一條甘草根。

=〔 肉豆蔻皮 〕=
（*Myristica fragrans*）

▶ **行星屬性**：木星

▶ **元素屬性**：土

▶ **能量**：靈知

▶ **魔法用途**：肉豆蔻皮是從肉豆蔻身上剝下的鮮紅色假種皮（籽衣），可以少量加入食物中以加強靈知。

=〔 金盞花 〕=
(*Calendula officinalis*)

▶ **行星屬性**：太陽

▶ **元素屬性**：火

▶ **能量**：快樂、保護

▶ **說明**：幾世紀以前，金盞花就和蒔蘿或鼠尾草一樣常見。人們拿金盞花亮橘色的花瓣做成卡士達，也會放入湯或燉菜裡，這種花的色彩與朝氣使其成為完美的秋冬食物。

真正的金盞花（請勿與墨西哥種的萬壽菊〔*Tagetes* spp.〕混為一談）也會拿來**曬乾泡茶**，有促進快樂的功效。

▶ **魔法用途**：將新鮮金盞花花瓣加入食物中，可以促進快樂，也可以加入促進保護的料理中，提升其能量。

=〔 馬鬱蘭 〕=
(*Origanum marjorana*)

▶ **行星屬性**：水星

▶ **元素屬性**：風

▶ **能量**：愛、安寧

▶ **說明**：據普林尼的說法，羅馬與希臘人會在庭院裡種金馬鬱蘭。如果盛開，表示種植者會財源滾滾；如果枯萎，屋主就會悽慘落魄。這種信仰直到十五世紀初的威尼斯仍時有所聞。

▶ **魔法用途**：請在求愛情的食物中使用馬鬱蘭，將馬鬱蘭與百里香 P192 混合成一茶匙茶料，接著泡水飲用，請一面觀想一面加蜂蜜 P197。馬鬱蘭也能使用在促進安寧的食物中。

= 〔 芥末 〕=
（*Brassica spp.*）

▶ **行星屬性**：火星
▶ **元素屬性**：火
▶ **能量**：保護、勇氣
▶ **說明**：希臘人相信醫神阿斯克勒庇俄斯（Aesculepius）發現了這種植物；美國民間傳說認為，旅行時將芥末籽帶在身上，能防範意外發生。
▶ **魔法用途**：這種植物的種籽可以用來做成我們熟悉的辛辣芥末醬。如果在食用時觀想，芥末能有效促進保護與勇氣。你不需要大量使用，只要取一點調配好的芥末來用，或是將少許芥菜籽放進其他食物中就可以了。

= 〔 肉豆蔻 〕=
（*Myristica fragrans*）

▶ **行星屬性**：木星
▶ **元素屬性**：火

▶ 能量：靈知

▶ 魔法用途：這種強力香料可以少量加入促進靈知的料理中，也可以
灑一點到蛋奶酒中飲用。請一面觀想一面飲用，以打開你的靈知。
大量食用肉豆蔻會導致嘔吐，所以只要放不到一茶匙的少許份量就
可以了。

＝〔 牛至 〕＝
（*Origanum vulgare*）

▶ 行星屬性：水星

▶ 元素屬性：風

▶ 能量：安寧

▶ 魔法用途：這種常見的義大利料理花草有促進安寧的絕佳功效。灑
到食物裡，尤其是**起司披薩**，能賦予食物安寧的能量。請注意，**在
含有肉的披薩裡放牛至，會抵銷它的功效**。

＝〔 香芹 〕＝
（*Petroselinum sativum*）

▶ 行星屬性：水星

▶ 元素屬性：風

▶ 能量：保護、性、金錢

▶ 說明：**香芹歷來都與祕術有關**。即使在今日，墨西哥人仍會在耳朵

上別一根香芹來治療頭痛。歐洲園藝工作者也相傳，若要確保植物順利發芽，就要拿香芹籽將詛咒種入土中。

▶ **魔法用途**：為什麼廚師要將香芹枝放到菜盤上呢？今日是為了裝飾，但過去這種植物能**防止食物在用餐前受「邪惡」汙染**。

香芹是一種營養也具保護力的花草。種植或購買香芹，每天少量食用，就能加強自己天生的靈力盔甲，你也可以將新鮮或乾燥香芹加入求保護的食物中，以加強其力量。

在法國，香芹有刺激性慾的名聲。這種說法可上溯至古羅馬醫師迪奧斯克里德斯（Dioscorides）的時代，他在自己的古希臘藥草學著作中提到，香芹會「刺激性慾與肉體慾望」。

現代的路易斯安那州魔法師以加入香芹的魔法浴來招財。請將兩杯左右的新鮮香芹或四分之三杯的乾香芹放到一張折成對半的大奶酪用紗布上，接著綁緊不要讓香芹掉出，然後放進洗澡水中。泡澡時請記得觀想。

＝〔 胡椒薄荷 〕＝
（*Mentha piperita*）

▶ **行星屬性**：水星

▶ **元素屬性**：風

▶ **能量**：性、淨化、療癒

▶ **魔法用途**：古希臘時代似乎就會以**胡椒薄荷茶**來激起人對性活動的興趣。雖然很多人認為它有冷卻的效果，但確實值得一試。

飲用胡椒薄荷茶也可以當成一種個人淨化儀式。請將一茶匙乾胡椒薄荷放進茶杯，同時觀想著淨化，接著倒入近沸騰的熱水浸泡十三分鐘，然後喝下。此外，胡椒薄荷茶也具有療癒的功效。綠薄荷（市面上通常簡稱為「薄荷」）可以用來取代胡椒薄荷。

＝〔 罌粟 〕＝
（*Papaver* spp.）

▶ **行星屬性**：月亮

▶ **元素屬性**：水

▶ **能量**：生育力、愛

▶ **說明**：人類早在石器時代就認識罌粟了。罌粟似乎是克里特島大母神的聖物，也確實是狄蜜特、瑟雷絲、司珀斯等女神的聖物。在歐洲，罌粟籽曾用來施行隱身術。有效嗎？我不清楚——試過的人都消失無蹤了。

要九十萬顆的黑色小罌粟籽，才能達到一磅（約四百五十公克）重。

▶ **魔法用途**：雖然今日仍有人濫用從熟罌粟種莢中萃取的汁液，以用來做鴉片、嗎啡、海洛英等毒品，但**黑罌粟籽**是正規的烹飪與魔法用料。由於汁液不會進入種籽中，所以食用罌粟籽既未違法，也沒有麻醉的效果。

如果你的焦點是生育力，請一面觀想一面食用罌粟籽麵包或其他罌粟風味的食物；要招桃花，請將小而圓的種籽放進你最愛的招桃花料理中，或是做成罌粟籽蛋糕食用。

=〔 玫瑰 〕=
（*Rosa* spp.）

▶ **行星屬性**：金星

▶ **元素屬性**：水

▶ **能量**：愛、快樂、靈知

▶ **說明**：在印度，有幾支漂泊的祕修族群據說完全以玫瑰維生，除了這種花中之后，不碰所有其他食物。人類食用玫瑰已有數千年之久，**玫瑰水**至今仍是中歐烹飪中的重要成分。

▶ **魔法用途**：請將玫瑰當成愛情料理食用。要增添甜點的風味，可以灑幾片新鮮的玫瑰花瓣到香草冰淇淋上，你也可以在生奶油、蘋果派 P140 和其他適當的料理中加入玫瑰水。玫瑰水在美食材料行和少數雜貨店裡找得到，請務必確認那是貨真價實的玫瑰水，而不是人工調味的玫瑰水。

食用玫瑰也可以促進快樂，糖漬玫瑰是這類目標的理想美食。另外，食用玫瑰風味的食物也能加強靈知。

絕對不要吃下噴有殺蟲劑或蟲子咬過的玫瑰！下肚前請務必要再三檢查。

=〔 迷迭香 〕=
（*Rosemarinus officinalis*）

▶ **行星屬性**：太陽

▶ 元素屬性：火

▶ 能量：保護、意識心智、療癒、愛

▶ 說明：迷迭香今日仍蓬勃生長於地中海海岸，它是維納斯和其他多位女神的聖物，人們認為迷迭香是奧林匹斯山之花。許多古代宗教與魔法儀式都會使用迷迭香。

▶ 魔法用途：請將迷迭香加入求保護的料理中，尤其是**使用了番茄** P135 **的料理**。

你也可以喝迷迭香茶，或將迷迭香做成增加心智靈敏度與清晰思考能力的料理。如果你不擅長看食譜做菜，那麼你可以多聞新鮮迷迭香的氣味。

迷迭香在維護良好健康、刺激身體天生療癒力的料理中也很實用，這種美味花草也能加入各種招桃花的料理中食用。

=〔 番紅花 〕=
（*Crocus sativus*）

▶ 行星屬性：太陽

▶ 元素屬性：火

▶ 能量：快樂、靈性

▶ 說明：番紅花在古代是一種神聖花卉，腓尼基人烤番紅花風味的新月蛋糕向女神阿絲托雷斯（Ashtoreth）致敬。人們拿番紅花內側的紅色小柱頭來為衣物染色，並為富裕人家餐桌上的食物增添風味。

今日，番紅花仍是最昂貴的交易香料。每朵番紅花僅有三個柱頭，

要一萬三千個柱頭才能做出一盎司（近三十公克）的香料，所幸烹飪永遠僅需要少量香料。番紅花料理是威卡儀式宴席的理想美食，尤其是與太陽有關的儀式宴席。

▶ **魔法用途**：食用番紅花風味的食物可以招來快樂，例如西班牙海鮮飯；番紅花飯 P313 是另一種很好的快樂美食。另外，番紅花也能增強靈性。

＝〔 鼠尾草 〕＝
（Saivia officinalis）

191

▶ **行星屬性**：木星

▶ **元素屬性**：風

▶ **能量**：長壽、健康

▶ **說明**：希臘人獻鼠尾草給宙斯，羅馬人獻鼠尾草給朱庇特，鼠尾草在烹飪、醫藥、魔法中的使用歷史，少說已有兩千年。

鼠尾草的拉丁文名稱來自「salvus」，意指「安全」，因為它具有*治療*功效。

▶ **魔法用途**：烹飪時使用鼠尾草能促進長壽，而這種觀點是來自於古代的信仰，可以下列句子來總結：

「五月吃鼠尾草，

就能夠長生不老。」

鼠尾草也是療癒料理中的重要一環，請在煮食時觀想。奇特的是，有一位權威指出，喝鼠尾草茶會降低性慾。

=〔 百里香 〕=
（*Thymus vulgaris*）

▶ **行星屬性**：金星

▶ **元素屬性**：水

▶ **能量**：愛、靈知、淨化

▶ **魔法用途**：古希臘人以百里香來清潔廟宇，自那時以來，**百里香始終扮演著某種靈性與宗教角色**，從過去到現在也一直是受歡迎的調味料。

將一茶匙百里香與馬鬱蘭 P184 的混合茶料放進茶杯，接著倒入一杯熱水，等待茶泡好的同時，也觀想自己享受著令人滿意的施受關係。想要的話可以加入蜂蜜 P197，喝茶時要持續觀想。將百里香加入增強靈力的美食或喝百里香茶，可以加強你對靈知的掌控，而百里香也用在淨化料理中。

=〔 薑黃 〕=
（*Curcurma domestica*）

▶ **行星屬性**：水星

▶ **元素屬性**：風

▶ **能量**：淨化

▶ **說明**：夏威夷人以薑黃來進行淨化儀式，他們在海水中混入薑黃，拿樹葉沾濕後灑在區域各處。

在印度，人們會焚燒薑黃來探測是否有魔鬼存在，據說魔鬼討厭薑黃的氣味。如果魔鬼喬裝成人類待在房裡，那麼焚燒薑黃時他就會離開。

▶ **魔法用途**：我們之所以認識薑黃，那是因為醃蒔蘿時它能當成**著色劑**使用，醃菜會因此轉變成黃綠色（今日多以人工色素上色），而醃菜用的香料通常會包括薑黃。

要進行內在淨化的時候，請一面觀想一面吃醃菜；此外，也可以在你喜愛的非甜食淨化食物中加入少許薑黃。請記得，**不要超過八分之一茶匙**。

=〔 香草 〕=
（*Vanilla planiflora*）

▶ **行星屬性**：金星

▶ **元素屬性**：水

▶ **能量**：愛、情慾

▶ **說明**：香草是墨西哥給世界的一項禮物，來自某種蘭花的烘乾果實，是很久以前為了神聖活動而製作的。

在神明仍在地球行走的久遠以前，主宰生育力的女神中最年輕的札娜特（Xanat）瘋狂愛上了一名托納克族（Totonac）年輕人。由於她是神，無法與他共結連理，所以她把自己變成一株帶來愉悅與快樂的植物。札娜特變成了香草蘭，這樣她就能永遠屬於她的肉身愛人及其人民所有。

這個美麗的傳說道出了早期墨西哥人對香草蘭及其發酵果實的敬意，其發酵果實就是我們所知的香草豆。直至今日，托納克印第安人仍然會在春末以舞蹈及宴席慶祝香草節，也仍將香草蘭的花稱為札娜特。

這種植物是中美洲的原生種，如今生長在墨西哥及世界其他地方。值得一提的是，香草是唯一一種固定用來料理的蘭花，阿茲特克人稱之為「tlixochitl（提利索奇多）」，他們以香草為巧克力增添風味，然後啜飲這種未加糖的辛香飲料。今日美國糕餅店仍會以香草精——人工形式的香草——來增添巧克力的風味。

香草是在十六世紀晚期從西班牙傳入歐洲，不久法國人就用香草來增添巧克力及雪茄的風味，最後香草勝過玫瑰，成為人們最愛的調味料且廣受歡迎。

▶ **魔法用途**：由於香草在托納克神話中與愛情有關，也因為它的氣味與滋味怡人，所以可想而知，香草是最主要的愛情調味料之一。香草冰淇淋、香草布丁和所有以香草調味的食物，都是招桃花料理的理想品項。要簡單做出蘊含香草能量的甜味劑，請將一顆完整的香草豆放進糖罐或糖瓶中，等糖吸收了香草的氣味後，再放入愛情料理中調味。

雖然札娜特的故事並非家喻戶曉，但奇妙的是，**美國女性過去會抹一點香草精油在耳後，做為吸引男性的神奇愛情香水。**

在你的飲食中加入香草風味的食物，其實也可以加強愛情關係中的性活動。

雖然我很愛墨西哥，但這裡必須提出一點警告：**注意，請勿在墨西**

哥購買價格低得出奇的常見「香草」精油。那種精油是以零陵香豆
（*Dipteryx odorata*）而非香草做成，其中含毒，不可內服！
此外，只有真正的香草精油或香草豆本身才能使用於魔法料理中。
雖然人工香草精不過一、兩塊美元，但它沒有魔法能量，不會產生
任何效用。

Chapter

13

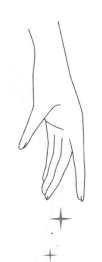

甜蜜禮讚：
蜂蜜與其他

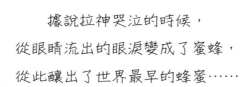

據說拉神哭泣的時候，
從眼睛流出的眼淚變成了蜜蜂，
從此釀出了世界最早的蜂蜜⋯⋯

你或許想吃對食物。你或許是素食者，不碰加工食物，也永遠不進速食餐廳的門，但甜食仍然令你陶醉：加了少許蜂蜜的花草茶、一碟以真正的糖做成的冰淇淋，甚至是──恐怖啊──你垂涎了數星期之久的巧克力棒。

若要完整談論這類甜食歷經各時代的宗教與魔法用途，這得寫上好幾本書，因此，本章我們僅討論蜂蜜、蔗糖、巧克力、角豆、楓糖漿──以及在魔法料理中開心地適量食用這類甜食的方法。

＝〔 蜂蜜 〕＝
（蜜蜂〔*Apis mellifera*〕的產物）

▶ 行星屬性：太陽

▶ 元素屬性：風

▶ 能量：淨化、健康、愛、性、快樂、靈性、智慧、減重

▶ 說明：**蜂蜜是世上第一種甜味劑**，一萬年前歐洲的穴居人類就懂得蒐集蜂蜜，古代岩石壁畫描繪了人類從蜂窩採集蜂蜜的樣子。

所有使用蜂蜜的早期文化，都為這種神聖物質添加了各種神話與傳說，**大多數文化會使用蜂蜜來進行魔法與儀式**，也會用來料理。

依據某個埃及神話，拉神哭泣的時候，從眼睛流出的眼淚變成蜜蜂，釀出了最早的蜂蜜。

蜂蜜是敏神最愛的供品，埃及人通常描繪這位神明勃起的樣子，他主要看管著人類的生育力。埃及人也將蜂蜜當成藥物使用，蜂蜜也確實有**殺菌、消炎**的作用。

蜂蜜在古代的價格不斐，這點多少促成了其神聖的地位。在埃及、蘇美、巴比倫、希臘、羅馬，人們都以蜂蜜做為神明的供品；亞述人會在興建廟宇時，將蜂蜜滴在其基石及牆面上；安努、伊阿、沙瑪什、馬爾杜克、阿達德（Adad）、奇圖（Kittu）等神明，以及幾乎每個其他的巴比倫與蘇美神祇，都會獲得蜂蜜供品。

希臘人將蜂蜜當成恢復與維持青春的靈藥，而**亞里斯多德稱呼蜂蜜為「從星辰與彩虹滴落的露珠」**。在雅典衛城，人們會做蜂蜜蛋糕獻給聖蛇，而蜂蜜也是獻給死者的供品。

羅馬人相信蜂蜜是魔法物質，能賦予吃蜂蜜的人詩才與口才，普林尼則是教讀者每天吃蜂蜜來促進健康與長生。

在古羅馬，人們會在收穫完工後做一種特別的飲料來喝，那種飲料由蜂蜜、牛奶、罌粟汁所做成，據說喝了能給人幸福感、快樂，令人陶醉在樂觀中。不令人意外的是，通常之後人便容易入睡。

蜂蜜在歐洲各地都與**大母神**有關，她也是奶類的提供者，而狄蜜特、阿提米絲、蕾亞（Rhea）、波瑟芬妮（Persephone）僅是幾個與蜂蜜有關的女神。蜂蜜與奶是唯一特地做成食物供人食用的兩種物質。

印度愛神伽摩（Kama）的弓弦據說是由蜜蜂合力做成的。在印度，人們會在新生兒的舌頭塗抹蜂蜜，而奶和蜂蜜在印度也用來招待客人，並在婚禮上給新郎喝。印度教的新信徒往往戒食蜂蜜多過其他食物，因為據說蜂蜜有催情的特性。

在中美洲與墨西哥，人們也將蜂蜜視為聖物。馬雅人十分推崇這種物質，從蜂巢採下蜂蜜後，甚至會用玉米粉做供品獻神。

在歐洲各地與世上許多其他地方，人們將蜂蜜做成蜂蜜酒，直至今日仍有許多人喜歡喝這種酒精性飲料。另外，蜂蜜酒是某些威卡團體最喜愛的飲品。

蜂蜜之所以備受崇敬，可能是因為生產蜂蜜的蜜蜂本身就是一種奇蹟般的生物。蜂蜜可以當食物吃、當藥物服用或蒸餾釀酒，能擁有如此多特性的物質，無疑是一種聖物。

在中古世紀，市面上沒有糖，因此人們持續以蜂蜜增添甜味並當成藥物。醫師開蜂蜜做為藥方來*治療「肚子疼」*，也用來*清洗傷口*。

如前所述，異教日耳曼人會在冬至那一夜烤蜂蜜蛋糕吃。人們之所以吃下蜂蜜的奧妙力量，可能是為了要有足夠的能量與氣力來抵禦後續幾個月的嚴寒冬季。

這類使用蜂蜜的非凡記錄，顯示蜂蜜歷來如何備受推崇。大體而言，甜食在早期極為罕見，多個世紀以來，**蜂蜜始終是最被廣泛使用的甜味劑**。

雖然印度生產甘蔗，但當地的古代人似乎更偏愛蜂蜜。在中東，椰棗糖漿、無花果糖漿、葡萄汁等都會用來增添食物的甜味，但蜂蜜仍是最受喜愛的甜味劑。

令人驚訝的是，美國最早的居民並不食用蜂蜜，因為當地蜜蜂生產的蜂蜜氣味欠佳、品質也不良，直到一六二五年殖民者引進另一種蜜蜂之後，蜂蜜在美國才成為廣受歡迎的甜味劑。

我們自身的文化至少還保留了一點蜂蜜傳說中的歷史：婚禮使用蜂蜜的習俗由來已久，蜜月（honeymoon）的習俗所尊崇的是兩種傳統。**人們認為蜂蜜的純淨能保護新人不受邪惡侵擾，而蜂蜜也是愛與智慧的象徵**——確實是婚姻中兩個受歡迎的特性。

「蜜月」這個詞指的是一種古歐洲習俗，新人在婚禮後的第一個太陰月會飲用蜂蜜酒，而蜜月原本是指新人享用蜂蜜酒的那段期間。

▶ **魔法用途**：下方簡單列出蜂蜜的一些魔法用途，如果你決定以蜂蜜取代糖，那麼將有多不勝數的機會正等著你來開發。

・淨化

・健康與療癒

・愛

- 情慾——法國人或許認為蜂螫是強力春藥，但蜂蜜較簡單也較不疼痛
- 快樂——尤其是婚禮期間的快樂
- 靈性——尤其是與敬拜女神有關的靈性
- 智慧
- 減重——以蜂蜜代替蔗糖（見下方）

蜂蜜不會令人上癮，它容易吸收，也不像蔗糖會產生暴起暴落的衝動。食用蜂蜜已有數千年的我們，多少也有了一些智慧吧？

＝〔 蔗糖 〕＝

（甘蔗〔*Saccharum officinarum*〕的產物）

▶ 行星屬性：金星
▶ 元素屬性：水
▶ 能量：愛
▶ 說明：過去人們崇拜蜂蜜，今日多數人則是對蔗糖趨之若鶩，**蔗糖是世上最受歡迎的甜味劑**。

蔗糖如果不是源自新幾內亞，就是來自印度次大陸。早在公元前一千四百年，印度人就在庭院裡種植甘蔗，並將甘蔗莖當成醫藥，也用來嚼食。

印度各種族可能早在公元前五百年就粗煉出精糖，公元前一百年左右的中國人也擁有精製糖的知識與原料。

亞歷山大大帝艦隊的海軍司令在一次印度的歷史之旅後，將蔗糖帶

回羅馬。普林尼描述這種物質是「一種從蘆葦採下的蜂蜜」，並寫說它在古羅馬「僅用於醫藥」。雖然我們不十分清楚玻里尼西亞人最早接觸到蔗糖是在何時，但他們在群島之間遷居時，便將這種植物散播到整個太平洋地區，甘蔗因此在太平洋群島廣為種植。

在大溪地，可能由於甘蔗的莖硬直多節，所以過去人們認為甘蔗是以**人的脊椎**打造出來的，他們也認為人類起源於這種奇妙的植物。在所羅門群島的傳說中，一段甘蔗有兩個節，甘蔗迸開後，走出了一男一女，他們就是所有人類的父母。

我們許多人會因為C&H製糖公司（H就是夏威夷）的強力廣告，而將甘蔗與夏威夷聯想在一起。似乎可以確定的一點是，夏威夷人移居到那些火山島嶼時，也帶來了甘蔗。不久之後，夏威夷人開始進行混種，生產出起碼四十個種類的甘蔗。蔗糖在那裡是做為料理、宗教、醫藥、魔法之用。

有一個神話說，太平洋地區廣為敬拜的仁慈農神卡內（Kane）將甘蔗帶來夏威夷。這種植物不僅是卡內的聖物，也是祂的實際體現。夏威夷人會在儀式中嚼食一種馬努拉（manulele，意指飛鳥）甘蔗，重新點燃妻子對丈夫的愛。

直到五百年前，蔗糖在歐洲還很昂貴，只有最富裕的人家才買得起。朝臣會以銀盒裝小塊的蔗糖送給自己的意中人，而我們今日也延續這項習俗，送糖果給彼此。

一五八〇年左右，蔗糖在歐洲變得比較普遍。我們如果見到這種早期的蔗糖，可能會認不出來，因為其精煉程度相當低，幾乎是黑色的，聞起來又像糖漿。

發現水果與花可用糖來保存以後，許多人就用糖來保存食物，**最早的果醬可能是在十八世紀製作出來的。**

二戰期間，蔗糖在大後方是採用嚴格的配給制，許多歐洲人與美國人都夢想著有一天能大量購買蔗糖來做罐頭、醃製和保存。

今日，蔗糖是生活中不可或缺的一部分，雖然營養學家警告我們吃糖的危險，但食物科學家用來取代蔗糖的人工甜味劑，通常較蔗糖本身更有害，因此蜂蜜是唯一健康的另一個選項。

▶ **魔法用途**：蔗糖受金星及水元素主宰，是一種天然的招桃花食物。準備各式各樣的甜食進行儀式，一面觀想一面食用，可以為你招來桃花。

但請不要誤解。雖然少量食用以蔗糖增加甜味的食物是促進愛情功效中的重要一環，但**嗜食蔗糖沒有魔法效用**，因此請控制甜食的攝取量，不然你體內會充滿蔗糖的能量，變得只愛糖——而不是愛自己或他人。試圖與他人建立關係時，這並不是最佳條件。

如我們所知，糖的精製程度很高。然而，有時雜貨店也會賣塑膠袋裝的甘蔗。雖然也經過加工（為了通過農業檢驗），但已經是最接近天然狀態的蔗糖。若想品嚐古人所知道的蔗糖，你可以削掉甘蔗的硬皮，咀嚼裡面淡褐色的莖，你會嚐到甜味，但不會甜得膩口。

今日的糖是以甘蔗與糖用甜菜 P111 所做成。製糖專家宣稱，我們嚐不出兩者的味道究竟有何不同。奇妙的是，甜菜從很久以前就用來促進愛情。

不論是從甘蔗還是甜菜提煉，兩種糖的效果都相同，但蔗糖優雅帶穗的莖背後，有一段更長遠的魔法歷史。

＝〔巧克力〕＝
（可可〔*Theobroma cacao*〕的產物）

▶ **行星屬性**：火星

▶ **元素屬性**：火

▶ **能量**：愛、金錢

▶ **說明**：啊！巧克力——黑色、香甜、濃郁。巧克力起司蛋糕、巧克力牛奶、熱巧克力聖代、灑滿巧克力的草莓、覆有巧克力糖霜的巧克力雙層蛋糕、巧克力冰淇淋、松露巧克力。這些料理奇蹟都來自於一種恰當地命名為「Theobroma」的植物，這個詞的意思是「**神明的食物**」。

可可樹可能是南美洲的原生種，公元六百年以前由馬雅人帶到今日的墨西哥，由阿茲特克人與托爾特克人廣泛種植可可樹。

多個世紀前的阿茲特克人，已在享用今日巧克力牛奶的前身。當時就和今日一樣，人們花幾天時間將可可豆發酵曬乾，直到豆子發出巧克力的特有色澤與味道，接著他們將豆子磨碎，與香草、辣椒及其他調味料一起放進水中。最後加入胭脂樹紅使其變成紅色，再以特製的木製工具攪打，還缺了什麼呢？糖，當時阿茲特克人還不知道有糖這樣東西，也沒有牛奶。

這種飲品似乎只有上層階級的男性在喝，因為只有他們負擔得起；女性可能禁喝這種飲料，因為謠傳它會刺激性慾。

美索不達米亞各族群十分推崇可可豆（英文中的「cocoa」其實是拉丁詞「cacao」的訛用），他們**將可可豆當成金錢使用**。

可可豆在當時是可接受的交換媒介，從食物到奴隸，一切交易都能以可可豆進行。

對墨西哥瓦哈卡（Oaxaca）的馬薩特克人而言，可可豆代表財富。薩滿在施療癒魔法前，會先將幾顆可可豆、一顆蛋、一些柯巴脂（一種樹脂香料）、鸚鵡羽毛包進一條黑布中，再把這包東西埋在屋外，可能是要獻給賜予他療癒力量的神明。

可可豆一引進歐洲，巧克力飲品的配方就改變了。西班牙人將糖加入可可中，從此這種飲料便風行於貴族階級之間。**十七世紀晚期，巧克力在西歐變成熱門飲料**，不久神職人員便試圖遏止這種「罪惡的」飲料，將巧克力與其創造者阿茲特克人的「巫術」進行連結，所幸最後功虧一簣。

十九世紀，第一片硬式巧克力面世。這種「食用巧克力」濃郁、實心且美味，是今日我們所知的甜巧克力前身。

巧克力是以可可（乾燥後磨成粉）、可可脂（從籽加工取出油脂，再加入可可中）、糖（抵銷苦味）與其他幾種原料製成，視其目標用途與生產國家而定，而牛奶、香草、鹽、堅果是其他主要原料。

關於巧克力棒的誕生，其實要到一九一〇年左右才正式推出。二戰期間，好時（Hershey's）將數百萬條巧克力棒包裝成軍用應急口糧，這種人人熟悉的褐色巧克力棒讓士兵與水手們思念家鄉，支撐著他們以度過綿長的戰爭。

今日，世界各地的人都認識並熱愛著巧克力，我們都知道何謂「巧克力人」（chocoholics），他們一天不吃自己最愛的甜食似乎就活不下去。近年來，精神科醫師認為許多人大量食用巧克力是為了從

情感創傷的效應中獲得療癒，尤其是女性，這是因為巧克力含有苯乙胺，該物質能幫助我們走出沮喪，產生類似安非他命的效果——這也是為什麼失眠的人絕不應該在夜裡吃巧克力。

▶ **魔法用途**：總結巧克力的歷史、魔法、情緒、科學相關資訊時，就能清楚得知它在魔法飲食中所扮演的角色。任何形式的巧克力料理都能***加強我們接受與給予愛的能力***，巧克力也很適合用來***招財***與***求興旺***。請一面觀想一面食用這種功能強大的美食。

料理時，請進行一點觀想；拿勺子取用或切片時也要觀想；食用時也是一樣。請將你每日攝取的巧克力量限制在最佳魔法效果所需要的量。

今日，巧克力可是牽涉幾十億美元的生意：雜誌與書籍都有這個主題的完整介紹；可可期貨在商品市場上炙手可熱；我們被歌頌巧克力絕妙滋味的廣告淹沒；市面上除了有巧克力味的鉛筆、橡皮擦，甚至也找得到巧克力味香水。

我們的許多同儕認為巧克力是一種令人耽溺的嗜好，以基督教的術語來說，甚至是一種罪惡。對食物魔法師而言，巧克力不過是用來改善人生的諸多工具之一，它確實令人垂涎三尺，但僅是數百種美食中的一種。

有些人不吃巧克力，但上述文字不是為了說服他們開始食用這些神明的食物。

然而，如果你喜歡巧克力，當你明白你吃下的每一口美味都是多種能量的匯集、每一片巧克力蛋糕都是有效的個人魔法儀式夥伴時，那不是相當令人愉悅嗎？

=〔 角豆 〕=
(Ceratonia siliqua)

▶ **行星屬性**：金星

▶ **元素屬性**：水

▶ **能量**：愛、金錢

▶ **說明**：角豆是巧克力的替代品，它贏得許多健康食品愛好者的歡心並不是什麼新鮮事。古埃及人用角豆的豆莢做一種甜啤酒，而大小出奇統一的角豆籽，據說曾是重量的標準單位，**珠寶商的「克拉」**（如一克拉鑽石）**可能就是源自一個角豆籽的重量**。歐美民間魔法過去也用角豆（又稱聖約翰麵包）來招財並守護健康。

▶ **魔法用途**：角豆嚐起來不太像巧克力 P203，雖然磨碎的去籽豆莢做成各種料理後，外觀很像巧克力，但一嚐就知道味道截然不同。然而，角豆比巧克力有營養得多，脂肪較少，也不含咖啡因。

喜歡角豆強烈甜味的人，可以用角豆做求桃花的料理。請一面適切觀想，一面享用角豆風味的美食。

順帶一提，吃角豆也可以吸引更多財源。健康食品店有角豆粉及許多角豆風味的食物。

=〔 楓糖漿 〕=
(Acer saccharum)

▶ **行星屬性**：木星

▶ 元素屬性：土

▶ 能量：金錢、愛

▶ 說明：楓樹是歐洲及美國的原生種，但歐洲人不曾採用甜甜的樹汁或將之做成甜味劑。

但在美國這裡就不同了，早在哥倫布抵達美洲海岸之前，許多印第安原住民族，包括歐吉布威族（Ojibway）、易洛魁族、亞岡昆族（Algonquin）等，就有楓樹及其甜樹汁的相關神話。缺乏蜂蜜的美洲原住民使用的是**楓糖**，不產楓樹的地區則以**楓樹的果汁**來增加食物的甜味。十八世紀的移民會將楓糖漿當成**藥品**使用，特別是用來治療感冒與風濕。楓糖漿的愛好者——湯瑪斯‧傑佛遜（Thomas Jefferson）總統熱愛楓糖漿到種植了一整片楓樹林、只使用楓糖漿而不使用其他甜味劑的程度。

▶ 魔法用途：楓糖漿與楓糖如今已經比糖還要貴——兩百年前，糖要昂貴得多。今日在美國與加拿大，楓糖漿仍大多是手工生產。

楓糖漿與楓糖是招財料理中很好用的甜味劑。在加入楓糖漿或放進早餐麥片之前，可以先倒在乾淨的地方並畫出金錢符號 P414，同時進行觀想，再拿抹刀抹在你的美食上享用。

楓糖與楓糖漿也是刺激愛苗滋長的強力食物。

今日市面上有多種「楓糖」漿販售，但大多僅含有不到百分之十的楓糖漿，而且都加了人工防腐劑。要施展真正的楓糖魔法，你需要**百分之百貨真價實**的純楓糖漿。這類楓糖漿主要裝成小瓶販售，價格不斐；你也可以使用楓糖（健康食品店找得到）。

Chapter

14

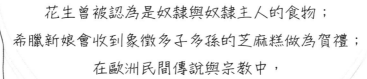

樹的禮物：
堅果與其他

花生曾被認為是奴隸與奴隸主人的食物；

希臘新娘會收到象徵多子多孫的芝麻糕做為賀禮；

在歐洲民間傳說與宗教中，

榛樹被視為防範閃電、破壞力強的風暴、

火焰等的守護者。

過去我不喜歡堅果。對還是年輕小伙子的我來說，堅果又乾又硬，不好入口，包裝也很難拆。最後我才意會到，除了核桃（現在我仍然不喜歡）原來還有其他不同的堅果，而單是打破殼取出堅果的過程也可以很有趣。

本章標題中的「其他」是指常被誤認為是堅果的食物，例如巴西堅果。另外，至少還有一樣東西也有堅果風味，那就是芝麻，雖然它其實是種籽。

奇妙的是，現代人談到瘋狂的俚語用詞正是「nuts」（「堅果」的英文），比方說：「那個政客真是瘋了。」（That politician's gone nuts.）不過，過去人們認為這類咬下就發出嘎吱聲的食物帶來的是智慧，而非心智錯亂——話說回來，智慧與瘋狂往往是一種主觀判定。

無論如何，**堅果是樹木的禮物，樹木是地球上最大的植物生命形式**。以往人們將樹木當成神明敬拜，或者認為其中居住著神聖的存在與靈體；堅果是這類樹木的果實，所以也是神聖、具有魔力的。

一般而言，人們認為每種堅果都有助於提升生育力——生兒育女的能力。帶心型堅果在身上有促進愛情的效果，吃到雙仁堅果（一個殼裡有兩顆果仁的罕見堅果）據信是最幸運的。今日我們正重新發現堅果在飲食中的重要性，以下是我們應該多吃堅果的部分原因！

＝〔 杏仁 〕＝
（*Prunus dulcis*）

▶ 行星屬性：水星

▶ 元素屬性：風

▶ 能量：金錢、療癒

▶ 說明：過去人們相信，飲酒前吃五顆杏仁能預防酒醉，那可能有效——如果杏仁的味道令你改變心意不貪杯的話。

在過去稱為波斯的地方（今日的伊朗），杏仁是用來治療失眠、刺激哺乳的母親分泌乳汁、舒緩頭痛、防範邪眼 P416 的。

今日，糖衣杏仁是義大利人在婚宴上給賓客的禮物。

▶ **魔法用途**：生吃杏仁或食用烤過的杏仁或其他杏仁料理，能為你帶來錢財，你也可以為了促進健康、加速身體的療癒過程而多吃這類可口堅果。記得食用時要觀想！

食用阿拉伯人發明的杏仁糖（marzipan）也有上述功效。

＝〔 巴西堅果 〕＝

（*Bertholletia excelsa*）

▶ **行星屬性**：金星

▶ **元素屬性**：土

▶ **能量**：愛、金錢

▶ **魔法用途**：嚴格來說應該是水果的巴西堅果，是招桃花料理中的一項美味。請在香蕉麵包中加入巴西堅果碎粒，做成強而有力的愛情麵包。

巴西「堅果」也可以用來增加錢財，促進興旺。

要做到這點，請一面觀想，一面在「堅果」上畫一顆小型的五角星 P413 後食用。

＝〔 腰果 〕＝

（*Anacardium occidentale*）

▶ **行星屬性**：太陽

▶ **元素屬性**：火

▶ 能量：金錢

▶ 魔法用途：這類堅果食用以後可以增加你的收入，以腰果做成的可口耶魯節餅乾是這類用途的理想食物，中國料理「腰果雞」亦然。另外，也可以直接從袋子裡拿出來吃。

＝〔 栗子 〕＝
（*Castanea* spp.）

▶ 行星屬性：太陽

▶ 元素屬性：風

▶ 能量：愛、意識心智

▶ 說明：歐洲人曾一度在十一月一日薩溫節 P069 的晚餐過後留栗子在桌上，以滋養逝者可憐的靈魂。

▶ 魔法用途：在爵士樂手納京高（Nat King Cole）的經典歌曲中變得不朽的烤栗子，是招桃花的絕佳食物。

雖然可能令你厭煩，但請務必記得食用時要觀想，而吃栗子也有加強意識心智的功效。

＝〔 椰子 〕＝
（*Cocos nucifera*）

▶ 行星屬性：月亮

▶ 元素屬性：水

▶ 能量：靈性、靈知、淨化

▶ 說明：**椰子樹是世上最有用的樹木之一**，其果實、果殼、花莖、葉子、樹身等足足可以做出數百樣產品。椰子樹主要生長在世界各地的熱帶地區，可能是從至今仍不詳的起源地，經由洋流與人類移居而散布。

椰子在古代夏威夷是獻給農神卡內等神明的供品，人們也尊崇椰子林是與神明有關的靈性地點。另外，在太平洋地區，月之女神希娜（Hina）與第一棵椰子樹的創造有關。

▶ 魔法用途：這種白色圓形果實自然而然地擁有月亮的象徵及其一切涵義——溼潤、愛、靈性。

請在用來促進靈知的儀式開始前或進行期間生吃椰子，椰子也是一種很好的靈知食物，如果一面吃一面進行適切的觀想，對內在淨化也很有效。

在廚房擺幾顆完整的椰子，可以增加力量。若要用在魔法與烹飪中，**以新鮮椰子最佳**，但必要時也可以使用切片包裝的椰子。

＝〔 榛果 〕＝
（*Corylus* spp.）

▶ 行星屬性：太陽

▶ 元素屬性：風

▶ 能量：智慧、意識心智、生育力

▶ 說明：榛樹及其圓形可口的榛果，在歐洲民間傳說與宗教中扮演著

重要角色。榛樹與天上的神祇有關，人們認為是防範閃電、破壞力強的風暴、火焰等的守護者。過去人們會將榛果放進小袋子，在婚禮當天送給新娘。

▶ **魔法用途**：吃下榛果據說能獲得智慧。智慧不僅是知識的累積，更是正確吸收與運用資訊的能力，而榛果能刺激意識心智，使我們離智慧更近一步。

這種堅果是生育力的古老象徵，所以如果你有這方面的問題，可以一面觀想一面食用。

＝〔 澳洲堅果 〕＝
（臺灣又稱夏威夷豆，*Macadamia* spp.）

▶ **行星屬性**：木星

▶ **元素屬性**：土

▶ **能量**：金錢

▶ **說明**：澳洲堅果的相關古代知識很少，它是澳洲原生種，但過去五十年（原書初版於一九九〇年，二〇〇三年發行第三版）來在美國變得十分受歡迎，其中又以生長在夏威夷大島的作物最佳。

▶ **魔法用途**：營養學家將澳洲堅果描述為「營養最豐富的堅果」。雖然卡路里偏高，但澳洲堅果的滋味無與倫比。

食用澳洲堅果——生吃、做成酥糖或放入派 P103 中——可以為你進財，不過，也請你要有心理準備——因為這些黃褐色的點心可不便宜啊。

= 〔 花生 〕=
(*Arachea hypogaea*)

▶ 行星屬性：木星

▶ 元素屬性：土

▶ 能量：金錢

▶ 說明：花生有一段古老的歷史，它是南美洲的原生植物，阿茲特克人與馬雅人皆廣泛種植花生。西班牙人與葡萄牙人征服墨西哥後不久，便將花生引進西班牙、非洲、菲律賓、爪哇、中國、日本，不久花生就成為遍布世界各地的重要糧食作物。

過然而，過去在美國，人們瞧不起花生，認為它是奴隸與奴隸主人的食物。如果沒有非裔美國植物學家、政治家、化學家、教育者喬治·華盛頓·卡弗（George Washington Carver）孜孜不倦的努力，今日我們也許就享用不到花生三明治、花生冰淇淋和花生糖了。

▶ 魔法用途：這是非堅果的堅果，*花生其實是生長在地下的種籽。*
生花生或烤花生都是強而有力的招財食物，你可以一面觀想，一面食用任何形式的花生來求興旺。*花生醬加葡萄果醬三明治是招財食物的上選*，特別是以燕麥麵包 P085 來製作的會更佳。

= 〔 長山核桃 〕=
(*Carya illinoensis*)

▶ 行星屬性：水星

▶ **元素屬性**：風

▶ **能量**：金錢、受僱

▶ **魔法用途**：「pecan」（即長山核桃）這個詞是亞岡昆語。我始終欣賞長山核桃派的絕妙好滋味，我是在第二次造訪紐奧良時認識到長山核桃糕的神奇風味，自此之後便將它加入我的魔法食物名單。

上述的核桃派與核桃糕，加上核桃糖、核桃醬、核桃糖加奶油 P252 的冰淇淋 P255，或是任何以長山核桃製作的食物，都能當成招財食物食用，你也可以直接享用生核桃本身。

找工作時也可多吃長山核桃。

＝〔 松仁 〕＝
（*Pinus* spp.）

▶ **行星屬性**：火星

▶ **元素屬性**：風

▶ **能量**：金錢、體力、愛

▶ **說明**：松樹的種籽在許多美國印第安原住民族飲食中是重要的一部分，對他們而言，這種「堅果」是一大食物來源；松仁在地中海地區也廣為人知並被食用；對中國人來說，松仁象徵著友誼與堅定，而**松仁其實是去皮後的松樹種籽**。

▶ **魔法用途**：觀想並食用松仁可以招財。

你也可以像古羅馬人那般，為求體力而吃松仁。另外，松仁也可以用來促進各種形式的愛。

＝〔 開心果 〕＝
(Pistachia vera)

▶ **行星屬性**：水星

▶ **元素屬性**：風

▶ **能量**：愛

▶ **說明**：開心果是亞洲原生種，至少早在公元前七千年就有人開始食用了。我發現含開心果的加工食品如布丁等，都會奇特地加入綠色的人工色素，至於殼本身則往往染成紅色。

▶ **魔法用途**：多吃開心果可以促進愛情。

＝〔 芝麻 〕＝
(Sesamum indicum)

▶ **行星屬性**：太陽

▶ **元素屬性**：火

▶ **能量**：性、生育力、金錢、保護

▶ **說明**：埃及人自公元前兩百年或更早以前就認識芝麻了；希臘新娘會收到芝麻糕的賀禮，這是一種多子多孫的象徵；在古代雅典，這種種籽也與蛇的崇拜有關；在羅馬，芝麻是三岔路與月陰女神黑卡蒂（Hecate）的聖物。

古代巴比倫女性吃的一種哈爾瓦酥糖（halvah）是芝麻與蜂蜜做成的甜食，可以促進發展性關係的慾望，並加強她們的性吸引力。

一個不知來歷的儀式是這樣的：「男人不知你施邪術，將十一顆小麥加上芝麻、酒與黃花（非毒性）汁，每日飲用。」

▶ **魔法用途**：過去人們認為芝麻是所有植物中最多籽的植物。女性可以古巴比倫人為榜樣，吃芝麻來刺激情慾，芝麻同樣也能有效促進懷孕。

食用以芝麻調味的食物，或是在食物上灑一點芝麻再享用，可以招財。在適當的觀想下，這種種籽也有保護功效。

=〔 核桃 〕=

（*Juglans regia*）

▶ **行星屬性**：太陽

▶ **元素屬性**：火

▶ **能量**：意識心智、保護

▶ **說明**：核桃是北美洲、亞洲、歐洲的原生植物。古希臘人相信核桃是神明的食物；歐洲民間醫藥會拿核桃來治療腦部問題，主要是因為這種堅果的外型與大腦出奇相近。

我小的時候不喜歡這種堅果，如今依舊不欣賞，但有許多人喜歡。吃這種布滿皺褶的堅果可以增加智識能力，也可以做成促進保護的料理。

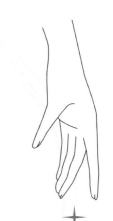

Chapter

15

力量加倍：
鹽與其他

日本人會撒鹽在住家門口趕走不受歡迎的客人、
民間魔法師會以水混合醋來淨化石英水晶、
喝燕窩湯據說能讓人回春並強身……

好吧，好吧。這些主題之間的共同點可能不多，但我實在找不到其他地方來談了。

＝〔 鹽 〕＝
（一種礦物，*sodium chloride*）

▶ 行星屬性：地球

▶ 元素屬性：土

▶ 能量：接地氣、停止靈知、保護

▶ 說明：在古代，需要經過三套程序才能產出鹽：挖掘乾涸已久的海床；從鹽泉取水，煮沸到僅餘礦物為止；在平坦的湖面或鹽田蒸發海水。最後一種方法如今仍在世界各地採用。事實上，距離我撰寫本書所在不到三十二公里的地方，莫頓鹽業公司（Morton Salt）正以這種方式製鹽，而世上許多海岸地區仍可看見從太平洋邊緣的火山岩闢成的鹽田。

過去鹽可說是最炙手可熱的一種物質。人類的飲食生活少不了鹽，因為人體無法自行製造鹽。

有一個理論認為，我們對鹽的倚賴是過去的遺跡；還有一個熱門理論是，所有人類都是從鹹鹹的海水中誕生的——雖然這個理論如今有一些爭議。

在過去，居住的地方遠離海洋或鹽礦床的人，必須滿足於天然的含鹽食物與肉。鹽商的貨物比金子珍貴，遭到攻擊是常有的事。

鹽在早期宗教中扮演著重要角色。有些古埃及祭司是不能吃鹽的，因為鹽與神明賽特有關。然而，其他教派會使用鹽。希臘史學家希羅多德記載，在某個伊西絲（Isis）的節慶活動中，人們會哀悼歐西里斯之死，並點燃混有油與鹽的燈。

雖然希臘人要到後來才將鹽當成祭品，但他們與羅馬人都將鹽獻給海神波賽頓（Poseidon）與涅普頓（Neptune）。古代蘇美人也在儀式中獻鹽給海洋女神提阿瑪特（Tiamat）。這些用法顯示他們承認鹽與海洋之間的關聯。

羅馬士兵的「薪金」是以鹽來支付，這種物質寶貴無比，所以賣鹽給敵人的人如果被抓到，會被處以死刑。

芬蘭天神烏戈（Ukko）據信是創造鹽的神明，他將天火射入海中，使原本的甜海水化為一片鹹水。

美洲新世界關於用鹽的記錄很少，但我們確實知道阿茲特克人敬拜女鹽神烏伊斯托希瓦托（Huixtocihuatl）。

鹽的神聖性持續到今日，有些阿拉伯婦女烹飪時會灑幾撮鹽到湯與燉菜四周，相信鹽會使盤旋於食物上的魔鬼盲目，有驅鬼之效。在現代伊朗，受驚的人會將一根手指插入鹽中，再拿出來放在舌頭上，以驅除恐懼。

日本人會撒鹽在住家門口以趕走不受歡迎的客人，有些餐廳老闆每天早上會在門口兩側各擺一小堆鹽，據信能使生意興旺。

灑鹽在英語世界是一種負面兆頭，不過這種迷信已經逐漸消失。

聖雄甘地（Mahatma Gandhi）是我們這個時代最偉大的導師之一，他在印度展開和平獨立運動時，曾經與諸多追隨者公開遊行到丹迪（Dandi），他在那裡製鹽——當時私人公民製鹽是非法的。

▶ 魔法用途：在魔法中，***如果你白日夢做得太久，可以將鹽加入接地氣型的料理中食用***，少量的鹽就足以使你從形而上的世界重新聚焦於物理世界。另外，***鹽能有效關閉靈知***，所以如果你正嘗試開啟靈知，請避開含鹽的食物。

請一面觀想，一面在促進保護與招財的料理中加入少許的鹽。在料理中放入過多的鹽會導致嚴重的身體問題，這種疾病或健康不佳會大幅削減靈力的保護，請適量食用！

＝〔 醋 〕＝

▶ **行星屬性**：土星

▶ **元素屬性**：火

▶ **能量**：淨化、保護

▶ **說明**：最早的醋是由酒「轉化」而成。依據現代的美國民俗說法，給人醋就相當於給人「好運」。

▶ **魔法用途**：我們是從醃菜與沙拉調味醬中認識這種氣味強烈的酸性液體，但醋在魔法料理中十分有用，**請只使用蘋果酒醋，不應使用白醋。**

民間魔法師會以水混合醋來淨化石英水晶，同樣的，你也可以滴幾滴醋到一杯水中或沙拉醬等食物裡來淨化身體、心智與情緒。

拿三個小而淺的容器裝滿醋，擺在房子四周，可以去除負能量，必要時請倒掉醋重裝。

醋也具有保護力。若想做出具有強力保護功效的料理，請將生洋蔥 P124 切片放入碗中，接著添加等量的醋與水淹過洋蔥片，然後加蓋靜置在陰涼的地方二十四小時。

請將洋蔥片當成加強活力與保護的食物享用。

＝〔 湯 〕＝

一般而言，湯是由月亮及水元素主宰，以下是兩種著名湯品及其魔法資訊。

燕窩湯

西方人大多聽過這道中國珍饈，由於生燕窩愈來愈不易採集，所以價格是一公斤兩千兩百美元左右。在中國、馬來西亞、泰國、印尼、越南，某種燕子會將巢築在人類幾乎碰不到的懸崖。然而，需求永遠超過供給，因為亞洲各地都有人喜愛來一碗燕窩湯。

這種誘人珍饈的材料並不是用我所認為的大小樹枝做成的，而是由燕子用來築巢後乾掉變硬的唾液所製成。清洗掉雜質之後，就會變成一團白色海綿般的物質。

你可以單純因為喜歡而喝燕窩湯（這一碗要價三十五美元的湯裡，往往還會加入螃蟹、蝦、火腿等食材來增加風味），不過，通常喝這種湯是有魔法目的的。

據信喝燕窩湯能讓人回春並強身，使女性皮膚光滑無暇，有效去除各種斑點；人們在大考前會喝燕窩湯來確保過關；經常喝燕窩湯據信能強身，也有強力的催情效果。

我們之中喝過燕窩湯的人不多，但我必須將這種迷人的食物納入書中。

雞湯

古代印度河流域的哈拉帕（Harappa）可能是最早馴養野雞的地區，最後這種野生鳥類變成家禽，世界各地皆有人飼養。

不得不說，常見的**冷雞湯**是我們最愛的一種療方，科學實驗也證明其具有某些益處。喝熱雞湯能清竇解塞，據信最終能殺死造成感冒的病毒。

在赤道非洲的國家查德，人們會警告孕婦不要吃雞，如果吃了就會難產，孩子本身甚至可能變成畸形。

在現代埃及，人們的說法恰恰相反：孕婦吃雞能為分娩過程提供更多所需的精力；埃及男性也喝雞湯一振雄風——快要結婚的男性會在婚禮前幾天喝下好幾侖的雞湯，新婚之夜才不會欲振乏力。

=〔 麵條 〕=

前文已提過日本人招財吃的蕎麥麵 P080。麵條幾乎確實是源自中國古代，後來傳入印度、中東，最後來到歐洲。有些人宣稱義大利的麵條菜餚人發明了麵條，但這種說法很可疑。奇特的是，許多義大利與中國的有些相近，人們普遍相信義大利麵是馬可波羅從遠東凱旋而歸時帶回義大利的，雖然我不太相信這種說法。

麵條是中國與日本各地的主食。在日本鄉下，每個鎮都有麵店，店家會將竹子穿洞，把河水直接引入店裡，農人們就聚集在店裡吃熱呼呼的營養麵條。

在中國，麵條是長壽的象徵，他們在特別的場合吃麵條，例如週年與生日，**以求順遂與「好運」**。我的朋友迪崔西‧雷古拉說，**在中國新年當天吃長麵條，能為來年帶來好運中的好運。**

吃出性福：各類水產

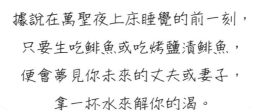

據說在萬聖夜上床睡覺的前一刻，
只要生吃鯡魚或吃烤鹽漬鯡魚，
便會夢見你未來的丈夫或妻子，
拿一杯水來解你的渴。

對於居住在靠近遼闊海面的人來說，海洋永遠是他們敬拜的對象。神明乘浪或在水下，住在人眼看不見的遠處。最晚到十七世紀，人們仍相信有非人間的怪物住在海底深處，早期的地圖也會在一片廣袤的海面上標示這是「怪物之所在」。

今日，來自海洋的食物就和過去一樣，持續餵養著數以百萬計的人口。

雖然我們可能覺得有許多海洋食物的種類令人反胃——例如南太

平洋人視為佳餚的海腸（sea worm，單環刺螠，韓劇《來自星星的你》裡的千頌伊就很喜歡吃），但數千年來，人類食用的魚類不勝枚舉。

＝〔 魚 〕＝

▶ **說明**：埃及拉神據說是在魚的指引下進入冥界。可想而知，古埃及人會吃這種特別的魚來治療眼盲。埃及人將魚當成伊西絲、阿蒙、阿頓、拉神、阿蒙・拉、庫努牡（Khnum）、哈比及許多其他神明的供品，而侍奉歐西里斯的祭司不吃某些魚類，因為牠們有神話的淵源。在埃及墳墓與廟宇中發現的魚木乃伊數以千計。

魚在古巴比倫是伊絲塔的聖物，可能也是她的前身蘇美神明伊南娜的聖物。在亞述神話中，有一隻有鰭生物將一顆蛋從幼發拉底河推上岸，從中孵化出女神阿塔伽提絲（Atargatis）。這個神聖事蹟使得所有魚類都獲得敬拜，免於成為盤中飧。

在希臘與羅馬，魚是波賽頓與涅普頓等海神的聖物，也是維納斯及其他神祇的聖物——但人人都吃魚。

古夏威夷人從一些神明與在島嶼四周游動翻騰的驚人魚類之中看出了相近點：卡內與佩蕾（Pele）都與鰕虎（一種淡水魚）有關，而吃掉對該家族的特定神明而言是聖物的魚則是有害的。夏威夷神話中有諸多「魚的故事」，以下是其中之一——

一名來自摩洛凱島的男子抓到某種鰕虎，他將魚綁在葉子裡，然後生火烤魚。孰料那隻魚竟突然開口說話（因為他不該吃那條魚），可憐的男子大驚失色地逃走。

魚鉤曾是最重要的捕魚工具，在夏威夷也是好運的象徵，今日夏威夷人仍會將魚鉤帶在身上。一部以Omnimax/Imaxru技術所發行的電影《夏威夷之外》（Beyond Hawaii）聚焦於一個魚鉤如何帶領一名夏威夷年輕人踏上認識族人過往的旅程。在夏威夷的夜空下，天蠍座被認為是茂宜人（Maui）的魚鉤。

在中國，人們認為魚是從鳥轉化而來（例如鰼鰼魚、文鰩魚），鳥是魚的變形（例如《莊子・逍遙遊》：「北冥有魚，其名曰鯤……化而為鳥，其名為鵬。」），而魚是自由、和諧、解放的象徵。人們也會給新人兩隻魚，相信這種有鰭生物能***使他們性事圓滿***。

魚之所以神聖，似乎是因為牠能優遊自得地生活在其環境中，不但有豐富多產的產卵能力，而且早期我們曾仰賴魚為主食。與愛有關的地中海女神通常也與水及海洋有關，這說明了為什麼魚在歐洲也用來求愛，並成為結婚儀式的一部分。

▶ **魔法用途**：魚在海裡、河裡、湖裡游來游去，水能神奇地加強靈知，魚也比肉更容易消化。綜合以上因素，可以發現魚對希望加強靈知的人來說是理想食材，水煮魚、燉魚、魚湯等在這類目的上特別有效。

由於***歷來都將魚與愛進行連結***，所以魚也是拓展給予及接收愛的能力的絕佳食物。

人們也認為魚子醬加上魚是催情劑，如果對性活動的興趣是問題所在，請一面觀想一面吃魚。

本節最後要提到一個維多利亞時期的民俗儀式，這個儀式似乎在一百年前的英國廣受歡迎：在萬聖夜上床睡覺的前一刻生吃鯡魚或

吃烤鹽漬鯡魚，不搭配任何飲料，甚至也不要刷牙，吃完後就去睡覺，睡著後你會作夢。在夢裡，未來將成為你的丈夫或妻子的人會來到你面前，拿一杯水解你的渴。對許多維多利亞時期的年輕人而言，這類儀式誘人地提供了對未來的一瞥。

=〔 螃蟹 〕=

▶ **說明**：人們對這些長相奇特的生物始終有種疑慮，也有點敬畏。蟹殼與螃蟹不尋常的行走姿態很引人矚目，我曾讀到某些南太平洋的環礁會定期布滿螃蟹，令人不寒而慄。這種奇怪的生物會從島的一端走到另一端，路上不管碰到什麼，一律爬越過去。

對日本人而言，螃蟹很神奇。日本住家經常將乾螃蟹殼釘在門口，但不是為了裝飾，而是為了驅邪，保護屋裡的人健康不生病。

有種名為平家蟹的螃蟹特別受人崇敬，其蟹殼上的特殊花紋大略近似人臉輪廓。日本人相信，這類螃蟹是內海壇浦之戰中戰敗溺死的戰士化身。

▶ **魔法用途**：螃蟹是另一種據說具有催情效果的食材。

=〔 貝類 〕=

▶ **說明**：我們都聽過南太平洋一種巨大蛤蜊「諾亞硨磲蛤」的故事。有一個人潛水時，不小心將腿伸入這種蛤的巨殼中，牠一閉上殼，那名潛水者便被那個凶猛危險的蛤蜊溺死在海裡。

當然，這不過是傳言，蛤蜊並不危險，手腳陷入牠們的「大口」是不可能的，把蛤蜊殼丟到你身上反而比較危險，但它所能造成的傷害不過爾爾。

在世界各地——南太平洋、南北美洲、中東、亞洲和其他地方——蚌殼都曾當成金錢使用，也用來裝飾及進行儀式。

在我心中，討論貝類的一本佳作是珍‧菲爾‧塞弗（Jane Fearer Safer）、弗朗西絲‧麥勞夫林—吉爾（Frances McLaughlin-Gill）合著的《海洋中的螺旋：貝類的人類學研究》。

名為貝殼串珠的圓形硬殼蚌串珠，過去曾用來當成金錢與儀式交換的工具，美國東岸的印第安原住民也用來傳遞訊息。這類串珠深獲人們喜愛，十七世紀在英國與荷蘭的美國殖民地更成為一種合法的貨幣形式。

▶ **魔法用途**：如同所有海鮮，人類從很早以前就食用蛤蜊來刺激從事性活動的慾望。就這類目的而言，蛤蜊巧達濃湯可能較不易消化，其他形式的蛤蜊料理倒是無妨，而蛤蜊也可以當成靈知料理食用。

＝〔 壽司 〕＝

我承認自己從來沒有在壽司店用餐過，也沒吃過海膽；我從未花五十到一百美元在自己面前擺滿小而精製的一盤盤食物。但我研究過這個主題，許多朋友也逐漸認識了日本這種奇妙的獨特餐點形式。

雖然壽司很複雜，不過通常包括海鮮、海菜、米飯及一些新鮮蔬菜，這些食材使壽司成為靈知料理中的絕佳一員（可惜的是，我聽說

在日本，做壽司的最新材料是酪梨……還有史巴姆午餐肉〔Spam，史巴姆午餐肉是一種罐頭裝的壓縮肉糜，也是二戰時美國大兵的惡夢，它被視為人類史上最悠久的垃圾食物〕）。

在日本壽司店經常看見的一種廣受喜愛的食物，在美國卻被禁已久。近年開放後，已允許一群日本廚師從其島國飛來美國，並帶來那種珍貴的食材：河豚。河豚每年在日本造成多人死亡，河豚料理看起來卻很無害——魚肉片切得很薄，幾乎透明。

然而，製作這種壽司的河豚肉是有毒的。只有經驗最老道的壽司師傅才懂得如何處理河豚，有效去除有毒的部位。儘管如此，這種魚下肚後據說還是會令人感到輕微的麻木，如果處理不當，可能會令你送命。在日本，河豚是壽司店最昂貴的食材之一，也是最危險的。因此，即使我光顧壽司店，可能也不會請師傅做河豚壽司給我吃。

請慎用：
酒精性飲料

夢到喝小麥釀成的啤酒是喜事的預兆，
夢到喝大麥啤酒意味著延年益壽，
過去的宗教儀式接受人狂飲啤酒，
如今人們已不再認為酩酊大醉有任何神聖之處……

最早的酒精性飲料可能（但並非百分之百確定）是至少一萬年前從蜂蜜中產生的，它是意外發明的結果。蜂蜜加水擺得太久，便開始起泡；葡萄汁擺太久會腐壞；留在葫蘆裡一天的椰子汁會變多；麵團擺太久似乎也會變得生機蓬勃。

公元前三千年，酒精性飲料對美索不達米亞人而言無比重要。啤酒（葡萄酒後來才出現）對飲用者會產生不容否認的效果，是一種不僅日常飲用、同時也會用在儀式中的神聖液體。

在中東，葡萄酒很快就普及開來，清酒則出現於亞洲。發酵的祕密對做麵包而言是必要一環，在古代也普遍用來製作酒精性飲料。

讀到本章時，請謹記以下這點：***所有社會都允許至少一、兩種能改變意識的物質***。西伯利亞人有毒蠅傘；早期美索不達米亞人食用一種同樣有效的不同蘑菇（*Psilocybe* spp.）；有一種鼠尾草（*Saliva divinorum*）也有這類效用；許多美國印第安部族會在儀式中食用曼陀羅花；南美各地的人在儀式中食用死藤水（*Banisteriopsis caapi*）等致幻性植物；發酵飲料廣受非洲許多地區歡迎；玻里尼西亞人食用卡瓦醉椒（*Piper methysticum*）；如我們所見，早期歐洲人則是喝啤酒、麥酒與葡萄酒。

雖然歷來始終有人濫用改變意識的物質，但過去這類藥物往往僅用於**特定的宗教與魔法儀式**，不是純為了娛樂而使用。

在美國，酒精是這類物質中唯一可被合法接受的藥物。巧克力、糖、咖啡、茶、菸草也可歸入藥物類，不過通常不與酒精相提並論。話說回來，不論是醫師指定還是街頭販賣，許多化學或植物性來源之能夠改變心智的「藥物」，都不如酒精對我們的社會所造成的傷害來得大。

截然不同於早期，現代西方的玄祕與魔法組織大多禁止在儀式前使用任何形式的麻醉劑，包括酒類。許多人在其後的慶祝活動中確實會飲酒，但儀式可不是喝酒或吸毒的藉口。

再次提醒，**本章不應看成是在建議人們飲酒**。如果你有飲酒習慣，請適量攝取，讓其他人開車載你回家。如果你不喝酒，那麼請遠離此道。

本章將檢視一些重要酒精形式的宗教與魔法用途。

＝〔 啤酒 〕＝

▶ 行星屬性：火星

▶ 元素屬性：火

▶ 能量：淨化

▶ 說明：啤酒可能是新石器時代的人類刻意釀造出來的，而且幾乎可以肯定其發明人是**女性**，而女性也發明了同樣仰賴發酵過程的發酵麵包。

最早的美索不達米亞文明飲用並尊崇啤酒；王朝統治時代前的埃及人早在公元前五千年就已經享用這種飲料了；公元前兩千八百年的蘇美石板提到十九種不同的啤酒；第一間公開營業的啤酒屋或啤酒吧似乎是出現於公元前一九一三年的埃及。

後來，人們認為教導人類釀啤酒的是神明伊西絲，而酩酊女神哈索爾（Hathor）據信也是啤酒的發明者。在古埃及，酒醉是歡樂之源，這點可能也與**宗教的出神狀態**有關。

啤酒是埃及人生活中固有的一部分，甚至**在夢的解釋中**也有一席之地：夢到喝小麥釀成的啤酒是喜事的預兆，夢到喝大麥啤酒則意味著延年益壽。

除了做為食物、藥物、儀式供品，啤酒也會使用在魔法中。要避免擾人的夢境，可拿某些花草沾啤酒，接著一面念咒，一面塗抹作夢者的臉。

蘇美人、埃及人、巴比倫人以小麥及大麥釀啤酒，但他們偏好**大麥啤酒，這是古代最受人類與神明歡迎的飲料**——直到葡萄酒取代了它的地位。

▶ **魔法用途**：今日民俗魔法使用啤酒來淨化身心靈，只要將半杯啤酒倒入浴缸泡澡即可。

你也可以喝一點啤酒——淺酌就好，不要過量——從裡到外淨化自己，喝酒前請先以雙手捧著那杯酒觀想。

有些醫師會建議人飯後喝一杯啤酒或麥酒來促進消化，由於適當的消化是健康的基本要件，也因為少量啤酒對大多數人而言有益健康，所以我們可以將啤酒歸為一種健康飲食（這裡的少量不是指六罐裝，六盎司〔一百八十毫升〕倒是無妨）。

過去的宗教儀式接受人狂飲啤酒，然而，如今人們已不再認為酩酊大醉有任何意義上的神聖之處了。

＝〔 葡萄酒 〕＝

▶ **行星屬性**：太陽（紅酒）、月亮（白酒）

▶ **元素屬性**：火

▶ **能量**：祝賀

▶ **說明**：啤酒在古美索不達米亞是廣獲喜愛的飲料，但不久後，人們學會了將椰棗、芝麻籽和其他食物發酵後釀酒，葡萄酒因而從中面世。自此之後，不計其數的葡萄酒成為神明的供品。

最早的酒神是女性，她們潛伏在葡萄園中，將發酵葡萄的樂趣賜給

人類，而蘇美文化的葡萄藤女神潔絲汀（Gestin）便是早期的酒神之一。

證據顯示，公元前三千年左右，基什（Kish）這座城市是一位著名女酒商的家鄉，她的名字阿札鮑（Azag Bau）和一位女王同名，兩者很可能是同一人。一千年後，各間廟宇的女祭司仍會製造並販售葡萄酒。

公元前兩千年左右的烏加里特（Ugarit）居民敬拜女酒神帕嘉特（Pagat），她顯然協助了父親丹涅爾（Danel）種植葡萄，所以也製作葡萄酒。

葡萄酒在古美索不達米亞是最獲認可的供品，女神伊絲塔每天會獲得十二瓶葡萄酒做為供品，娜娜（Nana）會獲得十瓶，而阿努的供品是十八個金瓶裝的啤酒與葡萄酒。依據史載，尼布賈尼撒獻給馬爾杜克源源不絕的葡萄酒。以人類信徒為範本的神明據說享受飲酒，甚至樂於酩酊大醉。

到了西元前三千年，埃及人將歐西里斯與酒連結在一起。在他的諸多稱號中，有一個稱號是「酒池之王」，人們認為是歐西里斯教會了埃及人如何種植葡萄，而荷魯斯也與酒有關：紅酒代表荷魯斯的右眼，白酒則代表他的左眼。

在最早的埃及朝代中，葡萄酒僅限較高階級的人飲用。廟宇儀式也使用酒，祭司會種植葡萄並釀酒，至於一般人，顯然不喝這種神聖的液體，直到埃及長遠歷史中的晚期，大約公元前一千年左右，才開始飲用。

在公元前一千五百年左右的古埃及，人們釀酒時會召喚女蛇神列涅

努忒（Renenutet，意指「豐厚給予者」），在轉化葡萄為汁的榨酒廠裡或附近，樹立著列涅努忒的聖堂或小神像。

然而，葡萄酒愈來愈普及後，古埃及的富裕人家仍持續享用各式各樣的酒類，包括以椰棗釀成的酒，到了晚近的朝代也會飲用石榴釀成的酒。酒在這片土地上是受歡迎的供品，拉美西斯三世據說曾供奉十五萬兩千一百零三瓶酒給底比斯、赫利奧波里斯（Heliopolis）與孟菲斯（Memphis）的寺廟。法老陵墓的陪葬品中，也擺有滋養死者的各式酒類，希望他死後能繼續享用這些飲料。

古希臘人以葡萄酒為獻神祭酒，一般大眾也享用這種飲料。希臘人和其後的羅馬人一樣，喝酒時都會以水稀釋，以免酒醉妖精莫索恩（Mothon）糾纏不休（當然，他們忙著敬拜酒與酩酊之神迪奧尼西斯〔Dionysius〕時除外）。

酒在古克里特受歡迎的程度也不遑多讓。人們獻酒給克里特神明，包括波賽頓與迪奧尼西斯，後來這項敬拜的習俗也傳入希臘。

古羅馬對酒有一些奇特的觀念。羅馬建立初年，女性是不准飲酒的，任何人被逮到喝酒都有可能處以死刑。酒一直是受歡迎的祭酒，但僅獻給某些神明，其他神明禁止以酒祭拜。

羅馬人的葡萄酒在公元二世紀變得遠近馳名，遠銷高盧與英國，後兩者原本都僅有麥酒與蜂蜜酒，而在羅馬入侵英國之後，葡萄酒也成為廣獲接納的飲料。

羅馬酒以葡萄釀成，加入各種花草調味。玫瑰、紫羅蘭、沒藥、苦艾、胡椒，還有蜂蜜，都會加入酒中改變其風味。如果要進一步調味，釀酒的大桶會以迷迭香、桃金孃、月桂、沒藥燻過。

羅馬酒神利伯（Liber，或利伯‧佩特〔Liber Pater〕）從未形成廣大的信仰。巴克斯是羅馬版的迪奧尼西斯，但和利伯一樣，他也從未登上迪奧尼西斯那座爬滿葡萄藤的寶座。

酒持續扮演著重要的宗教角色。最值得一提的是，天主教在其最神聖的儀式中也使用酒，酒在過程中會神奇地轉化為耶穌的血。

葡萄酒也是現代威卡儀式餐點的一部分。在那個儀式中，參與者會共同享用葡萄酒與新月形蛋糕，兩者代表著大母神與上帝的恩澤，這場儀式（有時會稱為「蛋糕與酒」儀式）會將先前揚起的力量「歸土」，而這類儀式飲食可上溯至前基督教時代。

▶ 魔法用途：大體而言，***白酒與月亮有關，紅酒與太陽有關***。葡萄酒是讓身體放鬆的妙方，一天喝一杯酒對健康良好的人不會造成任何傷害。

請不要在進行任何魔法儀式之前飲酒，太多酒精會使你的反射動作變緩、大腦變鈍，酒精會使魔法儀式失敗。

在各式各樣的魔法儀式與宗教慶典***結束之後***飲酒慶祝，才是酒的最佳用途。

＝〔 其他酒精性飲料 〕＝

▶ 苦艾酒：這種危險的飲料一度很受歡迎，後來人們才發現，喝這種酒（主要的風味來自苦艾〔*Artemesia absinthium*〕及其他植物）***會對身體與神經系統造成永久性傷害***，大腦皮質所受的傷害在大量飲用苦艾酒的人身上顯然很常見。苦艾酒自一九一五年起就被美國及幾個歐洲國

家禁售，但有些人仍會把苦艾酒當成催情劑喝。這種酒太危險了，最好不要考慮飲用。

▶ 茴香酒：有時會為了淨化而飲用。

▶ 杏桃白蘭地：有時會為了刺激對性活動的慾望而飲用。

▶ 黑莓白蘭地：求財與刺激性慾時可飲用。

▶ 白蘭地：現代的馬薩特克薩滿會在儀式中將白蘭地獻給「精靈」。白蘭地在文藝復興時期也是魔法薰香的原料。

▶ 蕁麻酒：由於這種綠色飲料含有羅勒，所以有時也做為催情劑。

▶ 干邑白蘭地：據說這種酒能招來愛情——所有其他酒精性飲料也是如此。干邑白蘭地的效果和其他酒類一樣好，但這裡的「愛情」應該解讀成「慾望」。

▶ 可可香甜酒：有時求桃花與求財時可以喝。

▶ 薄荷甜酒：一種淨化性質的飲料。

▶ 琴酒：一種獻給火山女神佩蕾的現代常見供品，佩蕾住在夏威夷大島的哈雷茂茂（Halemaumau）。以往獻供品的方式是將花卉、水果、有時還有動物丟入火山口——但不會丟入活生生的人，現代則是供奉琴酒。佩蕾取人性命的方式是送出岩漿、煙灰來吞沒人。

▶ 櫻桃酒：這種以櫻桃調味的酒有時會為求愛情而飲用。

▶ 欽美酒：這種德國酒經常是在大餐之後上桌，並以葛縷子調味；在適切的觀想下，你可以喝少量的欽美酒來求健康與保護。

▶ 蜂蜜酒：今日依然喝得到蜂蜜酒，它可以做為一種愛情飲食，或是在儀式結束後的慶祝活動中與他人一起享用。

▶ 梅斯卡爾酒：這種強而有力的酒精性飲料是從「世紀植物」龍舌蘭

的汁液發酵釀成，真正的瓶裝梅斯卡爾酒是含有龍舌蘭蟲的，將蟲吃下肚據說有致幻效果。有些墨西哥人說，梅斯卡爾酒本身就是一種催情劑。

▶ **橙皮庫拉索酒**：求愛情、淨化時飲用。

▶ **保樂茴香酒**：求淨化時可少量飲用。

▶ **普逵酒**：普逵酒在前征服時期的墨西哥是一種受崇敬的酒。瑪雅瓦爾是普逵酒女神，她曾是人類，但神明接納她為上天的一分子。人們認為她是酪酊的製造者，也是生命的終結者。普逵酒可能是用來鼓勵即將上戰場的戰士，最早可能是由托爾特克人在公元一千年左右釀造出來的。這種飲料是阿茲特克人、托爾特克人和其他美索不達米亞種族用來敬拜神明的供品，也是婚喪喜慶的理想飲料，據說也有醫療效用。

▶ **蘭姆酒**：蘭姆酒在現代巫毒儀式中主要用來促進保護、增強性慾。在約魯巴與桑特里亞（Santeria）等非洲拉丁宗教中，這是獻給奧里莎諸神（Orishas，有多位）的供品，而墨西哥薩滿也拿蘭姆酒來淨化石英水晶。

▶ **清酒**：從米發酵而成（理論上屬於啤酒）的清酒，本來在日本是獻給神明與祖靈的供品，後來敬拜者會喝掉神明未飲用的酒，清酒在今日的日本社會仍然扮演著重要角色。婚禮以喝清酒為高潮，神明與敬祖的祭壇也會供奉一瓶瓶清酒，新年尤其如此。

▶ **女巫番紅花酒**：這種義大利酒的標籤上有女巫的相片，這是一種強力的淨化飲料（當然，要適量飲用），據說最初是由義大利女巫製作出來的。

▶ 龍舌蘭：可用來促進性慾，米斯特克人（Mixtecs）將龍舌蘭當成獻神供品。另外，龍舌蘭與梅斯卡爾酒其實是以不同種類的龍舌蘭釀造而成。

▶ 威士忌：過去美國的民間醫藥廣泛使用威士忌，而在現代美國魔法中，威士忌也扮演著某種角色。人們會將一片洋菜（一種海草）放進威士忌中浸泡，以招引「善靈」。傘菌也會拿來泡入威士忌，再拿它的柄來摩擦被下咒者的身體。

後記

我覺得有必要重申這點：請別讓本章驅使你去飲酒。如果你要飲酒，請適量飲用，並讓別人來開車。如果你不喝酒，就不要養成這個習慣！

喝醉無法使你獲得任何力量或智慧，酒精並不會開啟靈力或魔法成長之門——事實上，反而會關閉那扇門，任何會掌控我們身心的物質——如酒精——對魔法實踐皆是有害無益。

本章是基於歷史興趣呈現這些資訊，其中的多數酒類，我這輩子從未沾口，也沒有打算破戒！

Chapter

18

刺激心志：
茶與咖啡

十七世紀時，
英國神職人員譴責飲茶的習俗，
因為他們認為——
茶會使人失去德行?!

茶與咖啡是世上最受歡迎的飲料，茶樹與咖啡樹在諸多廣大地點種植，這些飲料對現代社會有著極其顯著的影響。

= 〔 茶 〕 =
（*Thea sinensis*）

▶ 行星屬性：火星

▶ **元素屬性**：火

▶ **能量**：意識心智、金錢、勇氣

▶ **說明**：茶樹可能是北印度的原生種，在公元五百年之前傳入中國，當時茶在中國已是行之有年的交易商品。十世紀的人認為茶是理想飲品，**綠茶一度有「玉液」之稱**。

在今日的中國，一些種茶人依舊敬拜在公元八〇四年過世之前寫下《茶經》的陸羽，而喝茶的藝術在十三、十四世紀傳入日本。

與茶有關的傳說與神話甚多，其中一個是關於一位禪師，他希望能專注冥思，卻受睡意糾纏，因此他撕下自己的眼皮，而掉到地上的眼皮就化為第一棵茶樹。

茶還被認為是佛陀的聖物。

茶傳入英國的時間甚早，**十七世紀已有英國神職人員譴責飲茶的習俗。** 為什麼他們會將這種無辜的飲料與邪惡進行連結呢？因為他們覺得茶會導致人失去德行，而且有害健康。一如既往，這些宗教熱心人士的影響力不彰，茶在英國仍然是最受歡迎的非酒精性飲料，不過咖啡正逐漸佔上風。

至少自十七世紀開始，茶葉占卜在英國與其他地區就頗受歡迎，至今仍然是一種令人愉悅的占卜方式。茶喝完後，通常杯底會留下一點茶水，大約只有一、兩滴。喝茶者將杯子倒過來放在茶碟上，如此三回再擺正，接著，解讀者就會以杯中茶葉任意形成的象徵圖案來連接靈通心智，並與喝茶者形成連結。茶包無法做這類符號的解讀，因此必須使用散裝茶葉。

▶ **魔法用途**：喝茶能刺激意識心智，因為高咖啡因含量能給你這方面

的協助；茶也有招財的功效，可以在泡茶前先以雙手捧著茶包或茶葉本身進行觀想；此外，還能促進勇氣。茶是一種容易上癮的物質，如同所有藥物，請小心並適量飲用。

=〔 咖啡 〕=
（ *Coffea arabica* ）

▶ **行星屬性：火星**

▶ **元素屬性：火**

▶ **能量：意識心智、體力**

▶ **說明：**每天都有數百萬名美國人喝咖啡展開新的一天，這項儀式振奮了他們的精神，使他們準備好面對這一天的挑戰，也是咖啡樹的種植農家、烘焙商、研磨商、大盤商、零售商所樂見的事。

咖啡可能是起源於衣索比亞或其他熱帶非洲地區。當地人將咖啡果製成酒，也將其中的咖啡豆當成興奮劑食用。公元一千年左右，衣索比亞的阿拉伯人開始將咖啡豆製成熱飲。

咖啡很快就渡過地中海到彼岸，第一間商業咖啡屋於一五五四年在土耳其開業；英國的第一間咖啡屋在一六五〇年開幕。咖啡在中東地區大受歡迎，土耳其咖啡就是其中一種知名咖啡，但愛茶的英國人並未完全接納這種飲品。

咖啡在世上氣候溫和的地區皆有種植，其中多數在南美洲製造；美國也種咖啡樹，就在夏威夷大島上，那裡做出的可娜（Kona）咖啡是許多人眼中的頂級珍品。

咖啡的醒腦效果使其廣受歡迎，但也有人指出，咖啡因本身不足以帶來這種飲料的刺激性效果。攝取咖啡因之後，需要三十或九十分鐘才會影響中樞神經系統。為什麼早在咖啡因造成任何生理反應之前，單是喝一、兩口咖啡就有效？祕訣何在？

有人揣測，新鮮咖啡的氣味會促進意識心智運作，每天聞著它的濃郁香氣起床已經成為一種熟悉的模式，在展開這種清晨慣例之後，咖啡的氣味會自動讓我們清醒。待其效果逐漸消褪後，就換咖啡因上場了。

咖啡、茶和咖啡因仍然是受爭議的主題。有些人聲稱，咖啡因對身體確實有重大危害，其他人則相信這類報告是錯的。毫無疑問的是，咖啡因是一種強力藥物，**不應該給嬰兒或動物飲用**，大量攝取可能會造成心臟衰竭。

▶ **魔法用途**：咖啡是否是有「魔法」功效呢？它確實可以發揮魔法功效——只要我們不是一天喝十二杯的話。很多人對咖啡的苦味上癮，但如果我們需要的是協助自己度過一天的物質，那它就沒有魔法效用。要記得：***適量是成功運用任何食物或飲料的關鍵。***

不過，要刺激心智、給身體活力的時候，可以*少量飲用*咖啡或茶。泡茶或咖啡飲用時，請記得觀想。

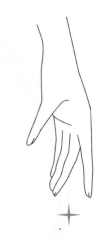

Chapter

19

一顆蛋就含
四大元素

人們認為，
母雞所下的第一顆蛋擁有特別的力量，
據說只要將白色小母雞下的第一顆蛋擺在枕頭下，
就能夢見未來的伴侶。

它們有各種尺寸，可以小到不比指甲寬，也能大到逼近一隻腳的長度。它們最顯著的生產者是鳥類，永遠與天空及天上的古代神明有關。蛋這種蘊含生命要素的輕巧物體，歷來備受崇敬與詛咒，人類以形形色色的方式收集、打破、食用、埋葬、填充、使用蛋，以汲取其中的神祕能量。

地球本身也是一顆蛋，生命從這顆上天誕下的蛋中創造出來，而蛋維繫著人類與動物的生命——有許多動物是從蛋中誕生的。

濕婆創造蛋，從中形成天地；歐西里斯、維納斯、伊絲特拉、阿芙羅黛蒂（Aphrodite）等神明（今日我們在復活節的「基督教」節慶中仍敬拜他們）都與蛋有關；阿波羅的神像底下或周圍經常擺有成堆的蛋；**在世界各地的神話中，蛋與神意習習相關。**

依據某個信仰，蛋是創造的完美象徵，不僅孕育生命本身（如果是受精蛋），蛋殼也代表土，蛋殼膜代表風，蛋黃代表火，蛋白代表水。因此，「阿卡夏 P415 蛋」（Akashic Egg）不僅含有四大元素，也蘊含顯化（manifestation）的潛能。

過去蛋會用來取代人做為儀式祭品，至少從舊石器時代開始，人們就會在立基典禮中用蛋來保護即將興建的家屋，一萬年後的印度仍可見到這類保護家屋及其未來住民的儀式。

今日世界各地所食用的蛋，大多來自亞洲的「蛋雞」（人們也吃其他鳥類的蛋，但本章納入的民間魔法大多使用蛋雞下的蛋），這種神祕物體用來進行魔法儀式的歷史淵遠流長。以下是人們使用蛋的幾種方式。

✦療癒

在牙買加，人們將蛋丟向一棵「魔法」樹以獻給致病的精靈，這項儀式還伴隨著打鼓與歌唱。

過去中國的老奶奶們發現襁褓中的孫子或孫女生病時，會拿一碗米、一顆蛋、兩支香到街角，點香供奉這些食物，同時反覆地念生病的孫子女的名字。有些中國人會食用鴿蛋來預防天花。

在摩洛哥，病人會在煮熟的蛋上刻咒文，再將蛋吃下做治療。

為保持健康，過去德國人會在蛋的兩端各挖一個小洞，吹出殼裡的蛋黃與蛋白，接著放進十三粒胡椒、十三粒鹽，然後埋在後院，當成一種防發燒的魔法，畢竟，發燒是許多感染性疾病的徵兆。

保護

人們認為蛋能提供保護，或許是因為蛋大多是白色的——*白色歷來都與純淨、神性連結在一起。*

在古埃及，人們顯然會在複誦保護性咒語時手裡拿著蛋，這麼做是為了保護船上的人不會溺斃，也不會受各式各樣的怪物攻擊。

直到近年，德國人還是會在五月節進行特別的保護儀式，將一顆新鮮的蛋埋在門檻下，守護家屋不受「邪惡」侵擾。

為打破「邪眼」的效應，在印度的穆斯林會拿鹽、薑黃與一顆蛋在生病的受害者身上揮舞，接著將這三種物品丟到十字路口。

在歐洲，人們把蛋掛在住家上方，以保護家屋不受冰雹侵襲、擋回閃電、防範害蟲橫行。

 占卜

自古以來，人們認為*母雞所下的第一顆蛋擁有特別的力量*。將白

色小母雞下的第一顆蛋擺在枕頭下，據信能讓人產生靈通的夢境，並夢見未來的伴侶。

記錄顯示，人們早從一六八四年起就拿蛋來占卜。他們在仲夏時節進行一項儀式，拿針戳破蛋較尖的那一端，將幾滴蛋白滴入裝滿水的水盆或玻璃杯，而蛋白在水中形成的各種形狀就用來預測未來。

世界各地都有類似的做法持續至今。舉例來說，在現代墨西哥，人們會拿一顆新鮮的蛋、一些花草（包括迷迭香與胡椒木葉）及一種稱為「七香」（siete machos）的「魔法」古龍水來摩搓病人的身體，然後將蛋打進一杯水中。如果水起泡或「變髒」，那就代表病人中了符咒，而蛋的訊息有很多其他解讀方法。

另一個類似的占卜是，治療者一面禱告，一面拿一顆剛下的蛋摩搓病童的身體，接著將蛋擺在他床下一整夜。如果到了早上蛋「變熟」了，那就代表病童一定會復元。

依據現代民間的解夢說法，單純地夢見蛋可以預示未來。夢見許多蛋代表財富；夢見幾顆蛋代表缺乏財富。**雙蛋黃的蛋始終是一種幸運的表徵，代表發現者不久會踏入結婚禮堂。**

性

▶ 說明：在摩洛哥，女性不會在丈夫注視下吃蛋，因為這樣不成體統。歷來都認為魚子（魚蛋）能刺激性慾，生蛋亦然，可以喝下或整顆吞下。

猶太女性過去會吃雙蛋黃的蛋來治療不孕，蛋象徵的受胎涵義再明顯不過。

▶ **各種用途**：如果人們認為某個兒童中了魔咒，這在三百年前可不是小事，此時人們會將一顆蛋丟進湖中或池中，如果蛋下沉，那就代表那個孩子確實中了魔咒。在較近的過去，俄羅斯農夫會將炸熟的蛋往肩後丟，做為給死去祖先的供品。

生意不見起色、沒有進帳的時候，印度的店家主人會早起，拿一些鹽和一顆蛋走到十字路口，接著念一些咒語，向空中揮舞著手裡這兩樣奧祕物品。打破蛋將蛋黃與蛋白丟在地上之後，他會將蛋殼與鹽帶回家（和／或帶回店裡），丟進火中焚盡。

▶ **魔法用途**：蛋確實是神祕的物體，我們食用蛋，今日也仍可見孩童收集蛋與鳥巢。蛋是一種強而有力的靈性食物，可以任何形式來食用以促進靈性，而蛋也是保護與接地氣（因為含有高蛋白質）及促進生育力的理想食物。

　　我記得小時候在奧勒岡，清晨時我會與祖母走進酷寒之中，一同到雞舍取蛋。那時，我的頭幾乎還碰不到祖母手臂上掛著的包布籃子。在祖母家農場的暑假，每天早上我都會發現蛋神祕地出現在那些長著翅膀的生物底下。

　　現代世界已經剝奪了這種基本食物的諸多魔法，蛋就如今日的政治與道德，已經變成了預先包裝好的東西。**多數人對自己的起源一無所知，更不知道人類過去相信魔法就存在於自己身上。**

　　直到我們發現雙蛋黃的蛋。

偶爾我們會在新聞上看到哪裡的雞生下了藍、紫、紅色的蛋，而大眾的興趣往往會被這些看似神奇的事件喚起，這時蛋（或起碼其少數代表）以往做為創造、生命象徵的異教榮耀又統統回到眼前，人們才開始認為蛋蘊含著大自然隱而不顯的力量。

　　我寫這一章時正在用早餐，你猜我的早餐是什麼？

　　炒蛋。

20

母神滋養： 乳製品

來吧，奶油，來吧！
有些人認為，人們之所以開始圈養動物，
是為了在宗教儀式中定期供應奶類……
今日奶類大多經過超高溫殺菌，
但仍保留著些許魔法特性！

＝〔 奶類 〕＝

▶ 行星屬性：月亮

▶ 元素屬性：水

▶ 能量：愛、靈性

▶ 說明：人類在公元前八千年左右開始圈養動物。他們不想再跟著動物群浪跡鄉野，而是開始建造畜欄，餵養牲畜並供水。

這種革命性的做法確實保障了食物的供應，但圈養動物可能也有宗教根源。

人類與動物的奶其實與子嗣的出生強烈有關，而出生與**生命、神明**有關，還有什麼比這種賜予生命的食物更適合獻給大母神（一切生育力的源頭）呢？至少有一位歷史學家相信，早期圈養動物的做法是為了在宗教儀式中定期供應奶類。

人類的嬰孩始終是喝母奶，但數千年前出現了必要的基因變化，讓人能順利喝下動物的奶。只不過，**今日仍然有相當大的人口比例缺乏消化動物奶的酵素。**

牛奶與羊奶都與神明及宗教有關，通常描繪成牛頭的埃及女神哈索爾既為生者也為死去的法老供奶，人們將牛當成她的象徵來尊崇。

許多流傳至今的伊西絲古代坐像，刻劃了她抱兒子荷魯斯喝奶的樣子，學者們往往認為這類雕像啟發了聖母子的類似呈現，那種象徵涵義是相同的：正在供給滋養的女性（女神）。

由此不難想像，奶類在古埃及是給神明的供品。圖特摩斯三世將金銀奶罐放在聖壇上獻給神明阿蒙，這種聖液也會獻給古埃及的生育力神祇敏神。

在希臘，羊奶保母為宙斯、迪奧尼西斯、阿斯克勒庇俄斯及多位神明供奶，襁褓時期的宙斯是由仙女和奶羊阿瑪特亞（Almathea）照顧。因此，人們崇敬羊為生命的維繫者與食物供應者，而宙斯將阿瑪特亞的一根角拿給仙女時，創造了豐饒之角（cornucopia）。

雖然今日的奶類大多經過超高溫殺菌，但仍保留著些許魔法特性。今日的威卡滿月儀式（Esbat）可能包括將奶當成大母神的實體象

徵，威卡集會的成員們藉此從大母神身上獲得生命：象徵上與現實
上的生命。

▶ **魔法用途**：不令人意外的是，奶類通常也被歸類為月亮食物，主要
受水元素主宰。這是一種**充滿愛的食物**，可以有效加強給予及接受
愛的能力。

奶類是數十億人與動物的主要營養來源，因此與提供源源不絕生育
力的大母神有關。另外，奶類也是用來促進靈性的好食材。

關心飲食健康的人喜歡未殺菌的羊奶多過牛奶，然而，對熟悉埃及
知識的人而言，牛與伊西絲及哈索爾的神祕關聯顯示了牛奶的用
途。事情仍是依個人品味為主。

＝〔 奶油 〕＝

▶ **行星屬性**：月亮

▶ **元素屬性**：土

▶ **能量**：靈性

▶ **說明**：人類食用奶油已有數千年歷史。在古美索不達米亞，奶油是
獻給伊阿、沙瑪什、馬爾杜克及其他神明的供品；在古希臘與羅馬
時期，上層階級認為奶油僅適合確實擁有大量奶油的牧牛人等粗野
之人食用，他們反而偏愛以橄欖油烹飪與沾濕麵包。由於橄欖油價
高，因此買得起的富裕人家會瞧不起買不起的人。

在印度，人們會在神明的圖像上倒酥油（犛牛奶做成的無水奶油），做
為一種敬拜與獻祭給神明的方式。

攪乳是從鮮奶中分離出乳脂的過程，長久以來效果一直不穩定。由於希望能「帶來」奶油，所以人們會在攪乳器周圍綁接骨木枝，或是放一顆彈丸到奶本身之中。這時往往會唸一段咒語，這種做法通常有半基督教的根源。

以下是典型的樣本：

「來吧，奶油，來吧！

來吧，奶油，來吧！

彼得正站在大門邊

等候奶油蛋糕。

來吧，奶油，來吧！」

▶ **魔法用途**：奶油是乳製品，在促進靈性的料理中很實用。

＝〔 優格 〕＝

▶ **行星屬性**：月亮

▶ **元素屬性**：水

▶ **能量**：靈性

▶ **說明**：雖然過去美國人的飲食極少使用優格，但如今優格在國內任一家食品店幾乎都找得到。優格大受歡迎的爆炸性成長始於一九六〇年代晚期，它是一種古代食物，可能是無意間的發明：牛奶擺太久，適當的細菌進入其中，於是啟動了產生優格的發酵過程。後來人們開始刻意製作這種營養的食物，使優格成為人類飲食中一項珍貴的新菜色。

世界各地有牧牛的地方就有人食用優格。在印度，優格是獻神的供品。如同奶油，人們有時也將優格倒在神明的小雕像上。

霜凍優格發明於一九七〇年代，如今已完全進入美國的「流行食物」市場。霜凍優格的口味繁多，今日有些品牌會標榜無脂，卡路里也極低。

近年有一間公司引進了一系列優格般的罐裝乳製品，不含乳酸菌。由於沒有真實優格的傳統「咬勁」，有效日期也較長，因此這類新食物不能歸類為優格，反而較接近布丁。

▶ **魔法用途**：要產生任何魔法效益，就要食用原味優格或自然調味與上色的優格。蜂蜜調味的優格最佳，也可以使用霜凍優格或更傳統的優格，不過***吃原味優格的效果最好***，這種食物能夠有效刺激靈性的覺醒。

＝〔 起司 〕＝

▶ **行星屬性**：土星

▶ **元素屬性**：土

▶ **能量**：各種（見下方說明）

▶ **說明**：起司是一種稍有氣味、實心或半實心的奶製品，有人欣賞，也有人嫌棄。人類已經用大量時間來決定自己喜歡起司與否——起司已經存在了五千年之久。蘇美與巴比倫的考古遺址所發現的楔形文字板提到了起司，可上溯至公元前三千年的埃及墳墓中也留有可能是起司的遺跡。順帶一提，那座墳墓是女性的墳墓。

在希臘，將起司「給予」人類的神明據說是阿波羅的兒子阿里斯提厄斯（Aristaeus），希臘孩童吃起司就和今日的孩童吃糖一樣。起司是廣獲一般大眾喜愛的食物，也是接受訓練的奧林匹克選手的基本飲食之一。在古希臘的某些地方，結婚蛋糕通常是起司蛋糕，是攪打與過濾起司後，加入蜂蜜與麵粉烘烤而成。

起司的種類眾多。有些如洛克福起司（Roquefort）等早在一千多年前就遠近馳名。

▶ **魔法用途**：起司主要是由土星及土元素主宰。然而，巧達起司、傑克起司等半硬質起司也有多種儀式用途。

請將起司切片，切的時候要觀想你的需求，接著拿一把鋒利的刀在每片起司上畫出代表你目標的平面魔法符號，隨後將你的個人力量注入起司片中，進行觀想並食用。實用的象徵符號其範圍無窮無盡：五角星代表保護、圓形代表靈性、方形代表金錢、心形代表愛情。更多關於象徵符號的說明，請見第412頁。

要進行威卡滿月儀式，或者有關月亮的法術，可以將白起司切成新月形使用。

殺菌加工過的起司「食品」（如美國起司）和起司替代品沒有任何魔法價值可言，不應該食用這類假起司。

＝〔 冰淇淋 〕＝

▶ **行星屬性**：月亮
▶ **元素屬性**：水

▶ **能量**：各種（見下方說明）

▶ **說明**：在美國，單是一九八七年就賣出了九十億美元的冰淇淋，當年冰淇淋的全國消耗量總計是三十四億兩千五百萬公升。近年來，乳脂肪含量較高的優質冰淇淋橫掃店面，冰淇淋是我們最愛的一種甜點。

沒有人確切知道是誰發明了冰淇淋，發明人的頭銜通常是冠給亞歷山大大帝。他或他的廚子做出了一種果凍狀的冰涼甜點，叫做蔬果凍。公元一世紀時，尼祿（Nero）曾派人跑腿到山區帶雪回來，供他的冰甜點使用。

馬可波羅從亞洲返回義大利時，據說也帶回一種果子露的配方，這種冰顯然在十六世紀的義大利發展成冰淇淋。

直到一七七七年，冰淇淋在美國仍很罕見，直到隔熱冰庫發明後，這種美味甜點才風行全國，而不到一百年後發明的手動家用冰淇淋機，更將這種冰冰涼涼的美食帶到數百萬人的咫尺之地。

▶ **魔法用途**：冰淇淋的魔法用途由其口味決定，以下僅列出幾種特定口味及其用途：

- 藍莓起司蛋糕：保護
- 奶油胡桃：金錢、受僱
- 櫻桃香草：愛
- 巧克力 P203（片、軟糖等）：金錢、愛
- 咖啡 P242：意識心智
- 餅乾 P100 與奶油 P252：金錢
- 澳洲堅果 P213：金錢

．那不勒斯（巧克力、香草、草莓所組成的三色分層冰淇淋）：愛、金錢

．桃子 P158：愛、健康、快樂、智慧

．花生醬 P214：金錢

．胡椒薄荷 P187：療癒、淨化

．南瓜（此指pumpkin）P127：療癒、金錢

．果仁糖：金錢

．草莓 P164：愛

．瑞士杏仁：金錢、療癒

．香草 P193：愛

Part

3

魔法飲食

魔法飲食
介紹

具有類似能量的食物應該一起食用，才能將效果發揮到極限，它們的能量組合遠比偶爾吃其中一種食物更有可能促進你所需要的改變。因此，我設計了幾道魔法料理，每道料理其背後的目的都是為了創造你自身內在與生活的不同變化。這些資訊是根據大量研究與個人實驗而來。

請不要誤解：這些料理並不是大多數人所以為的那樣。除了其中一種，它們都不是減肥或英國人說的「瘦身」料理，當然也不是全面性的料理。在大多數情況下，不應該只吃這些料理而避開所有其他的食物，最好的做法是每餐只吃其中幾樣。

雖然本章有數種食譜，但並未納入優秀的食譜書籍都會包含的料理。有些食物不需要烹調，而且其實生吃比什麼都有效。你要以何種形式來吃這些食物，要由你的個人品味來決定。

使用本章時，請記得以下事項：

▶ 所有料理與點心都能發揮魔法功效，但這不是意味著必然有效。不過，最好的做法是每餐至少納入一種建議食物。

▶ 煮食時請觀想，而且目標要明確、實在。

▶ 請適量食用。我列出鹽有利接地氣、糖有利愛情、巧克力有利招財、啤酒有利淨化，但這是以這些物質與食物不斷給身體施壓的藉口嗎？不是的。身體好是所有魔法儀式與個人轉變要生效的最佳起點，「耽溺」有違魔法目的。

▶ 請均衡飲食。在我寫作的此時，各種營養方針仍莫衷一是，但你的日常飲食應該包含新鮮蔬果、蛋白質、穀類、乳製品，就算你想招財，也不要只以香蕉奶油派、糖果、杏仁糖、巧克力冰淇淋為你的魔法飲食，儘管它們充滿著金錢的能量。如果「金錢」那一章列出的非甜食食物都不吸引你，那請照平常的飲食用餐，只要甜點具有魔法功效就好了。

▶ 請吃你喜歡的食物。為求保護而堆滿一盤青花菜與抱子甘藍沒什麼不好——只要你不討厭這些食物就好。但如果你真的不欣賞某些食物，那它們就不會成為有效的魔法工具，原因恰恰是因為你對它們缺少興趣，缺少興趣會造成魔法飲食失效。

▶ 請在用餐之前調整你的頻率，使你與所有食物的頻率同步。就算不是每種食物都是你的魔法食物，你也能品嚐那種食物的能量，並讓身體準備好吸收它。用餐前禱告的一個附加作用（不過你不需要禱告）是：讓你能對食物的提供者表示感謝，同時讓身體準備好接納食物。

▶ 大幅更動你的飲食之前，請先諮詢你的醫師或其他醫療人士，禁食或採用任何減重計畫之前亦然。這是常識。

▶ 請避開會導致過敏反應的食物。你沒有必要只為了草莓的魔法功效，而冒著蕁麻疹發作的危險食用，請務必拿具有類似能量的料理

代替使用。

▶ 請規劃每周的飲食計畫。這有助於你更快判定要如何將關乎你需要的食物安排到三餐當中。當然，你可以稍有偏離。

▶ 請不要在採用外來的減重計畫時進行魔法飲食。這兩種計畫通常格格不入。減重計畫的目的只有一個：那就是減少體重；魔法飲食則有許多其他目的。

▶ 請一次僅採用一種飲食法。請一步一步來，聚焦於創造你想要的變化。你當然可以食用其他飲食計畫列出的食物，只是不要為那些食物加持，這樣就不會產生魔法效用。

▶ 請不要今天採用這種飲食法，明天又換另一種飲食法。請給每種飲食法一段適當的時間來促成你需要的改變，可能要幾天、一個星期或一個月。

▶ 最後，請給予一些回饋。我們這些把食物看成儀式工具的人都承認食物的神聖性，因此我們會定期捐贈食物到當地的慈善機構，不只是為了讓自我感覺良好，也能幫助到沒有協助就吃不到那些食物的人。最需要的物資通常包括：花生醬、罐頭豆子與玉米、有真材實料（非濃縮）的湯罐頭、奶粉和其他不易腐壞又容易準備的食材。請詢問你所在地的社服機構最近的食物銀行和協助機構在哪裡。

　　堅持你的飲食法！

激發 愛

為心上人做菜是愛意的外在表現。
你不僅想為他／她做菜，
你也直接為對方的生命存續做出了貢獻，
提供給他／她生存所必要的食物。

愛有許多形式。本章提到的食物**大多可用於各方面的愛**：自愛、家人間的愛、友情、小團體間的愛──是的，甚至也包括盲目投向他人懷抱，只為了獲得對方回應的愛。

所有的愛都起自內心，除非我們**對自己產生尊重與愛**，否則無法也不可能將愛給他人。如果連自己都不喜歡自己，那除了同情或憐憫，誰還會愛我們呢？自愛的一個實際表現是**照顧自己**，而實地影響著身體的食物，也影響著我們的情緒。

它可以成為創造自愛的有力工具，如果順利，還能為我們帶來與另一個人充滿愛且多面向的關係。

做菜是愛意的外在表現

有一句老話是這樣說的：「要抓住一個男人的心，就要先抓住他的胃。」此話並不假，雖然當中帶有性別歧視的意味。在發展關係的早期，**為心上人做菜是愛意的外在表現**。

你不僅關心他／她、想為他／她做菜，你也直接為對方的生命存續做出了貢獻，提供給他／她生存所必要的食物。

另一方面，吃另一個人特地為你準備的料理，這不僅是令人感恩又營養的經驗，也顯示出你*信任*那個人——至少你相信他不會刻意下毒害你。

在小餐廳裡享用幾杯香檳和美味食物的燭光晚餐，都是為了在用餐者之間建立情感與身體上的親密感。

出外用餐被公認是「約會」過程的一部分，魔法飲食也確實能延續其良好的功效。

然而，要從這些愛的食物中獲得魔法功效，你必須在家備料並用餐。如果你與對方的關係穩定，***請一起準備餐點***，這意味著你們的關係平等和諧。

如果你目前並未享有這樣的關係，請在用餐時觀想，不久你就能如願以償了。

以不侵犯他人的自由意志為原則

在許多文化的民俗魔法傳統中，為一個人準備並奉上食物的唯一目的，是以魔法「強迫」他與做菜的人陷入情網。即使到了今日，這類做法在民俗魔法中仍屢屢可見。你在本章中不會發現這類魔法，因為這種儀式有操控他人的意味。民俗魔法的第一條規則是尊重所有他人身為人類的自由意志，當我們侵犯他人的自由意志、試圖強迫他做出某些事的時候，就是在進行負面（「黑」）魔法。

此外，**強迫另一個人愛上你是不可能的**。愛情遠比魔法奇妙，這種強烈的情感無法憑空出現，無論你從廉價魔法書中讀到什麼，思考這類儀式時，請詢問自己這個問題：你會希望自己根本不喜歡的人拿加持過愛情能量的料理給你吃嗎？

如果你為在一起多年的伴侶準備加持過愛情能量的食物，事情就比較簡單，但也有其複雜的地方。你們兩人的關係很穩固，這不僅代表信任，也代表某種程度的施與受，只要你**公開表示自己的目的**，那為他獻上加持過愛情能量的料理不至於侵害他的自由意志。你只要在端菜上桌時說「噢，順道一提，這道菜據說能為愛情增溫」，這樣就夠了。至於已經淡如白開水的關係，請與你的伴侶一起做菜，也請完整解釋你在做什麼、目的何在，對方很可能會精神為之一振。

要記得：**以對自己的愛為起點，再去尋求他人的愛**。如果你已經有對象，請以這些料理來加深彼此的關係。

請別犯下常見的錯誤，那就是相信這些食物會令人產生性慾，畢竟這些是愛的食物。更多這類資訊，請見第二十五章。

✦✦食物

香料與花草

請將上述香料加入湯、魚和其他招桃花食物裡，可以的話就使用新鮮花草。

偷偷告訴你，將香料與下列其他食物混合，可以做出強而有力的愛情料理。

磨碎香料與花草或剪下葉子時要觀想，將香料加入食物時要觀想，食用時也要觀想。

要觀想什麼呢？請試著觀想自己是一個充滿愛與接納的人，這將為你帶來莫大的幫助。**不要觀想自己與另一個人有所牽扯，除非你們兩人已認定彼此。**

蔬菜

趁溫熱時上桌，以刺激愛情的溫度。

水果與種籽

請做水果沙拉。在蘋果皮上刻一顆心 P413 後食用，或是與愛人分享這顆蘋果。拿上述水果做派時，可拿小刀在上端的派皮畫一顆心（如果只有下端有派皮，那就畫在下方），或是在蒸氣中畫出心形。

堅果

巴西堅果 P210	松仁 P215
栗子 P211	開心果 P216

在桌上擺一碗堅果，坐在碗前拿起一顆堅果後，開始觀想愛，然後吃掉堅果，請照這個流程重複九次。任何包含上述堅果的料理，如青醬（羅勒松仁點心）等，如果能在備料或食用時進行觀想，對促進愛情也有幫助。

甜點

蘋果派（小豆蔻風味） P140	薑冰淇淋
布朗尼	軟糖冰淇淋
角豆片（可在健康食品商店找到）	檸檬戚風派
櫻桃香草冰淇淋	墨西哥萊姆派
巧克力蛋糕	拿坡里冰淇淋

巧克力冰淇淋	草莓冰淇淋
薑餅 P063	

還包括任何一種以上述水果做成的派。

飲料

可可香甜酒 P237	萊姆水
甜點酒	奶類 P250
櫻桃酒 P237	橙皮庫拉索酒 P238
檸檬水 P152	白酒 P233

其他激發愛的食物

角豆 P206	楓糖漿 P206
所有形式的巧克力 P203	醃漬物
蒔蘿麵包 P089	黑麥麵包 P088
魚 P225	草莓醬
蜂蜜 P197	蔗糖 P200

準備與烹調愛情食物

在廚房準備食材時，請點燃一根**粉紅色蠟燭**。把蔬果切成扁圓的形狀，或是用瓜勺挖成球形——圓形與球形是愛的象徵；或者，也可以切成心形。以各種方式混合食材：

▶ 酪梨與番茄黑麥麵包三明治

▶ 肉桂吐司配菊苣咖啡與新鮮的切片草莓（自然呈心形）

▶ 一杯牛奶、香草冰淇淋製成的愛情奶昔，搭配融化的巧克力棒

▶ 打成果汁或果露的水果

食譜

愛之橙

材料

60公克泡軟並濾過的阿拉伯膠　　　1杯橙花水

30公克糖粉　　　　　　　　　　　2顆蛋的蛋白

30公克砂糖（以食物色素染成橙色）

作法

1.在強烈的愛情觀想下，在泡軟的阿拉伯膠中加入橙花水、適量糖

粉，混合成可塑形的糊狀，接著靜置一旁，然後混合蛋白與橙色砂糖及剩餘的糖粉。

2.從前述做好的糊捏出小橙花球，接著裹上混合好的蛋白糖液，最後放到蠟紙上。

注意

　　這份食譜的材料其實不難準備，阿拉伯膠在藥草店買得到，也可透過小型郵購供應商取得（現今網路尋找時記得找食品級的）。

水果沙拉魔法

（夏威夷的莫嘉納提供）

水果中的芒果，

水果中的鳳梨（fruit of pine），

讓我的意中人愛上我。

水果中的蘋果，

水果中的桃子，

請將他帶到我伸手可及之處。

水果中的香蕉，

水果中的櫻桃，

讓他對我的愛不變。

在我施展魔法之際，

我在他心裡找到溫暖的歸處。

我在此召喚三倍法則（The Law of Three，威卡教徒相信，任何投射出去的能量，都會三倍返回到投射者身上）：

我的意志如是，所以事必如此！

作法

1.請以上述材料做沙拉，聚焦於你希望分享的愛。

2.切水果片時請念上述咒語，混合好水果後，雙手擺在碗的兩側，觀想你和意中人一起建立生活，接著將沙拉端上桌。

注意

前頁的「fruit of pine」這句咒語中的pine，可指水果中的鳳梨或松仁。

材料

230公克茅屋起司

從以下新鮮花草中至少選3種，每種取½把切碎混合：蒔蘿草、檸檬百里香、羅勒、馬鬱蘭、百里香、迷迭香

作法

1.輕輕將花草混入起司，同時觀想。

2.在粉紅色燭光下端上桌，同時提供生菜與番茄沙拉、脆醃菜塊。

春之祕藥

材料

5顆榛果　　　1茶匙薰衣草花

1株丁香　　　少許薑

少許肉桂

作法

1.將材料放入研缽，一面觀想，一面拿杵臼磨成細粉。

2.只要在食物中加入少許上述材料，就能加強愛情能量。

Chapter

22

促進 *保護*

有件事必須再三申明：

在大多數情況下，

魔鬼與惡靈是人心的產物，

並不實際存在。

我們的四周有許多看不見的非實體能量，是由其他人類自然產生的。這些能量的效果大多是善的，或者至少是中立的。然而，有些多少會干擾我們的心靈與健康，還有一些刻意傳送給我們的負面思維或能量則可能有害。

我們也面臨了威脅身體、心智、情感、財產的實際危險，這是生命的事實。為了避免這類能量入侵我們的生活，並且避開危險的實體接觸，民俗魔法師總是會採用大量的自然工具，例如花草、石材、金

屬、蠟燭，以及蘊含特別能量的珠寶。但還有一種魔法防禦工具最不為人知——你猜得沒錯——就是食物。

我們對自我生存的天生感受，提供了我們防範負能量的內建「靈力盔甲」，這種盔甲支持著我們的生存。必要的時候，我們其實可以提升自己的靈力盔甲。本章所列出的食物能有效促進這個內在的保護系統。

魔鬼與惡靈大多時候是人心產物

請別誤解上面這段話。我的意思不是說，負能量是惡靈、鬼魂或魔鬼，而是在大多數情況下，魔鬼與惡靈其實是人心的產物，並不實際存在。

有些人在面對非實體的能量時，缺乏能力準確判別它們是哪種能量。因此，寒冷的力量被稱為「鬼魂」，不祥的能量被稱為「惡魔」——觀察者出身於傳統宗教背景，更是容易相信後者的存在。

我的意思也不是說，我們任何時候都可能遭受靈力攻擊 P418，或者這類非實體攻擊確實有效。其實這類情況屈指可數（通常來自自我中心的人和／或缺乏自我的人），最後通常不過是儀式性的發洩。我在多本著作中提過關於「靈力攻擊」的事。我的說法始終如一：這類儀式**幾乎不曾實現過**，就算有，通常也是無效的。但我仍會收到讀者來信說，他們相信自己「被下咒」了。他們近期的生活似乎支持著他們的說法，但也可能有誤導。

「信念」具有相當大的影響力

上面提到的靈力盔甲通常能保護我們不受負能量侵襲，然而，如果我們相信自己正遭受攻擊且無力抵禦，那麼相信自己脆弱的念頭就會侵蝕我們的靈力盔甲，讓任何經過的負能量影響我們。如果我們相信自己脆弱，即使不曾存在任何「詛咒」，我們同樣也會受到影響——因為我們會自己詛咒自己。

我剛開始學魔法時，人們嚴正警告我可能會碰到各式各樣的超自然危險：邪靈當然會注意到我，他們在附近遊蕩，從星際之間扭曲我的儀式，侵入我的生活秩序。這類觀念能成為很好的電視電影題材，但錯得離譜。只要你的魔法正面且無操縱意味，就沒有什麼施法的危險。完全沒有！然而，如果你施法是為了傷害或掌控另一個人，那要小心這類破壞性的魔法會反噬，讓你自食破壞性的惡果。

我們都有感覺需要被保護的時候

話說回來，一個人開始感受並移動能量（此即魔法的本質）時，他對每種能量的意識自然會變強。意識拓展後，他就能感受、感覺到以往他認為飄忽不定或看不見的事物，而這類能量——石頭、植物，以及大地本身的能量——大多是正面的，毋須避開；有些則是負能量，不應該引進自己體內。我早年的一些老師確實警告過我要小心這類無特定對象的負能量（他們稱之為「邪靈」），畢竟，魔法師的日

常生活不是在光與暗的力量之間持續搏鬥。理性的民俗魔法師不會老是花時間進行保護魔法，其他時候又戴著護身符保護自己不受邪惡侵襲。然而，我們所有人都有感覺需要被保護的時候，本章將提供一些守護自己的實用方法。

　　促進保護的飲食也有助於擋開實體的危險。如果有人想搶劫你的錢，你當然不可能喝一杯蔓越莓汁或吃一片大蒜麵包來遏止對方，但如果你是在犯罪猖獗的地區居住或工作，或是你以前遭受過攻擊，或者你就是認為非去除靈力盔甲上的幾個小瑕疵不可，那麼請將這些食物加入你的飲食。

　　關於家庭暴力，我有幾句話要說：若你是被毆打的妻子、情人、孩子或丈夫（是的，確實有這種事），請不要吃促進保護的食物，請致電給警察局。如果有孩子，請帶著孩子離開——現在就離開。搬到庇護所或借住在有同情心的朋友家裡，不要回到攻擊你的人身邊！過去愛可能使你盲目，但現在是你看清事實的時候了。

 食物

香料與花草

羅勒 P171	辣根 P182
月桂 P172	金盞花 P184

黑胡椒 P172	芥末 P185
迷迭香 P189	大蒜 P180
丁香 P176	香芹 P186
茴香 P179	

　　將上述香料與花草加入食物中，可以促進保護。在促進保護的料理中使用任何磨碎的乾花草或香料之前，請先灑到一個平面或一張蠟紙上，以食指勾勒象徵符號（見象徵符號 P413—414）。

　　勾勒符號時，請觀想著保護，你的儀式已經喚醒了香料中的保護能量，請像平常一樣將香料與花草加入料理中。有保護能量的香料與花草幾乎可以加入每種食物中，即使是本質上非保護型的料理也無妨，它們的強烈能量也與愛、健康、淨化等其他力量有關。

蔬菜

朝鮮薊 P109	墨西哥辣椒 P117
竹筍 P110	球莖甘藍
豆芽 P133	韭蔥 P121
甜椒 P117	水田芥 P137
小白菜	洋蔥 P124
卡宴辣椒 P117	紅椒

青花菜 P112	商陸 P126
抱子甘藍 P112	馬鈴薯 P126
甘藍 P113	蘿蔔 P129
花椰菜 P115	大黃 P129
辣椒 P117	紅蔥頭
細香蔥 P118	黃豆芽 P133
羽衣甘藍	葵花芽 P133
番茄 P135	

　　請斜切蔬菜，切成矛般尖長的形狀，並觀想它們是帶有保護能量的匕首。稍微蒸一下蔬菜，加入少量的鹽——不是為了調味，而是增強其保護力，然後食用。

　　請做披薩。將羅勒、黑胡椒、香芹放入蕃茄醬中（全都是保護性食物），接著將五根細香蔥擺在番茄醬上，排成五角星形 P413。加入甜椒、起司和任何其他食材，請一面觀想一面做披薩，烤好披薩後食用。

水果

藍莓 P143	李 P160
楊桃 P144	仙人掌果 P162

蔓越莓 P146	桲 P163
芒果 P153	覆盆子 P163
鳳梨 P160	橘子 P165

請生吃這些水果,或者烤成料理食用。在鳳梨上灑一點鹽可以減輕酸味,增加其保護效能。

堅果與種籽

杏仁 P209	葵花籽 P134
芝麻 P216	核桃 P217

請一面觀想一面食用。

甜點

鐘形餅乾 P064	鳳梨派
藍莓咖啡蛋糕	大黃派 P130
蔓越莓醬 P146	星形餅乾 P064

為這些食物加糖能增加你對自己的愛，這是生存的必要條件。

飲料

蔓越莓汁雞尾酒 ｜ 蘭姆酒 P238

請搭配保護型料理飲用。

其他促進保護的食物

玉米 P080	米飯 P086
咖哩	莎莎醬
蛋 P244	四川料理
炸物	醬油 P131
大蒜麵包 P089	辛辣的食物
熱騰騰的食物	豆腐 P131
紅肉	墨西哥薄餅 P083
起司玉米片	麻花麵包 P089
橄欖油 P124	醋 P221
椒鹽卷餅 P090	

請吃富含蛋白質的食物，如果你吃素，請多吃豆腐、起司、菜豆、玉米，以及早先提到的保護型蔬菜。透過攝取這些蛋白質食物來接地氣，能為你隔絕外在影響，增強靈力盔甲的效力。

準備與烹調保護型食物

煮菜時請在廚房點燃**白蠟燭**。這些食物能加強你自身的靈力保護，擋掉負能量，請確實帶著這些知識而非信仰進行食用。以任何適當的方式食用之前，請賜福給所有食物，並拿白色或紅色盤子呈裝這些保護型食物。這些食物可以多種方式組合，多實驗看看！

食譜

火熱保護沙拉

材料

½顆紅甘藍	1顆紅甜椒
1顆紅洋蔥	2根蘿蔔
½杯蘋果醋	¼杯橄欖油
⅛茶匙新鮮碎大蒜	黑胡椒提味

1茶匙乾羅勒、香芹、迷迭香的混合花草

作法

1.將洋蔥切半，拿其中一半的切面來塗抹沙拉碗，接著放在紙巾上，
  擺到廚房水槽下吸收負能量，然後隔天早晨拿到屋外扔掉。

2.將另一半洋蔥切成兩部分。一部分用於其他料理，另一部分則仔細
  切碎，同時觀想刀子切下的力道驅走了負能量，請聞一聞洋蔥的保
  護性氣味。

3.挖掉甘藍的心後切碎；挖掉甜椒的心後，將椒切成尖型長片；將蘿
  蔔切成薄片。切記要觀想！

4.將蔬菜放入沙拉碗中。

5.製作沙拉調料，以手指捏碎乾羅勒、香芹、迷迭香，放進能蓋緊的
  瓶子裡，接著倒入蘋果醋與橄欖油，再倒入切碎的大蒜。上桌前仔
  細搖勻，再淋在沙拉上。

6.黑胡椒上桌前先磨碎。

注意

　　買不到紅甜椒的話，可改買綠甜椒。

五角星餅乾

材料

1杯仔細磨碎的杏仁	1¼杯麵粉
3茶匙杏仁精	¼茶匙碎丁香
½杯料理用細糖粉	½杯軟化後的奶油

作法

1. 必要的話，請將杏仁放進攪拌機或食物處理機仔細攪碎。混合杏仁、麵粉、糖、杏仁精，接著磨碎丁香，最後手動妥善混合奶油與蛋黃，製作時請同時觀想發光的金色五角星進入麵團中。

2. 靜置麵團20到30分鐘，或是直到冷卻但仍保有彈性。麵團冷卻期間，將兩張烤盤塗油，烤箱預熱至攝氏163度。

3. 捏下核桃大小的麵團，放在上油的烤盤上以手指壓扁，並拿牙籤或小刀輕輕畫出五角星的形狀 P413。畫圖時請強烈觀想。

4. 重複上述流程，直到用完所有麵團為止。為均勻烘烤，請確認所有餅乾的厚度大致相同。

5. 以攝氏163度烤18至20分鐘左右，直到餅乾呈金褐色為止，然後靜置冷卻。請享用其中蘊含的能量。

Chapter

23

創造
健康與療癒

無論恢復或維持良好健康可以加入哪些食物，
這類食物都必須是均衡、合理飲食的一部分，
不然就不會有效！

這兩個主題息息相關，如果我們能成功維持良好的健康，那就不需要療癒了，而生病期間，我們自然會希望恢復良好的健康狀態。因此，兩者的共同目標都是健康本身。

營養學家始終認可均衡飲食對維護良好健康的重要性，然而，許多醫學博士並不做如是想，他們關心的一直是恢復健康，而非**維持健康**。必須說，對於營養在身體健康上所扮演的角色的認識，醫學博士們所受的培訓並不多。

要達到良好健康狀態的非魔法方法很多：一天吃四到五頓，應少量多餐，而非吃兩、三頓大餐；早餐不可省略；多吃蔬菜、穀物、水果，少吃紅肉；減少攝取脂肪、鈉、白糖；在飲食中增加「纖維」（粗糧），即少吃加工食物，多吃全穀及新鮮蔬果；定量運動，每天至少二十分鐘。

市面上有許多維持健康的指南，請到圖書館或你所在地的書店，尋找近年出版、有公信力的著作，還有一點必須提醒你：請避開所有當紅的飲食法。

由於本書是魔法書，所以本章不會提供更多營養資訊。然而，我會針對恢復或維持良好健康這兩點提出可以在你的飲食中加入哪些食物的建議，這類食物必須是均衡、合理飲食的一部分，不然就不會有效了。雖然有嘮叨的危險——但在開始採用任何「奇蹟療癒」飲食法之前，請先諮詢醫師。

療癒

沒有哪一位醫師、藥草師、靈能者、魔法師或女巫能治療你，他人無法為你的身體、心智或情緒進行任何奇蹟療法，也沒有符咒或儀式能立即恢復你的健康。

話說回來……醫師、按摩治療師、整脊師、藥草師、靈能者、魔法師，甚至女巫，都能促進身體的療癒過程，他們可以幫助你克服疾病與負面狀況。

從下列兩種方法中循一種傳送能量給你：

▶ 祈禱、雙手撫摸、按摩療法、簡單的魔法（投射療癒的能量到你的體內）。

▶ 管理實體形式的能量，如花草、酊劑、茶、巴哈花療、精油（芳香療法），以及某些指定醫藥。

　　如果你生病了，請尋求經驗豐富的合格醫療人員的幫助，遵照他的指示治病。

　　你可以食用本章的一些食物，在煮食時請觀想健康好轉；請不要食用任何有違你的醫療人員指示的食物。

 食物

香料與花草

多香果 P170	胡椒薄荷 P187
大蒜（非蒜味鹽）P180	鼠尾草 P191

　　在促進健康的料理中添加香料與花草前，請先進行加持，並用大蒜取代鹽來當佐料。

蔬菜

生吃並觀想。

水果

其他創造健康與療癒食物

蜂蜜 P197	

要避開的食物

罐頭食品	防腐食品
炸物	鹽 P218
速食	蔗糖 P200
高脂肪食品	各種高糖高油甜點
加工食品	

準備與烹調健康食物

在烹調或準備食物之前，請舀起一勺磨碎的乾鼠尾草。如果有必要，就戴上防燙手套，拿起裝著湯匙的碗到瓦斯爐或蠟燭上，直到悶燒的花草釋放出療癒的氣味為止。

烹調時請點燃一根**藍色或紫色蠟燭**，同時觀想健康好轉或獲得療癒。烤一條全穀麵包，將麵包放進烤箱之前，先拿一把鋒利的小刀在麵包上畫一個四臂等長的十字，烤好後食用。

以下這類料理是最適切的健康食物：

▶ 黃瓜、番茄、豆芽沙拉，淋上混有迷迭香粉與鼠尾草粉的橄欖油與蘋果酒醋。

▶ 以濃縮（冷凍）蘋果汁與肉桂增添甜味的蘋果派——不要加糖。

▶ 不加糖的蘋果醬（在家自製或買無糖蘋果醬）。

▶ 少量杏仁糖，做成四臂等長的十字形狀。

食譜

療癒蘋果烤酥

份量：4人份

材料

2杯削皮的蘋果片	1茶匙現榨的檸檬汁
½杯蜂蜜	½杯到¾杯壓碎的全麥餅乾
2茶匙融化奶油	

作法

1. 將烤箱預熱至攝氏190度。

2. 為蘋果削皮並切片、榨汁及壓碎全麥餅乾時，請觀想自己散發出身強體壯的光輝。

3. 將蘋果片放在長寬各9公分的烤盤上，接著在檸檬汁中加入蜂蜜，淋在蘋果上。如果蘋果很酸，檸檬汁可以少一點，蜂蜜多一點。

4.將碎全麥餅乾與奶油混在一起,灑在蘋果上,最後放進烤箱,以攝
　氏190度烤30至40分鐘,直到蘋果變軟。

5.上桌前擠上奶油,灑一點肉桂。

Chapter

24

求 *財富*

一般來說，
重口味、豐盛、香甜的食物是理想的招財料理，
但請謹記，
進行求財飲食時，
你對金錢的態度和那個食物本身一樣重要！

我們很少人不知道該如何花用更多的金錢，畢竟無論賺多少，似乎永遠不夠花。進行求財飲食時，請謹記你對金錢的態度和那個食物本身一樣重要。

以下是一些訣竅：

▶ 觀想自己是一個豐足的人。重新訓練你的思維，停止所有「天啊，我好窮！」的想法，聚焦於擁有更多錢的感受。

▶ 量入為出。這件事相當重要，請決定你每個月要如何花費，把錢花在刀口上。

▶ 要知道，雖然錢能解決一些問題，但並非萬能。有些不是跟錢有關的問題，即便我們有錢了，它依舊存在。

▶ 我們大多數人想要的不是錢，而是想要花錢。

▶ 請準備好為金錢努力，儘管只是把個人力量注入儀式中。

▶ 設下實際的目標。一週的求財飲食計畫不會讓你的銀行戶頭突然滾進幾千美元，求財飲食對中彩券、樂透、賓果、賭博等，也幾乎沒有效用──原因很簡單，因為想贏的人太多了，使用的魔法可說是滿坑滿谷。

▶ 財富是一種相對的心理狀態。一年賺三萬美元的人，看在一年賺兩萬美元的人眼裡似乎有錢得驚人，但對沒有工作的人來說，一年賺兩萬美元已經很令人眼紅了。

▶ 接納金錢進入你的生活。明白你是一個豐足的人，值得獲得更多收入。不要只是希望這會發生，更要允許它發生。

▶ 請做出回饋。當你察覺收入永久或暫時地增加時，請捐贈某個百分比的錢給慈善機構，如環保團體、動物權利組織、食物銀行、受虐女性庇護所、收容所和其他值得捐款的團體。請做出一些回饋，否則你可能無法獲得更多。

再次提醒，進行求財飲食時，請務必謹記上面的訣竅。

當你食用以下食物時，請去感覺在其中振動的金錢能量，請一面觀想一面煮食。

食物

香料與花草

多香果 P170	蒔蘿 P178
羅勒 P171	薑 P181
肉桂 P175	香芹 P186
丁香 P176	

你可以在所有的食物中加入上述香料,如果是招財料理的話,那就更好了——承如我之前提過的:類似能量的食物一起食用,才能將效果發揮到極限!

蔬菜

苜蓿芽 P133	萵苣 P122
菜豆 P110	南瓜 P127
黑眼豆	菠菜 P132
甘藍 P113	番茄 P135
茄子 P119	

水果

香蕉 P141	葡萄 P148
黑莓 P143	金桔 P151
無花果 P147	鬼臼 P154
梨 P159	石榴 P161
鳳梨 P160	

　　除此之外，用這些水果做的黑莓派、無花果餡餅、香蕉麵包、葡萄汁、草莓塔等料理或甜點，也統統是招財的食物哦，大家不妨可以在點心或午茶時間好好品嚐一番。

穀類

大麥 P078	小米 P085
麥麩	燕麥 P085
蕎麥 P079	稻米 P086

　　米飯加肉桂是絕佳的招財料理，例如肉桂米布丁。準備米飯的時候，可以先在所需份量的米上，邊觀想邊用一根手指勾勒金錢符號 P414，然後再用加持過的米煮米飯。

堅果

杏仁 P209	花生 P214
巴西堅果 P210	長山核桃 P214
腰果 P210	松仁 P215
澳洲堅果 P213	芝麻 P216

甜點

香蕉奶油派	薑餅 P063
奶油核桃冰淇淋	澳洲堅果冰淇淋
黑莓派 P143	楓糖糖果
豆角片	杏仁糖 P210
糖果	長山核桃派 P215
巧克力 P203	果仁糖
灑滿巧克力的香蕉	果仁糖冰淇淋
巧克力冰淇淋	生奶油

請容我不厭其煩地提醒：雖然這些招財甜點極為誘人，請謹記適量食用即可。

其他求財富食物

黑莓白蘭地 P237	燕麥麩瑪芬
巧克力牛奶	花生醬加葡萄醬燕麥麵包三明治
可可香甜酒 P237	豐盛的甜點
楓糖漿 P206	鹽（適量）P218
奶類 P250	茶 P240

準備與烹調招財食物

在廚房點燃**綠色蠟燭**，將蔬菜切成方形（代表土元素），並使用方形鍋來烤派。重口味、豐盛、香香甜甜的食物是理想的招財料理，但也別忽略堅果及蔬菜，請勿以冰淇淋和其他甜點來取代較健康的食物，不均衡的飲食會為你的身體招來苦果！請以各式各樣的食物裝滿你的食品貯藏櫃，從過去到今日，**食物始終是財富的表徵**，請隨時準備好一些食物。

▶ 將麥麩加入食物當中

▶ 混合腰果、杏仁、長山核桃當點心

▶ 僅使用全穀麵包，絕對不要使用白麵包

食譜

招財鬆糕

（各種成分的用量由碗的尺寸來決定，這個食譜使用的是中等尺寸的攪拌碗，約5、6人份。如果使用的攪拌碗較小或較大，只要依此調整用量就可以了）

材料

⅛杯雪利酒　　　　　　1杯現打的生奶油

1杯切塊香蕉、新鮮黑莓、切塊鳳梨（灑鹽）或薄梨片

1茶匙檸檬汁（非必要）

4杯海綿蛋糕（切成寬1.3平方公分左右）

1杯調製好的卡士達 P299 或香蕉布丁

作法

1.請一面觀想一面切水果，想像其中迸發金錢的能量（如果有使用香蕉，可以在香蕉上灑檸檬汁以免變黑）。

2.將一半海綿蛋糕塊倒進容量0.9到1.4公升的碗或甜點烤杯中，接著在蛋糕上淋一半的雪利酒，再放上所有水果，最後將剩下的蛋糕塊放在水果上，再淋完剩下的雪利酒。

3.將卡士達或布丁直接抹在蛋糕上，最後放上生奶油。如果你想要的話，也可以放些新鮮水果當裝飾（將黑莓或香蕉薄片擺在生奶油上，排成五角星形）。

4.蓋上蓋子放進冰箱一晚，或者至少6小時。

卡士達

材料

2顆蛋　　　　　1顆蛋黃

1¾杯稀奶油　　¼杯砂糖

作法

1.將蛋與蛋黃放進平底鍋攪拌，加入奶油與砂糖，然後邊煮邊攪拌，直到卡士達在金屬湯匙上形成薄層為止。

2.把平底鍋從火上拿開，立刻放入一盆冰水中冷卻，偶爾攪拌一、兩下。請將一半的卡士達抹上蛋糕，其餘的放進冰箱貯藏。

注意

　　這個甜點非常濃郁、豪華，請少量食用。別忘了，製作的每個步驟都要記得觀想！

Chapter

25

點燃 **性生活**

一般認為，
能刺激性慾的食物是牡蠣、
魚子醬、香檳，
而這也許是目前最受歡迎的催情食物了。

這是大眾熟知的一種食物魔法——催情料理！吃下肚後，它神祕、魔幻的奇蹟，會將我們之中最溫文爾雅的人變成春心蕩漾的動物。從最早的文明開始，人類就以食物點燃性生活的火花，他們帶著這個希望將可口與對我們而言可能反胃的食物吞下肚。

一般認為能刺激性慾的食物是牡蠣、魚子醬、香檳——這些也許是最受歡迎的催情食物，有些人相信芹菜湯有效，其他人則以鋸棕櫚和達米阿那（透那樹）等花草為食材。在亞洲，平凡的人參根及犀牛

角等更豐富的成分，也被認為是催情劑。必須說，犀牛角除了心理作用之外，並沒有其他效果，但對犀牛角的需求已經導致犀牛遭盜獵者與商人濫殺。

在過去，春藥為的不是刺激大腦——而是要***刺激性器官***；在今日，許多這類食物仍使用於這個目的——伴隨侵害他人自由意志的危險。如果一面觀想一面煮食本章提到的食物，它們確實可以產生或增加性慾，但拿給不知情的人吃，以為他們會與你上床，這只是癡人說夢，因為吃的人必須準備好接納食物的能量才會發揮效果。

請食用本章提到的食物來增加自己的性慾。如果你有穩定交往的對象，但火力有點不足，那麼這些食物特別有益。如果有必要，請為你的愛人端上這些食物，但要誠實道出它們傳說中的能力（呃，這裡的觀想應該不會有什麼問題）。

如果你對投入或享受性接觸有困難，請尋求合格專業人士的協助，畢竟食物的力量有限，雖然它能幫助你克服一些問題，但嚴重的問題還是要交由心理醫師、性治療師、婦產科醫師或其他專家處理。

 食物

香料與花草

小荳蔻 P174	胡椒薄荷 P187
芫荽 P176	香草 P193
甘草 P183	

　　請將少量上述香料與花草加入食物當中，使用前請以食指碰觸並觀想。

蔬菜

紅蘿蔔 P114	橄欖 P123
芹菜 P115	番薯 P134
苦苣 P120	松露 P136

　　請以燙煮、翻炒或蒸煮的方式處理上述蔬菜，記得趁熱或還溫溫的時候端上桌，效果最佳。另外，要特別記得的是，這類食物請最好不要生吃。

水果

黑莓 P143	芒果 P153

無花果 P147

要從上述水果獲得最大功效，請加熱食用。

堅果與穀類

大麥 P078	稻米 P086
芝麻 P216	

飲料

杏桃白蘭地 P237	李子酒
蕁麻酒 P237	蘭姆酒 P238
干邑白蘭地 P237	

　　少量（一杯）酒精性飲料可以當成催情劑，但飲用太多反而會扼殺慾望。

　　噢，還有一件事必須提醒你：就男性而言，其實還會削減他投入性活動的能力。

其他點燃性生活食物

燕窩湯 P222	咖啡 P242
魚子醬 P226	螃蟹 P227
香檳	蛋 P247
蛤蜊濃湯	無花果餡餅
魚 P225	牡蠣
哈爾瓦酥糖 P216	帕馬森起司
蜂蜜 P197	貝類 P227
煎蛋捲	

女性專用

無花果 P147	芒果 P153
牡蠣	

　　必須說，在傳統上，人們認為以上食物是對女性較有效的催情食物，例如在瓜地馬拉，女性就會食用芒果來刺激性慾，建議要生吃；無花果則同時有增強性慾和生育力之效。至於效果如何，你或許得嘗試才知道。再提醒一次，光是吃芒果和無花果但沒有觀想的話，是不會產生性慾的，所以可以放心平日的一般享用。

男性專用

<table>
<tr><td>菜豆 P110</td><td>橄欖 P123</td></tr>
<tr><td>黑莓 P143</td><td>歐防風</td></tr>
<tr><td>紅蘿蔔 P114</td><td>木瓜 P157</td></tr>
</table>

在傳統上，人們認為以上食物對男性特別有效，因此你可以試著將它們加入你的料理，噢，別忘了要進行觀想，在每一章我都會不厭其煩地提醒你這件事。

至於效果如何，老話一句，你得試過才知道。

準備與烹調催情食物

在廚房烹調並準備催情料理時，請點燃**紅蠟燭**。請一面適切觀想，一面烹調並準備食材，記得將食物切成圓形及橢圓形，這有助於加強你想注入的能量與效果。

以下是推薦的食物：

▶ 加糖與肉桂的米飯
▶ 炒的食物

✦食譜

催情咖啡

份量：小份的2人份

材料

½杯冷水　　　　1茶匙去皮（去殼）小豆蔻籽

1 ½杯現煮雙倍濃度熱咖啡

作法

1.觸摸小豆蔻籽時，請強烈觀想你的需求。

2.將冷水與小豆蔻籽放進平底鍋，待水煮沸之後，請保持沸騰狀態2
　分鐘。

3.拿咖啡濾紙將水濾進現煮熱咖啡中並攪拌。請與友人分享。

注意

　　近年的研究似乎指出，喝咖啡會增加我們對性的興趣。

芒果倒扣催情蛋糕

材料

2杯熟芒果片　　　　　　2茶匙檸檬汁

1茶匙奶油　　　　　　　⅓杯黑糖

¼杯起酥油（shortening）　　¾杯糖

1顆蛋　　　　　　　　　　½杯牛奶

1½杯麵粉　　　　　　　　2茶匙泡打粉

¼茶匙鹽

作法

1.將烤箱預熱至攝氏190度。

2.切芒果時，請觀想自己正享受著性活動。將芒果片放進碗裡，倒入
　檸檬汁，翻攪後靜置15分鐘。

3.拿直徑20公分的平底鍋或砂鍋融化奶油，加入黑糖，並放上一層芒
　果片。

4.拿碗將起酥油與糖打成乳狀，加入打好的蛋。將乾原料濾出後，緩
　緩倒入牛奶。

5.將步驟4的混合物倒在芒果上，以攝氏190度烤50至60分鐘，或是直
　到烤熟為止。

6.靜置待其稍微冷卻，然後將鍋倒扣在盤子上。

Chapter

26

提升 *靈性*

所有食物都含有神聖能量，
將食物含有的能量當成個人轉變的工具，
並不會使你成為神祕家，
但或許能帶給你內心的寧靜……

靈性可以定義成人類的神聖經驗或與神性（又稱上帝、聖母、佛陀、大母神、歐西里斯、黛安娜、先祖、希娜，還有許多其他的名字）的互動。這是每個宗教的目的，也是能感受三度空間世界內外之神聖的人的目標。

靈性是指我們的覺知拓展，能感受更偉大的事物。

這並不總是一種宗教現象，許多沒有信仰的人是具有靈性的，而不承認任何聖典或靈性導師的人，也可能與不可見的世界同步。

靈性是每個宗教的一部分，但未必非如此不可。

當人們發現生活缺乏意義或目標，或是發現物質滿足不了自己的時候，有時會轉向他們始終感受得到卻予以忽略的力量；開發靈性覺知往往能帶來情感的滿足。有些人會因此進入成立已久的傳統宗教，其他人則與神性創造出獨樹一格的個人體驗。

有些靈性之人或許不會「敬拜」或崇敬這股終極力量，但他們與別人的互動、他們的生命觀、甚至是他們的言語形式與生活模式，都有可能因其靈性經驗而有了直接改變。

從靈性的角度來看，所有食物都含有神聖能量。

畢竟，是誰創造了食物本身？誰給予它們生命？誰帶來了雨？宗教人士敬拜創造食物與人世的存有，而魔法師運用這些神性展現其所蘊含的能量。

本書談的是魔法，不是宗教，目的是為了指引讀者將食物含有的能量當成個人轉變的工具來運用。

如果你希望加強靈知，請試試本章提供的訣竅，它們的目的是使你在日常生活中體驗到靈性現實，任何宗教信仰的人都能使用，尤其是通常被稱為「異教徒」的人。

這類料理不會使你成為神祕家，可能也不會使你變成宗教熱心人士，但或許能帶給你內心的寧靜，或許可以。

不得不說，深入理解存在於實體世界之外的靈性世界，其實多少能帶給生活一劑強心針。

雖然我可以大幅拓展以下列表（因為所有文明都將食物與神明連結在一起），但我僅選擇能特別有效產生靈性境界的食物。

食物

蔬菜

玉米 P080	黃豆芽 P133
茄子 P119	南瓜 P128
綠豆芽 P133	夏南瓜 P129
橄欖 P123	

　　玉米棒、玉米濃湯、焗烤千層茄子、豆芽沙拉、烤南瓜——這些料理都有強力刺激靈性的效果。

水果

香蕉 P141	椰棗 P147
椰子 P211	

　　如果想提升靈性，以上水果是你的好選擇，它們能有效協助你拓展知覺。

　　除了椰棗之外，其他水果以生吃的效果最佳。

　　當然，食用時請務必觀想。

其他提升進靈性的食物

奶油 P252	番紅花 P190
椰子奶油派	豆腐 P131
蛋 P244	墨西哥薄餅（僅限玉米）P083
蜂蜜 P197	葡萄酒 P233
奶類 P250	素食
橄欖油 P124	優格 P253

能開發靈知的食物大多也很適合（見第二十七章）。

要避開的食物

人工調味食物	防腐食品
乾燥或脫水食物	根莖類作物（如馬鈴薯）
紅肉	鹽 P218

必須提醒你，上表中的這類食物似乎會「關閉」我們的靈性覺醒，應該要少量食用。

此外，建議你每隔一餐便以豆腐或乳製品取代紅肉，用香料與花草代替鹽調味。

準備與烹調靈性食物

在廚房烹調時請點燃一根**白色或紫色蠟燭**。請記得觀想，處理、切片、去皮和／或混合食物時，請感受其中含有的靈性能量。

請沉浸在食用過程所發生的能量交換中，感受神聖能量變成你身心靈的一部分。如果覺得這麼做比較自在，可以在用餐前禱告。

請將食物切成圓形或球形，以此來代表靈性世界，燙煮或生吃效果最佳。

要將你的靈性顯現在外，請捐贈食物到食物銀行和庇護所。

食譜

靈性沙拉

份量：1人份

材料

1根熟香蕉（蕉皮呈褐色）　　　⅛杯椰子絲（盡量拿新鮮椰子）

1杯（240毫升）原味優格　　　1茶匙白酒

1茶匙蜂蜜

作法

1.去香蕉皮並將香蕉切成小段，與椰子絲一起放入碗中。

2.混合白酒與蜂蜜後淋到水果上，靜置1分鐘。

3.將原味優格淋在水果上，拿湯匙依順時針方向攪拌優格與水果。

材料

1茶匙伏特加或琴酒	¼茶匙番紅花（真正的番紅花）
3杯水	1杯未煮（非即食）的米
2茶匙鹽	1茶匙奶油

作法

1.以慣用手（寫字的手）的食指碰觸番紅花，同時觀想那株珍貴花草的能量加強了你的靈性。

2.以非常低的溫度來加熱酒，接著將番紅花放入酒中，從火上拿開後開始攪拌，最後靜置待酒上色。

3.將水、米、鹽放入鍋中，以中溫加熱，然後加入奶油以免過度沸騰。接著倒入番紅花混合液，攪拌後加蓋。

4.以低溫慢慢燉煮15分鐘，或是直到米吸收了所有液體為止。

開發 靈知

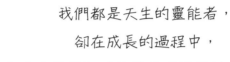

我們都是天生的靈能者，

卻在成長的過程中，

失去了這種與細膩能量達成同步的天生能力。

這些食物與料理，

將能促進你接通靈通心智的能力……

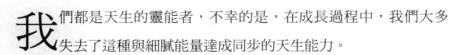

我們都是天生的靈能者，不幸的是，在成長過程中，我們大多失去了這種與細膩能量達成同步的天生能力。

魔法師相信我們擁有兩種心智：一種可謂**意識心智**（conscious mind）P416，即我們在思考、記憶、工作、開車或打電話時所使用的心智；另一種心智稱為**靈通心智**（psychic mind）P418，即能接受靈性訊息的心智。

孩童時期，我們的兩種心智是相連互通的。訊息在兩者之間自由

流動；因此，有些訊息儘管未經過我們的五感，但意識心智還是「知道」那些訊息，那時的我們是靈通的。

然而，在成長過程中，師長教我們要樹立一道無知與不信之門，隔絕「正常」意識與靈通心智。如果訓練成功，兩種心智就再也不能自由交換訊息，這項功能會中止，而我們的靈通心智從此就只能在夢裡與我們自由溝通了。

有時我們的意識心智會退讓，允許靈通心智傳來一點訊息，這便是所謂的「預感」與「直覺」，這兩個詞都是指意識心智出乎意料且不知不覺地從沉潛的靈通心智獲得靈通訊息。

我們之中所謂的靈能人士，能自由接通這種訊息來源，這些人從未失去他們天生的靈力，或是訓練自己去接觸靈通心智。

我並不知道靈知究竟是如何運作的，但因為我看過的例子不知凡幾，所以無法否認它的存在。幾年前的某天下午，我走進了我的公寓，當時和我同住的一個朋友微笑看著我，告訴我說我剛吃過午飯、是在哪個地方吃的、吃了什麼。這不是揣測，而是確知的訊息，而且正確無誤。

雖然這不過是一點靈知，但這個例子說明了我為何相信這是真實存在的人類經驗現象，因為靈能人士確實知道我們所不知道的事。

你也許想問，那很好啊，但我們該怎麼辦？在妥善的準備與食用下，本章所提供的食物與料理都能促進你接通靈通心智的能力，它們能打破兩種意識之間的藩籬，讓你接觸到新的訊息來源。

為了盡情享用這些料理的益處，請到附近的專賣店或學習中心上靈能開發課程。或者，請多讀這個主題的優秀著作，進行書中所

提出的練習。不得不說，其中一本絕佳著作是梅莉塔・丹寧（Melita Denning）、奧斯本・菲力普斯（Osborne Philips）合著的《靈力開發實用指南》。

另一種加速開發靈能的方法是**使用靈通工具**。許多人認為塔羅牌是點燃靈知的理想工具，請拿一副你喜歡的牌來使用，讓它的象徵重新打開通往靈通心智的門。

要記得：**你是天生的靈能者，人人都是「天賦異稟」**。如果你希望明天就成為靈能者，那今天就必須開始行動。請食用以下食物、參加課程並讀書，慢慢地，你會發現周圍出現了一個全新的世界，靈知會再次成為「你之所以為你」那天生的一部分。

食物

香料與花草

月桂 P172	肉豆蔻皮 P183
芹菜籽 P116	肉豆蔻 P185
肉桂 P175	玫瑰 P189
蒲公英 P177	百里香 P192
香茅	

在食物中加入一點上述香料與花草即可。或者，以手指捏碎一片月桂葉，觀想自己是靈力全開的靈能人士。請嗅聞它濃郁的氣味，並加入湯中食用。

玫瑰是一種奇蹟般的食物，請見本章末尾的食譜 P319-321。

蔬菜

竹筍 P110	洋菇
芹菜 P115	黃豆芽 P133

炒竹筍、洋菇、豆芽和豆腐，只要加入一點大蒜調味，就是一道極佳的靈通料理。

其他促進靈知的食物

椰子 P211	桑葚 P155
蒲公英咖啡 P178	胡椒薄荷茶 P187
魚 P225	貝類 P227
新鮮花朵	各種湯品（馬鈴薯湯除外）
新鮮果汁	發芽穀物麵包
壽司 P228	蔬菜湯

豆腐 P131	

要避開的食物

酒精	根莖類作物（馬鈴薯、花生、紅蘿蔔等）
紅肉	咖啡因產品（可樂、咖啡、茶、巧克力）
鹽 P218	

準備與烹調靈知食物

請在廚房點燃**藍色蠟燭**。

將食物切成圓形或球形，最好不要在接觸你的靈通心智之前就直接吃掉食物。

有件事必須特別提醒你：一般來說，食用的動作會「**關閉**」我們的靈知。

因此，**在進行靈通工作之後食用，效果最佳**，尤其是當你的三餐沒有促進靈知的效果時，那更該如此。除此之外，我們其實還有另一種方法，那就是——請少吃一點。

雖然可能有嘮叨之嫌，但還是容我再提醒一句，無論進行哪個步驟，都請別忘記要觀想。

食譜

靈通玫瑰冰淇淋

材料

½杯新鮮紅玫瑰花瓣　　　570毫升香草冰淇淋，變軟但未融化

⅜杯紅酒　　　　　　　⅛杯玫瑰水

1茶匙糖粉　　　　　　　12片糖漬紅玫瑰花瓣（見以下食譜）

作法

1. 請使用未噴殺蟲劑的玫瑰，揀選沒有灰塵和蟲蛀的花瓣，以冷水徹底清潔後，晾在紙巾或竹架上。

2. 拿一把小剪刀剪掉每個花瓣的白色基部，接著將剪好的花瓣放進量杯，總共要½杯新鮮紅玫瑰的花瓣，請一面準備、一面觀想自己是靈通者。

3. 將剪好的玫瑰花瓣、紅酒、玫瑰水、糖放進攪拌器攪1分鐘，接著將軟化的冰淇淋挖進碗裡，並加入前述的（玫瑰花瓣、紅酒、玫瑰水、糖）混合物。觀想時請順時針攪拌，直到充分攪勻。

4. 請將混合物倒進製冰盒，放入冰箱，並在冷凍過程中偶爾攪拌一、兩次，使其均勻。請冷凍一晚。

5. 倒進玻璃杯後端上桌，上面灑一些糖漬玫瑰花瓣。在準備與食用的過程中，別忘了進行觀想。

6. 當成飯後甜點，或是抹在發芽穀物麵包上，都是不錯的選擇。

糖漬玫瑰花瓣

材料

2杯新鮮紅玫瑰花瓣　　　　1顆蛋的蛋白

1杯砂糖

作法

1.過程中請觀想。

2.洗淨玫瑰花瓣，拿一把小剪刀剪掉每個花瓣的白色底基後吸水晾乾。稍微將蛋白打過，將花瓣放入蛋白中浸濕，接著在每片花瓣上均勻灑糖，隨後擺到未抹油的烤盤上。請重複以上程序，直到所有花瓣都備好為止。

3.擺在陽光下曬乾，或是放進烤箱以攝氏120度烘烤，直到花瓣變硬晶化為止。

4.剪下幾張蠟紙，將一張鋪在錫罐內的底部，然後鋪一層玫瑰花瓣，並重複以上程序。

5.最後，將錫罐擺在陰涼乾燥的地方。

玫瑰蜂蜜

材料

1杯新鮮玫瑰花瓣（準備方式見「靈通玫瑰冰淇淋」 P319）

2杯蜂蜜

作法

1. 準備玫瑰時請記得觀想。將蜂蜜倒進玻璃鍋，以中火加熱，沸騰後轉為小火，接著倒入花瓣煮9分鐘左右，然後從火上拿開。請拿布蓋住玻璃鍋，靜置24小時。

2. 再度以中火加熱至沸騰，並以咖啡濾紙將蜂蜜濾到附蓋玻璃罐中，隨後將蓋子蓋緊，靜置3天。

3. 抹在發芽穀物麵包上，就是一道促進靈通的料理。

Chapter

28

保持

安寧與快樂

魔法師知道，

我們不可能永遠保持安寧或快樂，

世上也確實有能促進快樂、產生安寧感的食物，

但它們無法憑空運作，

你這位食客得「允許」能量發揮作用……

我們都有壓力，也容易沮喪。我們的工作、與他人的互動，以及我們文明本身的結構，都是壓力之源。

除此之外，當我們開車或趕公車、開信封、接電話、要求雇主加薪時——都是在體驗壓力。

我們許多人總是聽任壓力壓垮自己，我們可能會因此意志消沉，或是想「逃」進改變心智或情緒的物質中（如果你嚴重沮喪，或者覺得自己可能有情緒問題，請諮詢合格的治療師，你的醫師應該能為你轉診。如果任何形

式的癮頭已經掌控了你的生活，請向匿名戒酒會、匿名戒毒會等機構尋求協助）。我們的身體和心智都告訴我們要停下來，釋放壓力，放鬆身心。

壓力是我們日常生活的一部分，但對立面也始終存在——安寧、快樂、放鬆。

我們許多人會藉由冥想釋放壓力，有些人會運動，或是去看按摩治療師。半個小時的瑜伽對多數人來說很有效，但還有沒有其他事能促進生活中的安寧與快樂呢？

確實有，我們可以食用傳統上用來促進快樂、產生安寧感的食物。當然，本章勾勒的這類料理無法憑空運作，你這位食客得允許能量發揮作用才行。你必須扮演主動的角色，將身體、情緒、財務、心理的壓力效應，**轉化為安寧與快樂**。

魔法師知道，我們不可能永遠保持安寧或快樂，畢竟我們是人啊。但在飲食中加入某些食物——並採取另外幾個簡單的步驟——有助於增加我們的快樂，帶來心裡的平靜。

請你理解，**快樂與安寧是來自內心**。

除了自己，沒有任何人能給予我們快樂與安寧。雖然我們與他人在一起時或許能感受到快樂與安寧，但我們是唯一能讓自己體驗到這類感受的人。

正向思考是一種改變的管道，我永遠感激我的父親早年教會我正向思考的基本道理。過去我很憤世嫉俗，但如今已學會了正向思考的力量。

不要總是只從你看見或聽到的事物中尋找負面訊息，請往正面看，改變你的思考模式。如果你習慣忿忿不平、憤世嫉俗地看待世

323

界，請改變你的思考方式。當然，如果你的生活中沒有任何溫暖、工作沒有未來或根本沒有工作、朋友很少、帳單卻很多，那麼事情可能很淒涼無望。人很容易陷入所有不公平中動彈不得，任由環境踐踏人生，坐以待斃。

但如果你決定做出改變，或是你判定自己尚未實現你所能達到或應該達到的人生，那麼請重新設定你和你的內在能量。**請為你的能量賦予正向思考**，改變生活——或許是斬斷如一灘死水的關係，或是轉換更令你滿意的工作。

當你開始採取步驟尋找人生的安寧與快樂時，可以每天花五分鐘坐下來思考。不要耽溺於人生中的負面事物，請思考正面的事情。

如果你希望的話，可以觀想自己的生活不久會閃閃發亮，這類短時間的「**冥想**」會開始改變你的思維，實地為你的個人力量賦予正面能量。

過去一如字面上所言：已經過去了。我們確實可以從中學習，但那不是未來的藍圖。我們可以創造出令人灰心的未來，也可以創造出快樂的未來，所以，請從今天開始創造自己的未來，掌握自己的人生。**快樂不是過去的投影，而是我們天生的權利**，我們可以藉由重新設定自己的目標，接受自己應得的安寧與快樂，並且在此時、在今天讓自己快樂。

若要進一步加速改變，讓生活從慘澹變得快樂，你也要改變自己的飲食。

請一面觀想一面妥善準備以下的食物，這是另一種賦予生活安寧與快樂的方法。

食物

香料與花草

孜然 P177	牛至 P186
金盞花 P184	玫瑰 P189
馬鬱蘭 P184	番紅花 P190

　　將一點上述的香料與花草加入促進快樂與安寧的料理中，請以食指觸摸，並透過觀想來賦予其能量。

　　第二十七章的玫瑰食譜 P319-321 對於促進快樂有著良好的功效，但請少量食用，畢竟這些料理的含糖量很高。

蔬菜

黃瓜 P119	橄欖 P123
萵苣 P122	

　　如果你不喜歡上述蔬菜，那就不要食用，請不要強迫自己吃不喜歡的東西，否則只會令你更沮喪。

　　如前所述，缺少興趣會造成魔法飲食失效。

水果

蘋果 P139	桃 P158
杏 P140	柿子 P159
百香果 P157	覆盆子 P163

一片新鮮的熟水果就是撫慰人心的食物。

這邊要提醒你：食用或烹調之前，請先在水果上畫圓形及四臂等長的十字圖案。

其他保持安寧與快樂的食物

芹菜湯 P115	小扁豆 P084
起司披薩（牛至口味）P186	奶類 P250
巧克力 P203	番紅花麵包 P089
魚 P225	番紅花飯 P313
蜂蜜 P197	葡萄酒 P233
檸檬派 P152	

以上是能讓你保持安寧與快樂的食物，在準備和食用時，請別忘了最重要的觀想，如此才能為你的人生注入一股全新的能量。

要避開的食物

酒精（過量的話）	根莖類食物
咖啡 P242	鹽 P218
不易消化的食物	辛辣的食物
紅肉	茶 P240

請**少量多餐**，避開任何不易消化的食物和只以紅肉提供蛋白質的餐點。請少吃糖，糖一下肚就會提升血糖，產生愉悅的感受，但這種效果會很快消褪，只留下危險的沮喪狀態。想吃甜食時請吃新鮮水果，也可以食用所有愛情食物，但是加入大量糖的食物除外。

準備與烹調安寧與快樂食物

烹調或準備這類食物時，請在廚房點燃**白色或淺藍色蠟燭**，並將蔬菜與水果切成圓形或球形來促進安寧感。

不得不說，以百香果為水果飲料、為「熱帶」風優格增添風味的做法正日益風行，請到雜貨店尋找這類產品，加入你的安寧與快樂飲食中。你家附近或許買得到百香果籽沙拉調味醬；當然，你也可以透過郵購購買。

雖然上面列出了許多健康食物，但有些人可能會聚焦於下列兩

種：葡萄酒與巧克力。少量的酒（一天不超過一杯）是我們的良伴，可以安慰辛苦工作一天的自己，但超過一杯，它就不是良伴而是敵人了，請小心。

第十三章曾提過，巧克力含有的物質，似乎會促使大腦分泌撫慰人心、令人放鬆的化學成分，乍看之下，這似乎沒什麼不好，但是要注意：吃巧克力很容易上癮，**一旦我們開始仰賴某個物質，就不可能真心感覺快樂。**

再次提醒你，請適量食用。

食譜

永遠快樂飲料

材料

½杯蘋果汁	½杯櫻桃汁
½杯杏汁（或露）	4或5顆新鮮覆盆子

作法

1. 花幾秒時間混合上述成分，倒進玻璃杯。

2. 將雙手擺在杯子兩側開始進行觀想，喚醒存在於水果中的安寧能量。只要想喝就倒一杯，剩下的放進冰箱，有時也可以改喝一杯蘋果汁。

安寧蘋果酒蛋糕

材料

3杯篩過的麵粉	½茶匙泡打粉
¼茶匙碎肉豆蔻	¼茶匙碎肉桂
½杯軟化奶油	1½杯糖
2顆打散的蛋	½杯蘋果酒

作法

1. 將烤箱預熱至攝氏177度。

2. 量香料、麵粉、泡打粉的份量時，請觀想自己是個心中安寧祥和的人。將前四種成分一起過篩，然後擺在一旁。

3. 拿大攪拌碗攪拌奶油與糖，接著加入蛋，時而再加入麵粉混合物與蘋果酒一起攪拌。以麵粉混合物來開始並結束。

4. 將麵團放進塗有奶油的長形烤盤，以攝氏177度烤1個小時，或者直到牙籤戳進蛋糕中央再拿出來時不沾黏為止。

Chapter

29

啟動 *淨化*

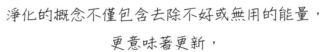

淨化的概念不僅包含去除不好或無用的能量，
更意味著更新，
這兩點淨化飲食都做得到。
它也能協助你清理出一條改變的路徑，
讓你能更順利進行其他類型的魔法飲食。

有時候，我們會覺得自己變得不像自己，有可能是因為幾個禮拜以來我們都在思考某件事，或是正從一段不令人滿意的關係中抽身，也或許我們只是領悟到，改變的時機到了——是時候戒掉癮頭或轉化人生了。

如果（當）情況是如此，淨化飲食有助於創造實際的轉變。請將本章提到的食物加入你的飲食中，並搭配觀想來備料，吃進它們的力量可以掃除你身心與情緒的蜘蛛網。

淨化的概念不僅包含去除不好或無用的能量，更意味著更新，這兩點淨化飲食都做得到。

有些人歷經人生重大變化，如要斬斷對某物質的依賴時，可以進行淨化飲食，這類飲食能當成精神追尋旅程的一部分。它也能協助你清理出一條改變的路徑，讓你能更順利進行其他類型的魔法飲食。

淨化料理為我們的身體與情緒帶來自己樂見的改變。如果你感覺自己受過去束縛、受情緒牽絆，或是他人在你身邊的舉動使你感覺「不潔」，請試著採用這種飲食一個禮拜左右。

這也是靈通者的理想飲食（不是指進行靈通飲食的人，而是指不需要努力開通便自然擁有靈力的人），這種飲食不會關閉你的靈通心智，反而能淨化從他人身上沾染到的負能量。進行促進保護的飲食後，請進行一週的淨化飲食，必要的話可以交替進行淨化與保護型飲食。

食物

香料與花草

水果

椰子 P211	萊姆 P152
葡萄柚 P149	甜瓜 P154
芭樂 P150	橙 P156
檸檬 P151	

其他啟動淨化的食物

茴香酒 P237	柳橙汁 P156
啤酒 P232	胡椒薄荷茶 P187
薄荷甜酒 P237	鹽（適量）P218
花	貝類 P227
新鮮果汁	湯類
蜂蜜 P197	蒸熟的食物
檸檬水 P152	醋 P221
檸檬雪酪	水
洋蔥湯	發酵製品

以上是你進行淨化飲食時可以享用的食物。

當然，水應該再純淨不過，瓶裝泉水是理想的水，我們一天應該喝八杯水來維持良好的健康。

要加強水的淨化性質，可以切一片新鮮檸檬到杯子裡。

要避開的食物

罐頭食品	紅肉
脫水食品	防腐食品

紅肉不應大量攝取，或者說根本不應食用。

請避開加工食品，特別是所有人工調味、上色、防腐的食物，新鮮永遠最好。

準備與烹調淨化食物

在廚房準備並烹調食材時，至少要點燃一根*白蠟燭*。請將食物切成圓形或長形——不要切成尖角狀的菜絲，因為在心理上與魔法上，這種形狀的淨化功效比不上圓形。

在每天的最後一餐後喝一杯啤酒有淨化之效，但就和所有酒精一樣，請喝一杯或一杯半就好。至於剩下的啤酒要怎麼辦呢？可以倒入

你的洗澡水裡，它可以淨化外界的能量（有些人喜歡在洗完頭後將溫啤酒倒在頭髮上——釀酒剩下的液體也可以這麼做）。

鹽是淨化物質，但務必少量使用。鹽是淨化的古代象徵，但今日我們知道，吃太多鹽也會要你的命。

我之所以推薦發酵產品，那是因為酵母生性是一種主動、活潑的食物。

如果你正在進行無酵母飲食（今日並不少見），那就不要食用任何發酵食物。只要不含有紅肉，湯類也是很好的淨化工具。

 食譜

改變之風飲料

材料

3顆柳橙	2顆葡萄柚
1顆檸檬	1顆萊姆
蜂蜜提味	

作法

1.將水果切片榨汁，同時觀想水果中的淨化能量。

2.將果汁倒進玻璃杯，加入1茶匙蜂蜜攪勻。嚐嚐味道，看是否要多加一點蜂蜜。在進行淨化飲食期間，只要想喝就隨時來一杯。

淨化蜂蜜酒

（無酒精）

材料

950毫升的水	1杯蜂蜜
1顆檸檬切片	½茶匙肉豆蔻
½顆檸檬榨汁	1撮鹽

作法

1. 切檸檬時，可以聞一聞檸檬淨化的香氣。請記得觀想，將水、蜂蜜、檸檬片、肉豆蔻倒入不鏽鋼或玻璃鍋中，煮至沸騰。

2. 不久後，水的表面會開始出現浮渣，請拿木匙撈掉浮渣，待水變得清澈後，加入鹽與檸檬榨汁。

3. 過濾並靜置冷卻，在常溫或冰涼的狀態下飲用。這是無酒精版的蜂蜜酒，具有良好的淨化功效。

Chapter

30

健康 *瘦*

在烹調及食用時，
請點燃一根黃色蠟燭，
並確定食物是營養、
有益且能幫你減重的……

雖然衡量理想體重的標準不一，並非人人適用，但我們之中仍有數百萬人的體重過重。有些人只超重幾公斤，有些人則超重了幾十或上百公斤。有些人只要發現體重多一公斤就抓狂，有些人根本毫不關心。

似乎可確定的一件事是——對自己的身體完全滿意的人很少。平面廣告、電視廣告、電影、電視節目等，充斥著臉蛋完美、牙齒完美、頭髮完美、身材完美的人，而沒有這些特質的我們，不得不日復

一日看著這些外表完美的人一輩子，這底下不僅傳遞著瘦就是潮的訊息——瘦被當成了自然（這是近年發展出來的風潮。一九六〇年代模特兒崔姬的成功，要為今日皮包骨的女性理想美負起一大部分的責任，這種瘦大多是由基因決定。節食是無法帶來那種瘦的，除非傷害健康，所以不要嘗試達到那種外觀）。

減肥中心在許多國家內都四處林立；每年都有數不清本減肥書出版；在食慾抑制劑、有氧運動課程、減肥支援團體上的花費更是成千上百萬美元。那麼多的人夢想著減去幾公斤，更重要的是，再也不要復胖。

我在第三部的〈魔法飲食介紹〉中就已經指出，《食物魔法顯化祕典》並不是那種「減肥書」，大多數人將「dieting」（diet有飲食的意思，也有節食的意思）與「減肥」畫上等號，但本書不是那類書籍。

飲食法林林總總：有低鹽、低膽固醇、高纖維、減重，甚至增重飲食。然而，任何飲食法要成功，都要放遠來看才行，因為「飲食」不是一時之事，它應當是**飲食習慣的永久改變**。

本章提供的並非全面性的飲食法，如果你把這些食物加入飲食中，烹調與食用時皆一面觀想，那它們確實有益於減輕體重——但這可不是減重的魔法保證。

在嘗試減重之前，請先諮詢合格醫師，確定你的問題不是由生理狀況所引起。一旦你掃除了這類疑慮，就可以開始在飲食中加入這些食物了。

每個減重計畫的基本要點是：

- ▶ 吃大量蔬菜
- ▶ 少吃脂肪與糖
- ▶ 多運動
- ▶ 不可跳過三餐

以下是減重的更多方法：

- ▶ **吃飯時專心吃飯，別做其他事**。不要看報紙、看電視（、滑手機）或從事任何其他活動。當然，你可以和桌子另一頭的人說話，但用餐時間請專注在用餐上。

- ▶ **不要以食物做為給自己的獎賞**——除非是本章列出來的食物。以熱巧克力聖代「獎賞」自己，其實是在給自己懲罰。你看出我的意思了嗎？

- ▶ **不要以食物來慶祝**。很多人都喜歡用食物來慶祝，如果你有減重需求，與親朋好友聚會，也不一定非吃吃喝喝不可，請選擇以其他活動來慶祝。

- ▶ **限制你在外的用餐次數**。我們都必須面對現實，不論你施行哪一種飲食法，如果你不加以掌控自己吃了什麼、如何準備，那就很難對該飲食法堅持下去。

- ▶ **一天吃三頓大餐或四頓小餐**。早餐不可跳過，根據證明顯示，這樣會減緩身體的新陳代謝，所以你的體重反而會有增無減！也就是說，不吃早餐也會增加你的膽固醇值。如果你能遵循這個訣竅，那奇蹟就在前方。

+✦食物

香料與花草

```
繁縷 P174   │ 茴香 P179
蒔蘿 P178   │
```

以上述花草為食物調味。

蒔蘿與四季豆很搭；茴香籽可以塞進披薩皮中——要記得，一頓飯吃一、兩片就好，不要超過；如果有的話，用餐前可以吃一點新鮮繁縷。

蔬菜

```
芹菜 P115      │ 海帶（所有海菜）P130
細葉香芹 P116  │ 洋蔥 P124
細香蔥 P118    │
```

事實上，所有沙拉生菜在減肥計畫中都很有效。

建議你淋上蘋果酒醋或以豆腐製作的沙拉醬，盡可能少用高脂高油的沙拉醬。

海菜雖然不是常見的減肥食物，但對減肥其實有絕佳助益，請將海菜加入湯和燉菜中。

其他減重的食物

蘋果酒 P140	蜂蜜 P197
葡萄汁 P149	醃漬物

舀滿一茶匙的蜂蜜，觀想自己已經變得纖細，然後吃下蜂蜜。請在**正餐前十五分鐘左右**吃蜂蜜，這樣能降低你的食慾，也能確實遏止你對糖的渴望。每當你有想吃糖的衝動時，可以改吃一茶匙蜂蜜。

或者，喝半杯不加糖的蘋果汁或葡萄汁來遏止對糖的渴望。

一天吃一個醃漬物，也是由來已久的減重觀念。

要避開的食物

脂肪	鹽 P218
炸物	蔗糖 P200

以上食物應該不令人驚訝吧？此外，也要避免攝取減重食品。研

究指出，低卡路里、人工增甜的食物往往會刺激食慾，導致人大量吃喝，根本減少不了卡路里。那些「*減重*」*飲料並沒有減肥功效*。

此外，所有人工甜味劑都有潛在的危險。蜂蜜的營養不會比糖好多少，但加工程度沒有糖那麼高，不僅有自身風味，而且可以買到的含蜂蜜食物較少，如此一來便減少了你吃甜食的可能。

如果你非吃含糖食物不可，請只吃自己準備的甜食——份量也要減少。

準備與烹調減重料理

在廚房烹調及食用的時候，請點燃一根**黃色蠟燭**，以加強你的意識決心。

確定要吃甜食的時候，請以果汁或蜂蜜增添甜味。再次提醒，請**減少份量**。六十四平方公分的蜂蜜蛋糕會比三十二平方公分的蜂蜜蛋糕好吃嗎？當然不會。

請慢慢吃，細嚼慢嚥，對每一口吃下的東西都要當心。吃的時候要確定食物是營養、對你有益的，而且能幫助你減重。

Chapter

31

其他魔法
飲食

除了前面列出來的魔法飲食，
我相信接下來介紹的內容你同樣會感興趣。
話不多說，請好好享受，
這些額外滿溢的魔法力量。

除 了前面的幾個常見且一般人常需要的魔法功效，本章會簡短
描述其他可以遵循的魔法飲食。

增強體力與魔力

提供體力的食物有額外的魔力，兩者無差別，只是目標不同。

水果

香櫞 P145	無花果 P147
椰棗 P147	鳳梨 P160

其他增強力量的食物

巧克力 P203	蘭姆酒 P238
咖啡 P242	鹽 P218
苦苣 P120	煸炒的食物
焗燒菜	辛辣的食物
蜂蜜 P197	螺旋藻 P132
韭蔥 P121	茶 P240
紅肉（瘦肉）	豆腐 P131

要避開的食物

所有容易引人入睡的食物，例如萵苣與葡萄。

另外，這邊得提醒你，你也必須避免很甜的食物，因為吃完後不久很容易進入半夢半醒的狀態。

準備與烹調增強力量的食物

請在廚房點燃**紅色或紫色蠟燭**，煸炒能增添食物的能量效應。

雖然進行魔法儀式前最好不要吃東西，但兩個小時前吃一點輕食倒是無妨。

⁺⁺促進生育力

許多夫婦會千方百計地增加生孩子的機會，若你們都檢查過，沒有人不孕，請試著將以下食材加入你的飲食中，要記得觀想！

水果

無花果 P147	桑葚 P155
葡萄 P148	石榴 P161

其他促進生育力的食物

大麥 P078	奶類 P250
蛋 P244	罌粟籽 P188

雞蛋麵包 P089	米飯 P086
榛果 P212	芝麻 P216
十字麵包 P096	水田芥 P137

準備與烹調促進生育力的食物

在廚房烹調或混合食材時，請點燃*綠色蠟燭*。如果可能的話，請在床上與你的情人一起享用，繼續努力！

✦ 接地氣

感覺自己似乎無法專注、靈知太過開放、脫離物質世界太遠時，建議你採用接地氣的食物計畫。當你感覺自己迷失在夢幻世界中、幻想蒙蔽了心智時，請吃以下的食物。在你大力進行魔法或靈性儀式後，這些食物也有助於讓你重新接觸大地，回到現實。

蔬菜

菜豆（各種）P110	馬鈴薯 P126
紅蘿蔔 P114	番薯 P134

只要撒點鹽，不只很美味，也能加強你與現實世界的連結。

其他接地氣的食物

餅乾 P100	大量蛋白質
起司 P254	紅肉
起司煎蛋捲	花生 P214
蛋 P244	鹽（適量）P218
穀物	豆腐 P131

要避開的食物

啤酒與所有含酒精的食物 P230	靈力食物
酵母（發酵）麵包與烘烤食品	海鮮
含有花的食物	蔗糖 P200

準備與烹調接地氣的食物

請在廚房點燃**黃褐色或褐色蠟燭**，並將食物切成方塊，擺在方形盤子（如果有的話）裡，直接上桌。

⁺刺激意識心智

　　這些食物可以幫助我們清楚地處理問題，如簽署支票、填表格、為考試和測驗用功等，它們能刺激意識心智。

香料與花草

蒔蘿 P178	迷迭香 P189

堅果

栗子 P211	核桃 P217
榛果 P212	

其他促進意識心智的食物

咖啡 P242	茶 P240
蜂蜜 P197	水田芥 P137
葡萄乾 P148	

要避開的食物

所有會招引靈性的食物。

準備與烹調刺激意識心智的食物

請在廚房點燃**黃色蠟燭**，並觀想你的意識心智正以最高效率開始運作。

⁺✛求好運

「好運」是一個含糊的字眼，所以本書只要提到這個詞，大多會加上引號。

有些人相信他們的運氣「不好」，希望能擁有「好運」，而我在本書詞彙表中為「好運」下的定義是——

「個人做出及時、正確的決策，並且採取正確的行動，讓自己置得以身於正面情勢的能力。『厄運』是起自於無知及不願意接納自我責任。」

因此，無論正面或負面，好還是壞，**我們的「運氣」都是自己一手造成的。**

如果你希望的話，可以將下列食材加入你的飲食。備料與食用的同時，也請觀想。

所有我們需要的「運氣」，都存在於自己的內心，吃這些「好運」食物或許能讓你理解這點，請好好享用吧。

好運食物

香蕉 P141	百果派（新年食用）P105
黑眼豆	麵條（中國新年食用）P223
甘藍 P113	肉豆蔻 P185
椰子 P211	煎餅 P106
涼拌高麗菜	梨（感恩節食用）P159
綠色食物	紅豆飯 P087
榛果 P212	德式酸菜 P114
金桔 P151	

準備與烹調好運食物

請在廚房點燃綠色蠟燭。

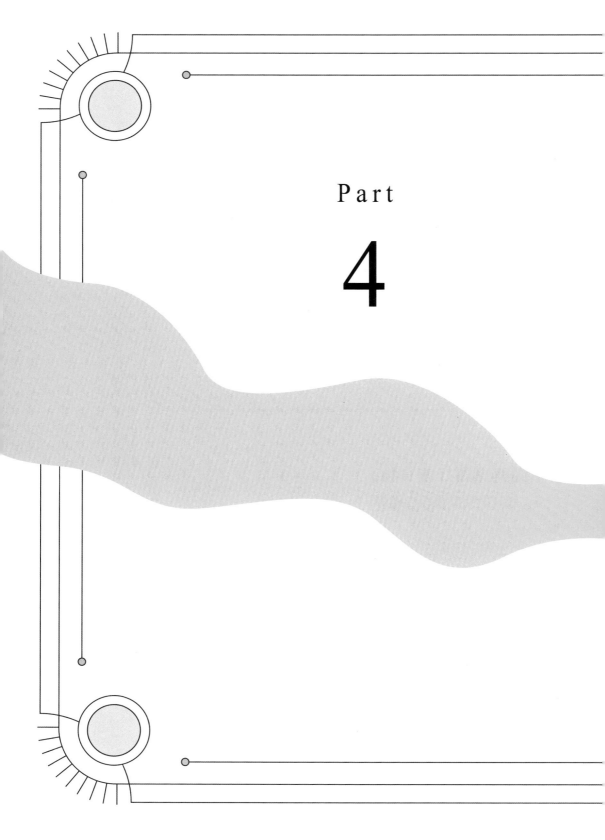

Part

4

史考特的未公開食譜

史考特的
未公開食譜介紹

我們很高興能在本書中介紹史考特為另一本魔法食譜書所準備的各項食譜。史考特還未寫完這本食譜書就過世了，所以此書並未出版。但如今，本書特別收錄它的開頭部分，以及他最愛的食譜。請享受從「愛情派」到「三明治」的魔法食譜。

這些食譜將按開胃菜、飲料、甜點、主菜、沙拉、湯、蔬菜與小菜分章介紹。

振奮人心的全餐，正在以下篇幅中等著你。請將你的廚房轉化為魔幻的家庭空間，以烹飪掀起一場魔法風暴吧。

請試試史考特的食譜，好好享受魔法！

勒威林全球出版社編輯群

Chapter

32

開胃菜

當然啦,
做為開胃用料理,
當然得成功勾起你的餓才行,
請盡情享用具有超強保護能量的美食吧。

以下食譜雖然僅是簡單的開胃菜,但依然有它們神奇的力量,好好享用吧!

烤南瓜籽

份量:2杯左右

萬聖節在美國與起源地蘇格蘭都是受歡迎的節日,許多食物逐

漸與這個魔力之夜有所連結，而且因為僅在十月三十一日上桌，所以往往特別美味。

　　與萬聖節特別有關的食物包括：蘋果、堅果（尤其是榛果）、薑，當然還有南瓜（此指pumpkin）——南瓜是美國的萬聖節食物。

魔法用途
節慶食物——萬聖節／薩溫節 P069

材料
1顆南瓜　　　　　　　　　　鹽
1茶匙蔬菜油（可不用）

作法
1. 將烤箱預熱至攝氏177度。
2. 切開南瓜挖出籽，清洗南瓜籽，直至所有絲和橘色果肉都除乾淨。
3. 以棉製擦碗巾將籽拍乾，然後鋪在未塗油的烤盤紙或淺烤盤上。將南瓜籽送入烤箱烤至淺金褐色，請每幾分鐘就翻一下面，以便均勻烘烤，這是讓這道料理更加美味的必要步驟。
4. 從烤箱拿出烤盤，加鹽提味後靜置冷卻，然後上桌。請記得將未吃完的南瓜籽放進密封罐貯藏。

編輯註
　　蔬菜油主要用來塗在烤盤上，以免南瓜籽黏在上頭。

超市與五金行大多會在九、十月特別將萬聖節的餅乾模具拿出來賣，形狀通常是蝙蝠、貓、女巫、掃帚、大鍋、貓頭鷹和其他應景形象。以前的模具是金屬製作的，今日則是塑膠製。

沒有這類模具，你的魔法廚房就不算完整，請將模具用在以下食譜中。相信我們，成品將讓你相當滿意。

魔法花草吐司

份量：4人份

以下食譜中的新鮮細香蔥、香芹、羅勒、大蒜，能為吐司帶來超強的保護能量。

魔法用途
保護

材料

½杯軟化奶油	8個法國麵包球，橫切成7.5公分厚的小片
1茶匙新鮮細香蔥切碎	1茶匙新鮮香芹切碎
½茶匙新鮮羅勒切碎	1瓣大蒜切碎

作法
1.將奶油與細香蔥、香芹、羅勒、大蒜攪拌成滑順可塗的糊狀。
2.塗在切片的法國麵包球上，然後烤到略呈褐色為止。

三明治

份量：4人份

魔法用途

節日食物——萬聖節／薩溫節 P069

材料

85公克奶油乳酪，置於室溫下　　　　1條黃瓜，去皮切成薄片

8片白麵包或小麥麵包（依你的喜好而定）

作法

1.將2片麵包薄塗一層奶油乳酪，其中一片放上大量黃瓜片，另一片放在覆滿黃瓜的第一片麵包上。

2.拿出萬聖節餅乾模具（或只要是星星與月亮形的模具即可）壓在三明治中央，接著移走外緣的麵包。剩下的材料請重複上述程序。

變化

　　給兒童的三明治可以夾入各種食材：波隆那火腿、花生醬配果醬等。**警告：這類三明治消失得很快。**

史考特註

　　我不會浪費外緣的三明治，每次都會吃掉。

飲料

女巫釀、醉南瓜、快速愛情飲料……
琳瑯滿目的選擇令人眼花撩亂，
卻又讓人難以抉擇。
這些飲料之中，
你想先來哪一道呢？

以下食譜多為節日食物，無論如何，請務必試試。準備和用
時務必謹記節日的意義。

馬德拉快速愛情飲料

魔法用途
愛情

材料

馬德拉酒　　　　　方糖

橙皮庫拉索酒

作法

　　這道食譜相當簡單，若想要做出1杯優質的馬德拉快速愛情飲料，請在馬德拉酒加入2塊方糖、4滴橙皮庫拉索酒。

份量：1人份

　　這道食譜的靈感來自一種美味的飲料，加州聖地牙哥巴爾波亞公園名聞遐邇的雷莫洛餐廳（Cafe del Rey Morro）只有在十月時才供應這種飲料。

　　如果比例得宜，這裡的食譜將接近原版飲料。

魔法用途

節日食物——萬聖節／薩溫節 P069

材料

碎冰塊　　　　　　　1個容量300毫升的鬱金香玻璃杯

牙籤　　　　　　　　鳳梨塊（如果有的話，請用新鮮鳳梨）

22毫升白蘭姆酒　　　22毫升黑蘭姆酒

7.5毫升橙皮庫拉索酒　　酸甜汁

60毫升柳橙汁　　　　　60毫升鳳梨汁

紅石榴糖漿　　　　　　瑪拉斯奇諾櫻桃

作法

1.在玻璃杯裡裝冰塊，倒入白蘭姆酒、黑蘭姆酒、橙皮庫拉索酒、酸
　甜汁、柳橙汁、鳳梨汁。

2.最後倒一點紅石榴糖漿，並以牙籤串鳳梨塊及紅櫻桃做裝飾。

魔法用途

節日食物——萬聖節／薩溫節 P069

材料

1顆南瓜（指pumpkin）　蘋果酒

蔓越莓汁雞尾酒　　　　薑汁汽水

蘭姆酒

作法

1.切開南瓜頂部，挖出南瓜籽並盡量仔細清洗南瓜內部。

2.倒進大約等量的蘋果酒、蔓越莓汁雞尾酒、薑汁汽水、蘭姆酒，直
　到裝滿為止。

3.最後再將飲料從南瓜中倒入深鍋加熱，等一沸騰就重新倒回南瓜中，趁熱上桌。

史考特註

留下南瓜籽，用在「開胃菜」中的「烤南瓜籽」P353 中。

份量：10人份

魔法用途

節日食物——萬聖節／薩溫節 P069

材料

3顆柳橙	3茶匙全株丁香
3.8公升蘋果酒	1茶匙碎肉桂
1茶匙碎肉豆蔻	1根肉桂棒
1杯柳橙汁（可不用）	

作法

1.仔細清洗柳橙，然後釘入丁香。

2.將蘋果酒倒進大鍋中，以低溫加熱，接著加入釘滿丁香的柳橙、肉桂、肉豆蔻、肉桂棒，然後不上蓋燉煮13分鐘。想要的話，可以加入柳橙汁。

3.最後倒進馬克杯上桌。

編輯註

　　要為柳橙釘丁香時，可先拿冰鑿或剔肉豆蔻的工具刺穿橙皮，這些洞能讓整株丁香較容易塞進橙皮。

杏桃白蘭地快速愛情飲料

魔法用途
愛情

材料
杏桃白蘭地

作法

　　將杏桃白蘭地加入任何飲料中。

薑茶

份量：4人份

　　薑是一種充滿暖意又芬芳的香料，也是一種強而有力的招財食物。另外，肉桂能加強薑的威力，你可以大方的加進去。

魔法用途

愛、金錢、成功

材料

5杯水　　　　⅓杯新鮮薑根，去皮切成薄片

¾杯糖　　　　½茶匙碎肉桂

作法

1.將薑切成薄片，與水一起倒入深鍋，煮沸20分鐘。

2.瀝出薑，加入糖與肉桂，攪拌至糖融化為止，最後趁熱倒進馬克杯
　上桌。

份量：10人份

　　在寒冷的萬聖節之夜，這種飲料是真正的「暖身酒」，請讓你的
成人朋友試喝看看。

魔法用途

節日食物──萬聖節／薩溫節 P069

材料

3瓶紅酒　　　　　　3顆柳橙

3茶匙全株丁香　　1茶匙碎肉桂

1茶匙碎肉豆蔻　　1根肉桂棒

1杯柳橙汁（可不用）

作法

1.仔細清洗柳橙，然後釘入丁香。

2.將酒倒進鍋中，以低溫加熱，接著再加入丁香柳橙、肉桂、肉豆蔻、肉桂棒，然後燉煮13分鐘。想要的話，可以加入柳橙汁。

3.最後趁溫熱（非滾燙）時倒進馬克杯上桌。

編輯註

　　要為柳橙釘丁香時，可先拿冰鑿或剔肉豆蔻的工具刺穿橙皮，這些洞讓整株丁香較容易塞進橙皮。

Chapter
34

甜點

香蕉炸餅能興旺,
微醺鳳梨助好運,
再來道火辣之愛祈求保護。

以下食譜你可能聽過,基本上只要使用了水果,通常都能讓人回味無窮。

請好好享用這些美味的甜點吧!

土撥鼠日蛋糕

聖燭節(土撥鼠日)在古代是向太陽祈禱的時節,冬季在此時即

將結束。今日在美國，土撥鼠日是進行熱門的「天氣預測」形式的日子，請用以下蛋糕來慶祝這個節日。

魔法用途
節日食物——聖燭節／土撥鼠日 P065

材料

1½杯水	1杯未煮的即溶燕麥
1杯的半糖巧克力片（170公克裝）	1½杯麵粉
1½茶匙泡打粉	1茶匙鹽
1杯半軟化奶油	1杯滿滿的黑糖
¼杯砂糖	2顆蛋
糖霜（自行選擇口味）	

作法

1. 將烤箱預熱至攝氏177度。
2. 拿中型尺寸的鍋將水煮沸，加入燕麥攪拌，然後蓋上蓋子，從瓦斯爐上移開，並靜置20分鐘。
3. 在水逐漸加熱但尚未沸騰前，將巧克力片放入疊鍋中融化，攪拌後靜置一旁。
4. 拿小碗混合麵粉、泡打粉、鹽後靜置一旁，再拿大碗將奶油、黑糖、砂糖打成乳狀，並打進蛋，一次1顆。
5. 將燕麥與融化的巧克力倒進大碗中，再將麵粉混合物倒入且充分

攪拌，緊接著將麵糊倒進塗油並灑麵粉的烤盤（33×23×3.8公分），烤35到40分鐘。

6.取出蛋糕，靜置5到10分鐘後，再移到平坦的表面或分裝盤上。

7.等完全冷卻後，請在蛋糕頂端與四周灑上你選用的糖霜。

份量：3人份

魔法用途

興旺

材料

1杯篩過的萬用麵粉	2茶匙泡打粉
1茶匙鹽	¼杯糖
1顆打散的蛋	⅓杯牛奶
2茶匙融化奶油	3根結實的香蕉
¼杯玉米粉	食用油
½杯生奶油	

作法

1.在深鍋中倒入5公分高的油，以攝氏177度加熱。

2.將麵粉、泡打粉、鹽、糖篩入同一個大碗；取另一個碗，將蛋、牛奶、奶油倒入碗中攪拌，接著，再倒入裝麵粉的大碗中，一起攪拌

成滑順堅硬的糊狀。為了均勻浸油，有必要的話，可以再倒入極少
量的牛奶。

3.將每根香蕉去皮，沿順時針方向切成4段，每段都裹上玉米粉，並
拿鉗子為香蕉各面裹上麵糊。

4.輕輕將香蕉放入油中，以免濺油。請炸到呈金褐色為止，油炸期間
請務必時時翻面。待淋上生奶油後上桌。

　　鳳梨是好客的象徵，也具有強力的保護功效，結合蘭姆酒後效力
更是加倍。以下的食譜滋味清新，而且僅限成人食用。由於新鮮鳳梨
不好準備，所以我納入兩個版本的食譜，請享用！

份量：4人份

魔法用途
保護、「好運」、金錢

材料
1顆新鮮的整顆鳳梨　　　白蘭姆酒

作法
1.選一顆能直立的鳳梨，切掉鳳梨頂端。

2.拿一把鋒利靈活的長刀沿著皮內約2.5公分的地方往下環切，碰到

底部時請試著彎一下刀子再切。如果順利，你應該能將鳳梨從皮中整顆拿起，並且留下完整的皮（可能需要稍微拉扯）。

3.請將鳳梨果肉放上砧板，縱向切下多汁的長條果肉，去除硬梆梆的果心。

4.將果肉放回鳳梨皮內，倒入足夠的蘭姆酒來浸沒果肉，最後將鳳梨頂端放回去。

5.請放入冰箱一晚，待隔天冰冰涼涼地上桌，就是一道沁人心脾的招財點心。

變化

假如你不想切新鮮鳳梨，可以取兩罐鳳梨塊去水使用。請將鳳梨塊放進碗裡，倒入蘭姆酒浸沒果肉，緊緊蓋住碗後，再放進冰箱靜置一晚。不管使用哪一種，你都能獲得美味的甜品。

火辣之愛

份量：4到6人份

魔法用途
保護、「好運」、金錢

材料

½杯黑糖	¼杯白蘭姆酒
½杯奶油	1顆完整鳳梨（或2罐裝在果汁裡的鳳梨圈）

作法

1.將烤箱預熱至攝氏177度。

2.如果你使用的是新鮮鳳梨，請去皮去心後，將果肉切成厚約1.3公
　分的鳳梨圈。

3.在淺烤盤裡鋪上一層鳳梨圈，上面點幾滴奶油並灑上黑糖，接著將
　烤盤放進烤箱，烤到糖與奶油呈淺褐色為止。同一時間，也請拿小
　鍋稍微加熱蘭姆酒。

4.完成後，將鳳梨圈從烤盤上挪到保溫鍋中或其他隔熱容器，最後淋
　上加熱後的蘭姆酒並點燃，趁這時上桌。

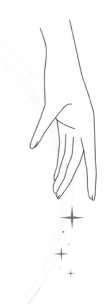

Chapter 35

主菜

鮋魚、大比目魚、
鯡魚等特別招桃花，
牛肉是最具保護功效的食物之一，
從引人垂涎的主菜吃出魔力。

做為一份套餐中最有份量、最豐盛、最有飽足感的主菜料理，
該怎麼做才會既美味又發揮其魔力呢？

美人魚之愛

　　有許多種魚特別適合用來招桃花，包括鮭魚、鮋魚、大比目魚、
鯡魚、鯷魚等，龍蝦也有同樣的功效。

魔法用途
愛

材料

1片新鮮魚肉（選用你喜歡的魚種）　　3茶匙奶油

1顆中型洋蔥，切片並抹鹽　　　　　　胡椒

作法

1.將烤箱預熱至攝氏177度。

2.將新鮮魚片放在一大張鋁箔紙上，淋上一點奶油，擺上洋蔥片，並
以鹽及胡椒調味。

3.折疊鋁箔紙並封好，烤12分鐘或直到烤好為止。

份量：6人份

　　無數個世紀以來，人類總是不斷尋求能刺激愛情或情慾的食物、
藥劑、異國材料，而在這長達四千年的追尋中，人們發現有幾種食物
的效果較其他食物更勝一籌。

　　話不多說，讓我們直接開始吧。

魔法用途
愛情

材料

1打頂級牡蠣　　　　　　　1片牛排，切成2.5公分寬的長條

奶油　　　　　　　　　　　麵粉

¾杯牛肉清湯　　　　　　　½杯水

2茶匙玉米粉（可不用）　　1張派皮

2茶匙牛奶

作法

1.將烤箱預熱至攝氏177度。

2.將牡蠣切成兩半，每條牛肉放入半個牡蠣與一小塊奶油，然後捲起
　來裹上麵粉，放進派盤。

3.將牛肉清湯與水淋在牛肉牡蠣捲上，接著蓋上派皮，請務必在頂端
　撕裂一些口，讓蒸氣能逸散。

4.最後以牛奶塗刷派皮，烤1.5小時。

編輯註

　　要讓派的醬汁更濃稠，可將2茶匙的玉米粉放入清湯與水中，再
將這液體倒在牛肉牡蠣捲上。

照燒牛肉串

份量：48根牛肉串

　　不得不說，對非素食者而言，牛肉是可得的食材中最具保護功效

的一種食物。以下食譜充分利用了這種美味食材的能量，並以大蒜來增進其功效。

魔法用途
保護

材料

900公克牛腩	½杯醬油
1茶匙雪利酒	3茶匙糖
⅛茶匙薑粉	1瓣大蒜切碎
串棒	

作法

1.將牛肉縱向切成長條狀（5x2.5x0.6公分）。

2.充分攪拌醬油、雪利酒、糖、薑、大蒜後，澆到牛肉上並開始浸泡，請放進冰箱冷藏至少30分鐘。

3.最後拿串棒戳好肉條，放進烤箱或在烤架上烤5分鐘，或直到烤熟為止。

女巫的萬聖節派

份量：6人份

以下食譜是從一道經典的英國料理「牧羊人派」變化而來。

這個版本名為「女巫的萬聖節派」，無疑十分的適合在萬聖夜享用，快試試看。

魔法用途
節日食物——萬聖節／薩溫節 P069

材料

1½杯魔法馬鈴薯 P385	1顆蛋
¼杯融化奶油	1顆中型洋蔥切碎
1瓣大蒜壓碎	450公克牛排切塊
½杯牛肉汁（現煮或罐頭皆可）	¼杯牛肉清湯
1片月桂葉	2茶匙新鮮香芹切碎
1茶匙伍斯特醬	鹽
胡椒	

作法

1. 依「魔法馬鈴薯」P385 的作法製作馬鈴薯泥，不過在搗泥的過程中，請加入1顆打散的蛋，然後靜置一旁。

2. 倒1茶匙奶油至鍋裡，煸炒洋蔥與大蒜至淺褐色，接著放入牛排煎至熟，期間請時時翻炒。

3. 將牛肉汁、清湯、月桂葉、香芹、伍斯特醬一起倒入鍋中，再以鹽及胡椒提味，請煮20分鐘，偶爾翻炒，然後倒入略上油的1.3公升砂鍋中。

4.倒入馬鈴薯泥，並以剩下的融化奶油塗刷其表面，最後放入烤箱以
攝氏202度烤20分鐘，或是烤到馬鈴薯呈淺褐色為止。這道料理請
務必趁熱上桌。

葡萄牙燉菜

份量：6人份

這種傳統菜餚源自住在西班牙巴斯克（Basque）地區的女巫，挺
適合愛吃肉的人。

魔法用途

節日食物——萬聖節／薩溫節 P069

材料

3800公克水	1360公克牛臀肉或後腿肉，切成小塊
450公克火腿	1顆大洋蔥，切成4等分
4根紅蘿蔔，去皮切片	2瓣切碎的大蒜
1片月桂葉	1茶匙切碎的香芹
450公克大蒜味煙燻香腸	胡椒（提味用）
4杯蕪菁葉，切成大片	4顆中型馬鈴薯，去皮切半
鹽（提味用）	1顆中型甘藍菜，去心後切成楔形
1罐鷹嘴豆	3顆蕪菁，去皮切成4等分
3顆番茄，去皮切成4等分（或1杯罐裝番茄去水）	

作法

1.將牛肉與水放進大鍋中烹煮。

2.水沸騰後去除浮沫，接著將火關小，蓋上蓋子繼續煮1小時，期間請偶爾攪拌。

3.加入火腿、洋蔥、番茄、蕪菁、紅蘿蔔、大蒜、月桂葉、香芹、鹽與胡椒後，再蓋上蓋子煮1小時，期間請偶爾攪拌。在等待時煎香腸，瀝乾油後加入甘藍、蕪菁葉、馬鈴薯、鷹嘴豆。

4.請將步驟2之食材放進牛肉湯鍋，不上蓋燉煮30分鐘左右，或是直到煮軟為止。

份量：6人份

這道食譜在戶外生火以大鍋煮，風味應該最佳。但請考慮一下鄰居，在自家廚房煮可能較適宜。

魔法用途

節日食物——萬聖節／薩溫節 P069

材料

1隻切好的全雞	8杯水
2片月桂葉	1顆切好的中型洋蔥
3片煮熟切好的培根	6根香腸（3.8公分長，有腸衣）

1根芹菜   鹽

胡椒   ½杯未煮的米

作法

1. 將雞肉、水、月桂葉、洋蔥、培根、香腸、芹菜、鹽、胡椒放入 5.7公升的鍋中，煮1個小時左右，或是煮到雞肉變軟為止，期間請偶爾攪拌。

2. 將湯倒進碗，靜置一旁。

3. 將雞肉去骨並放回鍋裡，加入米、3.5杯剛煮好的新鮮雞湯，蓋上蓋子再煮30分鐘。

Chapter

36

沙拉

古老的沙拉食譜，
其實具有神奇且魔幻的功效……

以下兩道沙拉食譜，都與愛情有關，沙拉食譜特別適合懶人，只要將食材拼拼湊湊拌一拌就可以上桌，美味程度也絕對不馬虎；作法不複雜，又魔力十足，超級推薦！

古羅馬催情沙拉

份量：4到6人份，依芝麻菜或甘藍菜的大小而定

以下的沙拉食譜很特別，也確實很古老——連羅馬詩人奧維德（Ovid）與馬提亞爾（Martial）都贊同它的效用了，相信你一定相當期待吧。

魔法用途
愛情

材料
沙　拉	1棵芝麻菜（或1顆小甘藍菜）	
沙 拉 醬	2茶匙醋	鹽
	1茶匙碎大蒜	現磨胡椒
	4茶匙橄欖油	

作法
1.將芝麻菜撕成小片。

2.混合醋、橄欖油、碎大蒜、鹽、胡椒後，淋到芝麻菜上，與其他催情食物一起上桌。

份量：4人份

這種沙拉在任何愛情料理中都是強而有力的開胃菜。

話不多說，快來品嚐看看吧。

魔法用途
愛情

材料

沙 拉	½顆萵苣，撕成小片	2顆番茄，切成楔形
	6根切片蘿蔔（約¼杯）	2根切段的芹菜（約¼杯）
法式酸豆醬	⅓杯紅酒醋	¾茶匙鹽
	¼茶匙現磨胡椒	1杯橄欖油
	1茶匙切好的酸豆	

作法

1. 製作沙拉：請將萵苣、番茄、蘿蔔、芹菜等食材放進大沙拉碗中攪拌在一起。

2. 製作法式酸豆醬：拿另一個碗放入醋、鹽、胡椒，一邊倒進橄欖油一邊攪拌，接著加入酸豆一起攪拌。

3. 將法式酸豆醬再淋上沙拉，拌一拌後上桌。

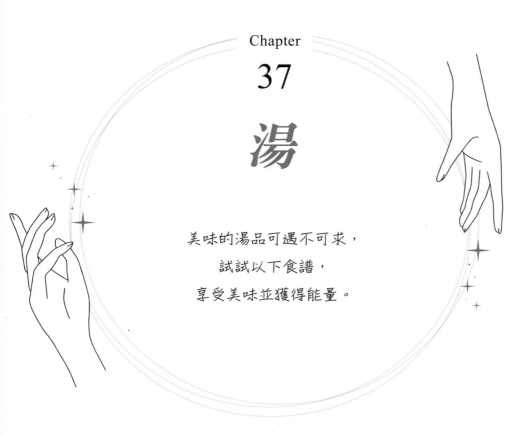

Chapter

37

湯

美味的湯品可遇不可求，
試試以下食譜，
享受美味並獲得能量。

還記得，童話裡的巫婆總是熬煮著不知道內容物的湯的畫面；也有傳說吉普賽女郎會煮「女巫湯」表白心上人；現在就讓我們來領教湯品的魔力吧！

綠湯

份量：4人份

下面這道湯確實是綠色的，相信我，或親自試試看。不知何故，但這種湯似乎是萬聖節的理想湯品。

魔法用途
節日食物——萬聖節／薩溫節 P069

材料
1杯新鮮菠菜	¼杯奶油
1杯切細的芹菜	2茶匙切段的細香蔥
½茶匙乾龍蒿	4杯雞湯
½茶匙糖	½茶匙大蒜鹽
1顆切片檸檬	

作法
1. 徹底洗淨菠菜並切細後，先靜置一旁。
2. 拿荷蘭鍋融化奶油，下芹菜，中火炒5分鐘，偶爾翻炒。下細香蔥、菠菜、龍蒿，炒3分鐘。下雞湯、糖、大蒜鹽，燉煮30分鐘。
3. 拿篩子篩除湯的蔬菜纖維，將湯舀進碗中，每個碗裡放1片檸檬。

馬鈴薯湯

份量：6人份

　　馬鈴薯不僅營養，也有絕佳的保護功效，請試試以下食譜。

魔法用途

保護、療癒

材料

2顆中型洋蔥，切細　　5顆中型馬鈴薯，去皮切塊

2茶匙鹽　　　　　　　2杯水

1茶匙奶油　　　　　　½杯麵粉

6杯牛奶　　　　　　　5片切好的培根

胡椒　　　　　　　　　1茶匙乾香芹

作法

1.將馬鈴薯塊與洋蔥塊放入大鍋，放鹽後以水覆蓋，接著蓋上蓋子，
　開中火煮到馬鈴薯變軟為止。

2.倒出水，再蓋上蓋子，將整鍋馬鈴薯與洋蔥靜置一旁。

3.拿荷蘭鍋開中火融化奶油，將麵粉攪入融化的奶油中，再緩緩攪入
　牛奶，做成醬汁；請將火開大，持續攪拌，等醬汁變濃稠後，再把
　火轉小，淋在馬鈴薯與洋蔥上。

4.拿小燒鍋將培根片煎脆，拿紙巾吸乾油後，將培根倒入湯中，加入
　鹽與胡椒提味。將湯分裝到碗中，灑上碎香芹後上桌。

招財湯

份量：6人份

這道招財湯食譜的靈感來自跨年夜期間經常用來招新年財運的儀式。不一樣的是，本書的版本任何時候皆可使用，而且十分美味可口。當然，這裡的銀色物品不是用來吃的，賦予高麗菜招財能量後就可以取出來了，同樣的物品可以依你的意思反覆使用。

魔法用途
金錢

材料

2杯水	1枚二角五分硬幣或1件銀色小物品
1½茶匙奶油	1顆切細的大洋蔥
1顆切碎的尖頭甘藍	4杯雞湯
鹽	胡椒

作法

1.將硬幣或銀色物品放進水中煮沸消毒後，先靜置一旁。

2.拿鍋開小火融化奶油，放入碎洋蔥，炒至淺褐色，接著倒入切碎的甘藍，煮到變軟為止，然後再扔進銀色物品。

3.拿另一個鍋將雞湯煮沸後，倒入蔬菜中。

4.最後把火轉小，燉煮10到15分鐘，加入鹽與胡椒提味。

Chapter

38

蔬菜與小菜

聽說有個神奇的儀式，

會將幾個符物烤成萬聖節蛋糕，

這些蛋糕蘊藏著神祕的力量，

每個人收到的不同符物會決定他的未來……

不要忽略蔬菜的魔力！它們既營養又有各種魔法用途，以下推薦兩道料理！相信我，你很快會深深著迷於此。

魔法馬鈴薯

份量：4到6人份

以下的食譜其實是某個食物儀式的簡化版，那個較複雜的儀式將

幾個符物烤成特別的萬聖節蛋糕，提供給未婚的年輕男女食用。每個人收到的不同符物決定了他的未來：收到硬幣的人會有錢；收到馬蹄的人會好運；收到頂針的人會變成老處女；收到鈕扣的人會打光棍；收到如願骨的人會心想事成。

　　這項習俗並未完全消失，在這簡單得多的版本中，我們使用的是馬鈴薯泥。

魔法用途
節日食物——萬聖節／薩溫節 P069

材料

1枚硬幣或符物	5顆大馬鈴薯，去皮切塊
1茶匙鹽	煮馬鈴薯的水
¼杯融化奶油	⅓杯溫牛奶
1茶匙鹽	¼茶匙胡椒

作法

1. 將符物放進水中煮沸後，靜置冷卻。若需要，可拿蠟紙包裹符物。
2. 在鹽水中煮馬鈴薯直到變軟，然後倒掉水。
3. 拿鍋子緩緩加熱牛奶，拿大碗將馬鈴薯搗成鬆軟、沒有顆粒的馬鈴薯泥，接著緩緩加入奶油與牛奶，再以鹽與胡椒提味。
4. 拿沙拉碗呈裝馬鈴薯泥，將符物藏進其中，收到符物的人下個月會很幸運。

朝鮮薊心派

份量：4到6人份

　　朝鮮薊是薊屬植物，這道鹹派運用了朝鮮薊與洋蔥的保護特性，只要吃上一口，那滋味將令人永生難忘。

魔法用途
保護

材料

1罐（410公克）朝鮮薊心　　1顆切好的大洋蔥

1茶匙奶油　　　　　　　　6顆蛋

⅓杯淡奶油　　　　　　　　225公克磨碎的蒙特利傑克起司或瑞士起司

鹽　　　　　　　　　　　　胡椒

1張直徑23公分的派皮

作法

1.倒出罐頭的水，將朝鮮薊心切段並保持溼潤。

2.以奶油煸炒洋蔥並留下水分，然後靜置一旁。

3.將蛋與淡奶油攪在一起，加入朝鮮薊、碎起司、奶油洋蔥，接著再加入一點鹽和胡椒，最後倒入派皮中，以攝氏177度烤40分鐘。

Part

5

補充資料

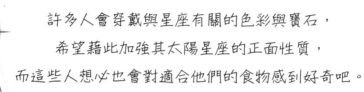

簡表

許多人會穿戴與星座有關的色彩與寶石，
希望藉此加強其太陽星座的正面性質，
而這些人想必也會對適合他們的食物感到好奇吧。

本章將列出食材的「行星屬性」、「元素屬性」和「星座屬性」三大簡表，當中還包含一些未在其他章節出現的食材。

行星屬性

以下的簡表總結了第二部的一些資訊。更多與魔法轉變有關的推薦食物，請見第二十一至三十一章。若要了解更完整的食物資訊，請參閱第二部。

太陽

#療癒 #保護 #成功 #魔力 #體力 #精力 #健康 #靈性

酒精 P230	乾貨	葡萄乾 P148
竹筍 P110	葡萄柚 P149	紅酒 P233
月桂 P172	榛果 P212	米飯 P086
楊桃 P144	蜂蜜 P197	迷迭香 P189
腰果 P210	金桔 P151	番紅花 P190
栗子 P211	萊姆 P152	芝麻 P216
菊苣 P175	金盞花 P184	南瓜 P128
肉桂 P175	橄欖 P123	葵花 P134
香櫞 P145	橙 P156	橘子 P165
玉米 P080	鳳梨 P160	墨西哥薄餅 P083
椰棗 P147	椒鹽卷餅 P090	核桃 P217
脫水食物		

月亮

#靈知 #療癒 #淨化 #睡眠 #愛 #友情 #靈性 #生育力 #安寧 #同情

藍莓 P143	優格 P253	百香果 P157

青花菜 P112	冰淇淋 P255	罌粟 P188
抱子甘藍 P112	檸檬 P151	馬鈴薯 P126
奶油 P252	小扁豆 P084	南瓜 P127
甘藍 P113	萵苣 P122	海藻 P130
花椰菜 P115	甜瓜 P154	舒芙蕾
繁縷 P174	奶類 P250	湯類
椰子 P211	奶昔	大豆 P131
黃瓜 P119	蘑菇 P123	西瓜 P166
蛋 P244	煎蛋捲	白酒 P233
葡萄 P148	木瓜 P157	

392

金星

#愛情 #和解 #美 #青春 #安寧 #快樂 #好運 #友情 #同情 #冥想

苜蓿芽 P133	酪梨 P141	巴西堅果 P210
蘋果 P139	大麥 P078	小豆蔻 P174
杏 P140	黑莓 P143	角豆 P206
櫻桃 P145	柿子 P159	蔗糖 P200
芭樂 P150	李 P160	番薯 P134
甘草 P183	覆盆子 P163	百里香 P192
油桃 P155	大黃 P129	番茄 P135

燕麥 P085	玫瑰 P189	松露 P136
豌豆 P125	黑麥 P088	香草 P193
桃 P158	螺旋藻 P132	小麥 P088
梨 P159	草莓 P164	

水星

#意識心智 #占卜 #用功 #自我提升 #溝通 #智慧

杏仁 P209	茴香 P179	香芹 P186
菜豆 P110	馬鬱蘭 P184	長山核桃 P214
葛縷子 P173	鬼臼 P154	胡椒薄荷 P187
芹菜 P115	桑葚 P155	開心果 P216
細葉香芹 P116	綠豆芽 P133	石榴 P161
蒔蘿 P178	牛至 P186	薑黃 P192

火星

#保護 #勇氣 #衝勁 #體力 #魔力 #性能量

朝鮮薊 P109	巧克力 P203	芥末 P185
蘆筍 P109	咖啡 P242	松仁 P215
香蕉 P141	芫荽 P176	商陸 P126

BBQ	蔓越莓 P146	仙人掌果 P162
羅勒 P171	孜然 P177	蘿蔔 P129
啤酒 P232	焰燒菜	莎莎醬
黑胡椒 P173	炸物	四川料理
紅蘿蔔 P114	大蒜 P180	辛辣的食物
辣椒 P117	薑 P181	茶 P240
辣椒鑲起司 P117	辣根 P182	天婦羅
細香蔥 P118	韭蔥 P121	水田芥 P137

木星

#財運 #受僱 #整體的興旺

多香果 P170	茄子 P119	小米 P085
洋茴香 P170	高價食物	肉豆蔻 P185
蕎麥 P079	苦苣 P120	花生 P214
丁香 P176	無花果 P147	豐盛的食物
蒲公英 P177	澳洲堅果 P213	鼠尾草 P191
甜點	肉豆蔻皮 P183	菠菜 P132

土星

以下食物有利於進行的魔法轉變較不完全一樣（見第二部）。

甜菜 P111	椁 P163
起司 P254	醋 P221
羅望子 P164	

元素屬性

風

　　一般而言，以下這食物有助於加強意識心智，老話一句，運用時別忘了觀想。

杏仁 P209	椰棗 P147	香芹 P186
竹筍 P110	苦苣 P120	長山核桃 P214
香蕉 P141	榛果 P212	胡椒薄荷 P187
菜豆 P110	蜂蜜 P197	松仁 P215
葛縷子 P173	金桔 P151	開心果 P216
細葉香芹 P116	馬鬱蘭 P184	米飯 P086
栗子 P211	桑葚 P155	鼠尾草 P191
菊苣 P175	橄欖 P123	橘子 P165
蒲公英 P177	牛至 P186	薑黃 P192

土

#接地氣 #金錢 #興旺 #生育力 #療癒 #受僱

多香果 P170	澳洲堅果 P213	南瓜 P127
大麥 P078	肉豆蔻皮 P183	檸 P163
甜菜 P111	楓糖漿 P206	大黃 P129
巴西堅果 P210	小米 P085	黑麥 P088
蕎麥 P079	蘑菇 P123	鹽 P218
奶油 P252	燕麥 P085	菠菜 P132
起司 P254	花生 P214	大豆 P131
茄子 P119	馬鈴薯 P126	小麥 P088

火

#勇氣 #保護 #衝勁 #性 #健康

酒精 P230	芫荽 P176	商陸 P126
朝鮮薊 P109	玉米 P080	石榴 P161
羅勒 P171	孜然 P177	椒鹽卷餅 P090
BBQ	蒔蘿 P178	仙人掌果 P162
月桂 P172	茴香 P179	蘿蔔 P129
啤酒 P232	無花果 P147	葡萄乾 P148

397

水

#愛 #靈知 #安寧 #快樂 #淨化 #療癒 #睡眠 #友情

黑莓 P143	花椰菜 P115	葡萄柚 P149
藍莓 P143	櫻桃 P145	芭樂 P150
青花菜 P112	繁縷 P174	冰淇淋 P255
檸檬 P151	桃 P158	草莓 P164
小扁豆 P084	梨 P159	蔗糖 P200
萵苣 P122	柿子 P159	番薯 P134
甘草 P183	李 P160	羅望子 P164
甜瓜 P154	罌粟 P188	百里香 P192
奶類 P250	覆盆子 P163	番茄 P135
油桃 P155	玫瑰 P189	松露 P136
木瓜 P157	湯類	香草 P193
百香果 P157	螺旋藻 P132	西瓜 P166
豌豆 P125	蒸熟的食物	優格 P253

星座屬性

　　人們自古以來就將植物與黃道十二宮連結在一起。

　　接下來，我將列出了十二星座所「掌管」的料理與一些主要食材，提供給各位參考。

　　為什麼要納入這些資訊呢？許多人會穿戴據說與自己的星座有關的色彩與寶石，希望藉此加強其太陽星座的正面性質，而這些人想能也會選擇適合他們的食物來吃，因為這些食物也受星座主宰。

牡羊座

多香果 P170	炸物、天婦羅	大黃 P129
朝鮮薊 P109	大蒜 P180	米飯 P086
BBQ	薑 P181	莎莎醬
紅蘿蔔 P114	薑餅 P063	四川料理
卡宴辣椒 P117	辣根 P182	紅蔥頭
辣椒 P117	芥末 P185	辛辣的食物
韭蔥 P121	洋蔥 P124	茶 P240
肉桂 P175	胡椒 P172	茴香 P179
丁香 P176	西班牙辣椒 P118	葡萄酒 P233
孜然 P177	罌粟籽 P188	蘿蔔 P129

金牛座

蘋果 P139	栗子 P211	派（一般而言）P103
蘋果酒 P140	餅乾 P100	皮塔餅 P089
杏 P140	醋栗	覆盆子 P163
酪梨 P141	格蘭諾拉麥片	大黃 P129
香蕉 P141	芭樂 P150	玫瑰 P189

大麥 P078	酪梨醬 P141	黑麥 P088
菜豆 P110	奇異果	菠菜 P132
黑莓 P143	芒果 P153	蔗糖 P200
麵包 P075	燕麥 P085	百里香 P192
蕎麥 P079	百香果 P157	番茄 P135
蛋糕 P091	酥皮點心	墨西哥薄餅 P083
酸豆	豌豆 P125	香草 P193
小豆蔻 P174	桃 P158	小麥 P088
角豆 P206	梨 P159	柿子 P159
櫻桃 P145		

雙子座

亞洲梨	芹菜 P115	薄荷 P188
苜蓿芽 P133	蒔蘿 P178	香芹 P186
杏仁 P209	茴香 P179	長山核桃 P214
菜豆 P110	大榛果 P212	胡椒薄荷 P187
巴西堅果 P210	檸檬草	開心果 P216
葛縷子 P173	小扁豆 P084	石榴 P161
碳酸飲料	馬鬱蘭 P184	

巨蟹座

清淡的食物	新月蛋糕	芒果 P153
麵包果	黃瓜 P119	醃製食物
甘藍 P113	蛋 P244	蘑菇 P123
蜜瓜 P154	冷凍食品	木瓜 P157
花椰菜 P115	西班牙冷湯	芋泥
起司 P254	冰淇淋 P255	馬鈴薯 P126
椰子 P211	克非爾優格	南瓜 P127
冷食	檸檬 P151	鹹派
螃蟹 P227	萵苣 P122	醬汁
貝類 P227	蒸熟的食物	西瓜 P166
蝦	南瓜 P128	白色的食物
舒芙蕾	芋頭	未煮的食物
湯類（一般而言）	豆腐 P131	優格 P253
大豆 P131	蕪菁	

獅子座

酒精 P230	乾貨	番紅花 P190
BBQ	葡萄柚 P149	芝麻 P216

炙烤的食物	焰燒菜	迷迭香 P189
烤羊肉串	咖哩類食物	酵母
腰果 P210	蜂蜜 P197	葵花 P134
洋甘菊	肉豆蔻 P185	橘子 P165
巧克力 P203	橄欖 P123	茶 P240
肉桂 P175	橙 P156	醋 P221
香櫞 P145	鳳梨 P160	核桃 P217
咖啡 P242	葡萄乾 P148	葡萄酒 P233
玉米 P080	米飯 P086	

處女座

杏仁 P209	苦苣 P120	花生 P214
大麥 P078	茴香 P179	長山核桃 P214
菜豆 P110	大榛果 P212	胡椒薄荷 P187
葛縷子 P173	馬鬱蘭 P184	開心果 P216
芹菜 P115	小米 P085	石榴 P161
菊苣 P175	燕麥 P085	黑麥 P088
蒔蘿 P178	香芹 P186	鹽 P218

天秤座

蘋果 P139	蛋糕 P091	醋栗
杏 P140	糖果	格蘭諾拉麥片
酪梨 P141	酸豆	奇異果
大麥 P078	小豆蔻 P174	芒果 P153
麵包 P075	角豆 P206	燕麥 P085
青花菜 P112	櫻桃 P145	百香果 P157
蕎麥 P079	餅乾 P100	義大利麵
酥皮點心	覆盆子 P163	塔類
豌豆 P125	玫瑰 P189	百里香 P192
桃 P158	黑麥 P088	番茄 P135
梨 P159	綠薄荷 P188	香草 P193
披薩	草莓 P164	小麥 P088
李 P160	蔗糖 P200	

天蠍座

多香果 P170	芫荽 P176	胡椒 P172
朝鮮薊 P109	孜然 P177	胡椒薄荷 P187

蘆筍 P109	大蒜 P180	西班牙辣椒 P118
羅勒 P171	薑 P181	松仁 P215
啤酒 P232	辣根 P182	紅蔥頭
紅蘿蔔 P114	韭蔥 P121	四川料理
辣椒 P117	芥末 P185	辛辣的食物
細香蔥 P118	洋蔥 P124	

射手座

洋茴香 P170	進口食物	墨西哥菝
香檳	可娜咖啡 P242	檫木
丁香 P176	楓糖漿 P206	八角
苦苣 P120	根汁啤酒	茶 P240
昂貴的食物	鼠尾草 P191	松露 P136
無花果 P147		

魔羯座

大麥 P078	冷凍食品	防腐食品
甜菜 P111	果醬與果凍	桲 P163

苦味的食物	豌豆 P125	羅望子 P164
起司 P254	醃漬物	蕪菁
玉米 P080	馬鈴薯 P126	醋 P221
蔓越莓 P146		

水瓶座

杏仁 P209	菊苣 P175	開心果 P216
洋茴香 P170	大榛果 P212	稀有的食物
菜豆 P110	榛果 P212	鼠尾草 P191
啤酒 P232	肉豆蔻皮 P183	綠薄荷 P188
巴西堅果 P210	馬鬱蘭 P184	八角
葛縷子 P173	桑葚 P155	香櫞 P145
碳酸飲料	香芹 P186	長山核桃 P214

雙魚座

洋茴香 P170	楓糖漿 P206	貝類 P227
馬賽魚湯	肉豆蔻 P185	雪酪
栗子 P211	根汁啤酒	湯類

垃圾食物的
魔法用途

雖然不鼓勵食用，
但如果你偶爾得吃冷凍或罐裝食物，
選購時請謹記它們的魔法特性。

本節會列出一些在各地雜貨店買得到的即食食品，其中經常提及品牌名稱，但廠商及其廣告代理商，或是其他與這些產品有關的組織，皆沒有提出任何魔法主張。

理想上，我們應該是居住在準備食物的時間相當充裕的世界，只吃健康、現做的菜餚，不僅鹽放得少，也不放人工防腐劑、調味劑或色素。然而，實際情況卻大不相同，晚餐不曾偶爾吃冷凍食物或罐裝蔬菜的人少之又少。今日健康、有機的現成食品已愈來愈常見（如冷

凍食品、湯料、棒棒糖等），但有時仍不易尋得。我必須提醒你，本節提到的料理**大多不是健康或有機食品**，購買前請先確認產品品牌，避免買到含味精（穀氨酸鈉）、肉苷酸二鈉、鳥苷酸鈉、硝酸鈉、山梨酸鉀、丁基羥基甲氧苯、二丁基羥基甲苯、高鈉（鹽）或其他食品添加劑的東西。有些食物有低鹽或低糖的形式，請到你家附近的雜貨店或食品店查看「營養食品」區。如果你偶爾得吃冷凍或罐裝食物，選購時請謹記它們的魔法特性，並依包裝上的標示準備食材。在準備食用的前一刻，請先觀想並賦予食物能量。

接地氣

▶ 冷凍鹹派

▶ 冷凍紅辣椒披薩（確認你買的品牌披薩含有真正的起司，而非「莫札瑞拉起司替代劑」；大多數披薩都不含有真正的起司！）

▶ 史陶弗（Stouffer's）冷凍索爾斯伯利漢堡排餐

愛

▶ 都樂（Dole）鳳梨罐頭（含鳳梨汁）

▶ 家樂氏（Kellogg's）香甜玉米片早餐脆片

▶ 哈根達斯（Haagen Dazs）「老媽的檸檬派」冰淇淋

▶ 好時（Hershey's）香吻巧克力

▶ 優鮮沛（Ocean Spray）摩納萊百香果飲料

▶ 琣伯莉（Pepperidge Farm）巧克力蛋糕

▶ 莎拉・李（Sarah Lee）櫻桃起司蛋糕

魔力與體力

▶ 可口可樂　　　　　　　　　▶ 百事可樂

▶ 李與培林（Lea and Perrin）塔巴斯科醬

▶ 罐裝辣椒（愈辣愈好）

金錢

▶ 家樂氏米香脆塊　　　　　　▶ 米香燕麥

▶ 瑪莉‧凱蘭德（Marie Callendar）黑莓派

▶ 威氏（Welch's）葡萄凍

▶ 通用磨坊（General Mills）奇里歐穀片

安寧

▶ 罐裝不加糖的蘋果醬　　　　▶ 克恩氏（Kern's）杏子露

▶ 普羅格列索（Progresso）小扁豆湯

保護

▶ 罐裝朝鮮薊心（食用前先倒掉水）　▶ 冷凍大蒜麵包

▶ 康寶（Knorr）韭蔥湯料　　　▶ 培伯莉洋蔥湯

▶ 蘿拉‧史卡德（Laura Scudder）夏威夷洋芋片

靈知

▶ 肉桂麵包　　　　　　　　　▶ 「美食家」冷凍魚片餐

▶ 七喜汽水

淨化

▶ 罐裝橫切葡萄柚（不加糖）　　　▶ 冷凍柳橙汁棒

▶ 美粒果（Minute Maid）檸檬汁

性

▶ 克恩氏芒果露　　　　　　　　　▶ 米糕

▶ 納貝斯克（Nabisco）無花果餡餅

　　注意：我不鼓勵固定食用上述食物！如果你一定得這麼做，請搭配新鮮牛奶、新鮮果汁和新鮮蔬菜。當然，如果可以的話，我會希望你盡可能少碰冷凍或罐裝食物，這是基於健康考量。

速食的魔法用途（如果你認為本小節實在不好，不讀也罷）

　　速食已經掀起了美國的飲食習慣革命，如今，速食已經成為我們生活固有的一部分。這類食物的滋味和品質通常還過得去，但其脂肪、糖、鹽含量高得驚人，卻又到處都買得到。

　　幾年前，聖地牙哥開了一間真正天然、有機、素食的速食餐廳，甚至也有得來速窗口。我還記得它的蔬菜湯很棒，酪梨、豆芽、起司、番茄三明治也很美味。不幸的是，因為無法與隔壁更垃圾的速食餐廳競爭，它不久就關門了。

　　以下——戰戰兢兢地——列出幾種基本的速食及其魔法特性。

警告！「均衡食用四大類食物」指的不是輪流吃漢堡王、麥當勞、溫娣漢堡（Wendy's）、白城堡（White Castle）這四間速食餐廳。**如果你真的要吃速食，應該是為了改變步調而吃——不要當成固定三餐！**另外，在對地球生態有更多覺醒與關懷的今日，最好還是避免光顧以發泡膠容器包裝餐點的餐廳。

▶ 香蕉船：愛　　　　　　　　▶ 魚片三明治：靈知

▶ 起司青花菜：保護　　　　　▶ 薯條：接地氣、保護

▶ 烤馬鈴薯：保護　　　　　　▶ 漢堡：接地氣、保護（見第五章）

▶ 冰茶：體力與魔力、意識心智　▶ 洋蔥圈：保護

奶昔

▶ 巧克力：愛、金錢

▶ 草莓：愛

▶ 香草：愛

　　本節僅收錄上述幾種食物，但我相信你自己能為每條簡表增添更多項目。我必須停手，不能再多寫任何一種速食了……

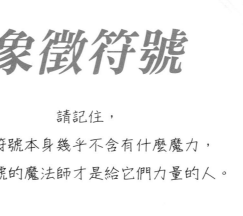

象徵符號

請記住，
象徵符號本身幾乎不含有什麼魔力，
畫出符號的魔法師才是給它們力量的人。

下頁的象徵符號既古老又新穎，運用在你的魔法料理中，能增添食物的特定能量。請選用適合這些符的食材：蔬菜可以切成各種形狀；披薩餅皮可以拉伸與壓平；餅乾可以切；酥皮點心可加上冰塊；麵包可以刻字。當然，這僅是我的象徵符號表。如果使用起來感到自在，也能產生更多能量的話，你也可以運用其他象徵符號。象徵符號本身幾乎不含有什麼魔力，畫出符號的魔法師才是給它們力量的人。

愛

保護

靈知

淨化

減重

安寧

靈性

金錢

生育力

性

詞彙表

如果遇見不熟悉的詞彙，
別慌張，
請翻閱下表，
從中汲取你所需要的知識與力量。

每段文字中的壓底紋斜粗體字詞，是要請你參考詞彙表中的其他相關條目。

▶ **阿卡夏（空）**：第五元素；充滿著宇宙且無所不在的精神力。阿卡莎是形成各元素的能量來源。

▶ **催情劑**：據說能產生性興奮的有機物質。

▶ **占卜**：透過詮釋雲朵、塔羅牌、火焰、煙霧等看似隨機形成的模式

或象徵來發現未知的魔法舉動。占卜透過**儀式** P418 與奉行或運用以上工具的方式來迷惑（或催眠）**意識心智**（見下一點），進而連接靈通心智。占卜對能輕易與靈通心智交流的人而言並非必要，不過他們仍可進行。

▶ **意識心智**：由社會所掌控的知性、理論化、物質主義的那一半人類心智，在日常活動中運作。請與**靈通心智** P418 進行比較。

▶ **詛咒**：刻意將負能量導向某人、地或物。與一般的觀點相反，詛咒其實非常罕見，而詛咒又稱為「**靈力攻擊** P418」。

▶ **元素**：土、風、火、水四種元素是宇宙的建材，存在於宇宙（或有存在的潛力）的萬物都包含一或多種上述能量。這些元素活躍於我們自身之內，也存於世上大部分地方。魔法可以運用它們來促成改變，而這四大元素源自於最主要的元素或力量：*阿卡夏* P415 。

▶ **能量**：存在於所有自然物體與存有──包括我們的身體──當中，但今日仍無從測量（但真實存在）的力量統稱。對許多人來說，這股能量是來自一切存有的神聖來源。*民俗魔法*（見下方）儀式也會運用能量。

▶ **民俗魔法**：一種實踐，透過運用**個人力量** P418，以及食物、水晶、花草等自然物體中的能量，來造成所需的改變。

▶ **邪眼**：邪眼據說會造成重大傷害（甚至死亡），過去世人無不對之戒慎恐懼，而這應該是一種潛意識的詛咒。

▶ **大母神**：超越時間的女性之源；女性造物者；宇宙中的撫育力量，帶來滋養與生育力。大母神的一種形式，與農業及大地物產有關。

▶ **接地氣**：暫時關閉靈知，重新將覺知連上物質世界的過程。

▶ **食物魔法**：運用自然存在於食物中的*能量* P416 來促成特定的個人轉變。這類魔法以能量來選用食物，透過儀式煮食，並將食物的能量引進施法者體內。*觀想* P418 是啟動食物能量的必須要件，用餐者也要對接納能量有所準備。

▶ **「好運」**：個人做出及時、正確的決策，並採取正確的行動，讓自己得以置身於正面情勢的能力。「厄運」是起自於無知及不願意接納自我責任。

▶ **魔法**：移動自然能量（如**個人力量** P418）來造成所需的轉變。能量存在於萬物：我們自身、食物、植物、岩石、色彩、聲音、動作等當中。魔法是「喚醒」或建構這股能量，給予其目標（透過**觀想** P418），並釋放能量來促成改變的過程。這是一種自然過程，沒有超自然之處，只是世人對其了解不深。

▶ **冥想**：反省、沉思，向內轉向自身，或者向外轉向神明或大自然。在這段安靜的時間裡，冥想者會思考特定思想或象徵符號，或是讓這些思想與符號不受壓抑地浮現。

▶ **異教**：「pagan」一詞來自拉丁文「paganus」，意指村民、鄉民。今日該詞用來泛稱威卡教徒，以及其他行巫覡之術、多神信仰、擁抱魔法的宗教。異教並非撒旦信仰，不危險也不「邪惡」。

▶ **五角星**：基本的五角星，觀想時要讓一角向上。五角星主要代表五種感官、五種元素（指土、風、火、水、空〔阿卡夏 P415〕）、手及人體。這是一種保護符號，據說早從古巴比倫時期就有人使用，而今日五角星通常與威卡連結在一起。五角星也是土元素的象徵，因此也是金錢的象徵。

▶ **個人力量**：維繫我們身體的能量。我們先從生身母親的子宮吸收這股能量，後來再從食物、水、陽光及其他自然物體中吸收，我們會在活動、運動、性交、懷孕、生子、思考、施法時釋放個人力量。

▶ **靈力攻擊**：見「***訊咒*** P416」。

▶ **靈通心智**：我們接收靈能衝動的潛意識或無意識心智。靈通心智在我們睡眠、作夢、冥想時運作；***占卜*** P415 是一種用來接觸靈通心智的儀式過程，直覺這個詞則是用來描述出乎意料地來到意識心智的靈通訊息。***靈通***（下一點）描述的是一種狀態，即意識心智可接觸到來自靈通心智的訊息。

▶ **靈通**：有意識地進入心靈、靈性狀態的行為。

▶ **儀式**：典儀，用來產生特定結果的某種活動、操縱物體或內在過程的特定形式。在宗教中，儀式是以契合神意為要點；在魔法中，儀式是一連串簡單的動作（外在與內在皆有），讓施法者將能量轉移至需要的目標。因此，施咒是一種魔法儀式。

▶ **觀想**：形成心理圖像的過程。魔法觀想是指在**儀式**（上一點）中為所需的目標形成圖像，而觀想也用來指引***個人力量***（見最上方）與自然***能量*** P416，以達到***魔法***的各種目標。這是一種***意識心智*** P416 的功能。

▶ **威卡**：一種現代異教，其精神根源於人類最早對大自然表達的敬意，早期人們認為大自然是神意的表現。威卡視神明為大母神與上帝，因此是多神信仰，而它也擁抱***魔法*** P417 及輪迴的實踐，許多威卡教徒自認能以「***巫師***」（下一點）來描述自己。

▶ **巫師**：這裡用的是Witch，指在前基督教時期的古代進行民俗魔

法，尤其是花草魔法的歐洲施法者。巫師這個詞本來是指施行**巫術**（下一點）的人，後來被刻意轉化成意指精神錯亂、危險、超自然的存在，其施行破壞性的魔法，威脅著基督教。必須說，這是組織性宗教的一種政治、經濟、性別歧視（指Witch一詞後來被「一般人」用來稱呼「女性巫師」，而且帶有邪惡的負面意味，此用法可能和中世紀獵巫行動有關，許多女性於當時因「女巫」〔Witch〕的名義被迫害致死，之後又經數百年，Witch這個詞才轉變形象，變得不那麼負面，但一般人仍多以Witch一詞指稱女性巫師）的作法。雖然今日非巫師者仍大多接受這種負面意義，但這個詞無法說明巫師本身，巫師施行的不過是非威脅性、加持了愛的能量的**民俗魔法** P416 。威卡教徒也以「巫師」一詞來描述自己。

▶ 巫術：巫師的法術；通常指魔法，尤其是運用個人力量與結合食物、石頭、花草、色彩與其他自然物體中的能量的魔法（見「**民俗魔法**」條目 P416 ）。從這個定義來看，巫術不是宗教。然而，許多**威卡** P418 的**異教** P417 追隨者會交替使用「巫術」及「威卡」兩詞來描述其信仰。

索引・食材與魔法用途

保護

健康與療癒

欽美酒 P237	橄欖 P123
鼠尾草 P191	檸檬 P151
蜂蜜 P197	蘋果 P139
鳳梨 P160	蘋果酒 P140

財富

丁香 P176	苜蓿芽 P133
大麥 P078	茄子 P119
小米 P085	南瓜（pumpkin）P127
甘藍 P113	香蕉 P141
巴西堅果 P210	茶 P240
巧克力 P203	鬼臼 P154
可可香甜酒 P237	梨 P159
石榴 P161	番茄 P135
奶類 P250	菜豆 P110
多香果 P170	無花果 P147
肉桂 P175	黑莓 P143
杏仁 P209	黑莓派 P143
杏仁糖 P210	黑莓白蘭地 P237
金桔 P151	菠菜 P132
芝麻 P216	萵苣 P122
長山核桃 P214	楓糖漿 P206
長山核桃派 P215	腰果 P210
花生 P214	葡萄 P148
松仁 P215	蒔蘿 P178
香芹 P186	鳳梨 P160

燕麥 P085	薑 P181
稻米 P086	薑餅 P063
蕎麥 P079	羅勒 P171
澳洲堅果 P213	鹽（適量）P218

增強體力與魔力

巧克力 P203	無花果 P147
豆腐 P131	蜂蜜 P197
咖啡 P242	椰棗 P147
苦苣 P120	鳳梨 P160
香櫞 P145	螺旋藻 P132
韭蔥 P121	蘭姆酒 P238
茶 P240	鹽 P218

性、催情

大麥 P078	胡椒薄荷 P187
小荳蔻 P174	咖啡 P242
干邑白蘭地 P237	芫荽 P176
甘草 P183	松露 P136
木瓜 P157（男性較有效）	香芹 P186
芒果 P153（女性較有效）	香草 P193
芝麻 P216	苦苣 P120
貝類 P227	紅蘿蔔 P114（男性較有效）
杏桃白蘭地 P237	哈爾瓦酥糖 P216
芹菜 P115	魚 P225

魚子醬 P226	稻米 P086
蛋 P244	燕窩湯 P222
番薯 P134	蜂蜜 P197
菜豆 P110（男性較有效）	螃蟹 P227
黑莓 P143（男性較有效）	橄欖 P123（男性較有效）
無花果 P147（女性較有效）	蕁麻酒 P237
葛縷子 P173	蘭姆酒 P238

提升靈性

玉米 P080	蛋 P244
奶類 P250	椰子 P211
奶油 P252	椰棗 P147
豆腐 P131	綠豆芽 P133
南瓜（squash）P128	蜂蜜 P197
茄子 P119	葡萄酒 P233
香蕉 P141	橄欖 P123
夏南瓜 P129	墨西哥薄餅（僅限玉米）P083
黃豆芽 P133	橄欖油 P124
番紅花 P190	優格 P253

開發靈知

月桂 P172	肉豆蔻皮 P183
竹筍 P110	肉桂 P175
百里香 P192	貝類 P227
肉豆蔻 P185	豆腐 P131

安寧與快樂

淨化

#瘦身

#生育力

Mystery.
40